ALEXANDRE DUMAS FILS
DE L'ACADÉMIE FRANÇAISE

THÉATRE
COMPLET

VIII

NOTES

PARIS
CALMANN LÉVY, ÉDITEUR
ANCIENNE MAISON MICHEL LÉVY FRÈRES
3, RUE AUBER, 3

1898
Droits de traduction et de reproduction réservés.

THÉATRE COMPLET

DE

ALEXANDRE DUMAS FILS

DE L'ACADÉMIE FRANÇAISE

VIII

CALMANN LÉVY, ÉDITEUR

ŒUVRES COMPLÈTES

D'ALEXANDRE DUMAS FILS
DE L'ACADÉMIE FRANÇAISE

Format grand in-18.

AFFAIRE CLÉMENCEAU. — Mémoire de l'accusé.....	1 vol.
ANTONINE..	1 —
AVENTURES DE QUATRE FEMMES..................	1 —
LA BOITE D'ARGENT...................................	1 —
CONTES ET NOUVELLES...............................	1 —
LA DAME AUX CAMÉLIAS.............................	1 —
LA DAME AUX PERLES.................................	1 —
DIANE DE LYS...	1 —
LE DOCTEUR SERVANS................................	1 —
ENTR'ACTES...	3 —
LE RÉGENT MUSTEL....................................	1 —
LE ROMAN D'UNE FEMME............................	1 —
SOPHIE PRINTEMPS....................................	1 —
THÉATRE COMPLET, avec préfaces inédites.........	8 —
THÉATRE DES AUTRES.................................	2 —
THÉRÈSE...	1 —
TRISTAN LE ROUX.....................................	1 —
TROIS HOMMES FORTS................................	1 —
LA VIE A VINGT ANS..................................	1 —

Coulommiers. — Imp. PAUL BRODARD. — 710-97.

Les notes qui composent ce volume ont été écrites par Alexandre Dumas pour l'édition des comédiens, où elles ont déjà paru. Cette édition, qu'il avait fait tirer à un très petit nombre d'exemplaires, Alexandre Dumas la réservait aux acteurs, aux directeurs de théâtre, à ses éditeurs; en un mot, à tous ceux qui apportaient une part de collaboration à la manifestation de ses œuvres, sur le théâtre ou par le livre.

Vers la fin de sa vie, à la demande de ses amis, Alexandre Dumas avait décidé de livrer ces notes au public. La mort l'empêcha d'exécuter ce projet. Nous avons pensé que nous n'avions pas le droit de priver les lecteurs de cette publication. Ils trouveront dans ce volume les véritables souvenirs de théâtre de l'illustre écrivain, qui y apparaîtra à tous tel qu'il s'est toujours montré à ceux qui l'ont connu, tel qu'il était en réalité : un grand cœur autant qu'un grand esprit.

LA
DAME AUX CAMÉLIAS

NOTE A

Dans cette édition nouvelle, tirée à un très petit nombre d'exemplaires pour quelques amis, quelques artistes et quelques curieux, il m'est permis, comme dans une conversation particulière, de donner certains détails et d'évoquer certains souvenirs qui, livrés au public dans l'édition courante, auraient pu me faire accuser de minutie et de complaisance.

Cette pièce a été écrite dans l'été de 1849, en huit jours à peine, au petit bonheur, comme on dit, sur tous les morceaux de papier carrés ou longs que j'ai trouvés sur ma table. J'ai encore le manuscrit. Le deuxième acte, entre autres, a été écrit de midi à cinq heures. Il n'y a certainement pas vingt-cinq ratures dans toute la pièce. J'avais toujours été convaincu que j'étais sans aucune disposition pour le théâtre. M. Antony Béraud, ex-directeur de l'Ambigu, et qui avait écrit quelques mélodrames en collaboration, me donna un soir, dans les coulisses du

Théâtre-Historique, le conseil de tirer une pièce de mon roman, et m'offrit de la faire avec moi. Il passait pour très habile du côté du boulevard. J'acceptai. Nous eûmes de longues conférences et d'inutiles discussions sur ce sujet. Je ne comprenais absolument rien à ce qu'il voulait faire. Il voyait dans mon sujet un gros drame pour l'Ambigu, et tout l'intérêt, selon lui, devait porter sur le duc de Mauriac. La même actrice, et c'était pour M. Antony Béraud d'un effet sûr, aurait joué le rôle de la fille du duc, dans un prologue à la fin duquel elle serait morte en scène. On l'aurait transportée morte dans la coulisse. Le père, au milieu de ses amis impuissants à le consoler, serait resté en scène le temps nécessaire pour que l'actrice pût changer de costume et de visage, et au moment où son désespoir allait le pousser au suicide, on aurait vu apparaître, riant et chantant, Marguerite Gautier, le portrait vivant de celle qui venait de mourir. Seulement, quelle différence entre la jeune duchesse morte et la jeune courtisane déjà condamnée aussi à la mort et dont le duc entreprenait le salut moral et physique, en mémoire de sa fille bien-aimée! Vous voyez les scènes pathétiques où ce père aurait reproché à cette ressuscitée insoumise son abominable conduite, sans avoir jamais le courage de renoncer à la voir. Saint-Ernest aurait joué ce rôle. Un acte aussi se serait passé dans le petit logement de Gustave et de Nichette, avec scènes d'étudiants et de grisettes, rondes chantées sur la musique de Pilati, alors fort en vogue, etc., etc. Je ne comprenais pas, et, de guerre lasse, je donnai à M. Antony Béraud l'autorisation de faire avec mon roman une pièce comme il l'entendrait, qu'il signerait seul et dont je toucherais tout bonnement la moitié des droits. Au bout de dix-huit mois, M. Béraud m'envoya le scénario des trois tableaux qu'il voulait intercaler dans le sujet. L'un de ces tableaux nous transportait à Bagnères-de-Luchon, un autre chez Armand et le troisième chez Nichette. J'ai conservé ce travail. Je me garderai bien de le publier ici, même comme spécimen d'un procédé de théâtre disparu aujourd'hui. Je continuais à ne pas comprendre ; mais, un beau matin, n'ayant rien à faire, sans rien dire à personne, je m'essayai à écrire cette pièce comme il me semblait qu'elle devait être écrite. Pas de scénario, pas de plan. J'allais tout droit devant moi, emporté par mon émotion personnelle. La pièce écrite, je la portai au copiste demeurant chez mon père, mais sans songer à la communiquer à mon père. Il m'avait souvent dit qu'il ne croyait pas à la possibilité de mettre en scène un pareil sujet. Voilà pourquoi j'avais si facilement accepté les propositions de M. Béraud, pourquoi je lui avais ensuite si facilement abandonné l'exécution de l'ouvrage, et pourquoi, l'ayant exécuté tout seul, je ne songeais même pas à le montrer à l'auteur d'*Antony* et de *Mademoiselle de Belle-Isle*, dont la première opinion troublait encore en moi les espérances secrètes que ce travail rapide et fiévreux avait cependant fait naître. Le copiste occupait une chambre séparée de l'appartement par un long couloir. Je me rendis tout droit à cette chambre, et j'exposais à Viellot (pauvre Viellot! il est mort depuis), j'exposais à Viellot le but de ma visite, lui recommandant bien la discrétion, quand mon père entra inopinément, lui apportant, de son côté, un nouveau travail à copier. J'étais pris. J'avouai, en riant, à mon père que je n'avais tenu aucun compte de ce qu'il avait préjugé et que j'avais écrit une pièce d'après mon roman de la *Dame aux Camélias*. Mon père me dit alors : « Eh bien, voyons, lis-moi le premier acte ».

Nous passâmes dans son cabinet et je commençai ma lecture, en proie à une des plus fortes émotions que j'aie eues de ma vie. J'étais là devant mon juge suprême. Après le premier acte, il me dit amicalement et gravement à la fois : « C'est très bien, continue. » Enhardi par ce début, je lus le deuxième acte et je le lus aussi bien que possible. Mon grand auditeur était très ému ; il avait des larmes dans les yeux ; la scène entre Armand et Marguerite l'avait saisi : « Va toujours », me dit-il. Je lus le troisième acte. Là, il ne put contenir son émotion, et les deux derniers tiers de cet acte le firent pleurer comme un enfant. « Allons, lis-moi le reste », et, en me parlant ainsi, il me regardait comme il ne m'avait jamais regardé. Il y avait toujours, et plus que jamais, dans ce grand et clair regard la tendresse à laquelle j'étais habitué, mais il s'y mêlait un peu d'étonnement, une joie délicate et retenue encore par la crainte que la fin de ma lecture ne répondît pas au commencement.

Il était deux ou trois heures. J'avais un rendez-vous auquel il m'était impossible de manquer. « Je vais à mon rendez-vous, dis-je à mon père, dans une heure je serai ici et je te lirai le reste. — Va et reviens vite. J'ai hâte de connaître la fin. » L'affaire qui m'appelait au dehors fut promptement expédiée, et je revins en courant à l'avenue Frochot. Au moment où j'ouvrais la porte de son cabinet, mon père se leva tout en larmes, et me serrant dans ses bras : « Je n'ai pas pu résister, me dit-il ; je voulais savoir si tu t'en étais bien tiré jusqu'au bout ; j'ai lu tes deux derniers actes. C'est original ! c'est touchant ! c'est audacieux ! c'est nouveau ! Ce sera un immense succès, si la censure laisse jouer la pièce, mais elle ne la laissera jamais jouer. C'est trop vrai. En attendant, tu vas la lire au Théâtre-Historique. Je suis curieux de voir l'effet de ta lecture sur les comédiens. » Nous nous embrassâmes encore une fois, une longue fois, en pleurant tous les deux, et le grand succès de la pièce ne m'a certainement pas causé le quart du bonheur que j'ai éprouvé ce jour-là.

A partir de ce moment a commencé pour cette pièce l'odyssée la plus extraordinaire. Je la lus au Théâtre-Historique, où elle fut accueillie par des applaudissements, des larmes et l'assurance d'un grand succès. Une jolie fille, non sans talent, Mathilde Guizolphe, à qui était destiné le rôle d'Olympe, pleurait à chaudes larmes presque jusqu'à la syncope. — « Pourquoi pleurez-vous tant ? lui dis-je. — Parce que je suis poitrinaire comme Marguerite Gautier, me répondit-elle, et que je mourrai comme elle. » Et elle ajouta : « Et j'en suis tellement sûre que, pour lui ressembler jusqu'à la fin, j'ai acheté le lit de Marie Duplessis quand on a fait sa vente après sa mort. » Et, en effet, quatre ou cinq ans après, cette jolie personne mourait de la maladie de la dame aux Camélias, dans le lit où celle-ci était morte.

Elle eut la consolation, refusée à l'autre, d'être soignée pendant ses derniers moments par *Armand Duval*. Elle avait aussi auprès d'elle une ancienne amie, qui ne la quittait pas et la veillait avec une véritable affection. Trois ou quatre jours avant sa mort, elle lui dit : « J'ai vu mourir ma mère du mal dont je meurs ; je sais à quoi m'en tenir, je ne passerai pas la semaine. Je n'ai plus de parents et je ne suis pas une femme régulière, dont on annonce officiellement la mort ; je veux être enterrée de bonne heure ; inutile de déranger des femmes ; mais il y a quelques hommes, dont voici les noms, que je te prie d'aller voir et à qui tu demanderas de ne pas disposer de leur matinée d'ici à huit jours, parce que je souhaite qu'ils m'accompagnent jusqu'au cimetière. Ils ne me refuseront pas cela, j'en suis sûre. » Elle donna huit noms à son amie.

Mon nom s'y trouvait. Elle mourut trois ou quatre jours plus tard. Nous fûmes tous exacts au triste rendez-vous, sauf un comédien qui avait été fort aimé de cette fille, mais qui, vivant alors avec une autre, eut peur d'une scène avec celle-ci et préféra s'abstenir.

Quinze jours après la lecture de ma pièce au Théâtre-Historique, ce théâtre, qui ne faisait plus ses frais, cessa ses représentations. Je portai alors mon manuscrit successivement à la Gaîté, à l'Ambigu, où il fut refusé; au Vaudeville, où M. Paul Ernest, alors directeur, l'accepta, y voyant un beau rôle pour sa femme. Très peu de temps après, le Vaudeville fermait à son tour. Cette pièce, qui devait produire plus tard de si grosses recettes, semblait d'abord porter malheur aux théâtres qui l'accueillaient. M. Lecourt, ayant été nommé directeur du Vaudeville, après le départ de M. Paul Ernest, je lui envoyai mon manuscrit, m'autorisant, pour ce faire, d'une première réception. M. Lecourt remit ce manuscrit, non enveloppé et taché çà et là de graisse, chez sa concierge chargée de m'informer que ça ne pouvait pas convenir au Vaudeville. Mon ami Henri Mirault en parla alors à Montigny, directeur du Gymnase, avec qui il était très lié; mais Montigny faisait répéter en ce même temps une *Manon Lescaut*, de Théodore Barrière, et il ne voulut même pas connaître ma pièce, les deux sujets ou plutôt les deux héroïnes devant, à son avis, avoir trop de points de ressemblance. Je me présentai chez mademoiselle Page, alors au théâtre des Variétés, et dont la beauté, l'élégance et même le talent me paraissaient pouvoir se prêter aux exigences du rôle. Mademoiselle Page, très à la mode, assaillie tous les jours par des importuns de tous genres, ne me reçut pas. De guerre lasse je fis demander à Déjazet, par son fils qui avait contribué à la naissance du roman, comme on le verra plus tard, si elle voulait entendre la lecture de mes cinq actes; cette audition la déciderait peut-être à les jouer. Déjazet accéda à mon désir : elle réunit quelques personnes, son fils, sa fille, M. de Bazancourt, Hippolyte Worms, le très modeste comédien du Théâtre-Historique, dont la protection devait finalement me faire arriver au Vaudeville. Nouveau succès de lecture après lequel Déjazet, toute en larmes, me prit les mains, m'embrassa et me prédit un immense succès le jour où cette pièce serait représentée. « Mais pour cela, me dit-elle, il faut trois choses : qu'on fasse une révolution qui détruise la censure, que Fechter joue le rôle d'Armand, et que moi je ne joue pas celui de Marguerite, où je serais absolument ridicule. Pour que je pusse jouer ce rôle, il vous faudrait transporter votre sujet sous Louis XV, me faire chanter des couplets et me faire épouser mon amoureux à la fin. J'ai trop pleuré en écoutant votre œuvre pour vous demander d'y changer quoi que ce soit. » Enfin, mademoiselle Rachel, avec qui j'étais en termes excellents, ayant appris, je ne sais comment, que j'avais composé une comédie-drame, ce fut l'expression dont elle se servit, me demanda de venir la lui lire. Elle me fixa un jour ou plutôt un soir. Il n'y aurait qu'elle et moi. Elle était très désireuse de connaître cet ouvrage. Si le rôle lui convenait, elle était capable d'en parler à la Comédie-Française! J'arrivai à l'heure dite. Je passais tout fier devant la loge du portier sans même lui demander si la maîtresse de la maison était chez elle, quand il m'appela et me dit : « Monsieur, madame m'a chargé de vous prier de revenir une autre fois. Elle est allée ce soir jouer au loto chez mademoiselle Zélie O... »

Je ne crus pas devoir revenir une autre fois chez la grande tragédienne, du moins pour une lecture; je ne lui parlai plus jamais de ma pièce et elle ne m'en reparla plus elle-même qu'après la représentation.

Il se passa même, au cours des représentations, entre Rachel et moi, un fait assez singulier. Elle avait été voir cette pièce qui n'avait pu lutter contre le loto et qui lui avait beaucoup plu; mais elle n'avait pu demeurer spectatrice jusqu'à la fin du dernier acte. L'agonie de Marguerite lui avait causé une telle impression physique, pour ainsi dire, qu'elle avait ouvert la porte de sa loge brusquement, et s'était sauvée pour échapper à une émotion qui pouvait dégénérer en crise nerveuse. « Je veux pourtant voir la fin, me dit-elle. Il est inadmissible qu'une femme de théâtre comme moi, qui *meurt* si souvent en scène, ne puisse pas supporter une scène de mort représentée par une autre. Je ne m'explique pas du tout cet effet-là. Venez donc voir la pièce une fois avec moi. Je serai à côté de l'auteur, je saurai bien que cela n'est pas arrivé, et devant vous je n'oserai pas être si lâche. » Nous nous rendîmes ensemble au théâtre quelques jours après, dans une baignoire. Nous y étions seuls. Elle écouta, elle applaudit, elle pleura pendant les quatre premiers actes, et elle se réjouissait des bonnes dispositions où elle se trouvait, quand, dès le lever du rideau sur le cinquième acte, elle commença à être reprise d'inquiétude et de malaise. Elle s'agitait, elle pâlissait. Tout à coup, elle se leva et me dit : « Emmenez-moi, emmenez-moi, il n'est que temps. » Je la fis sortir de la loge et je la conduisis à sa voiture, où elle se laissa tomber en fondant en larmes. La profession n'avait pas émoussé la sensibilité. Du reste, les comédiennes sont le public le plus naïf et le plus facile à émouvoir.

Décidément, aucun directeur ne voulait de ma pièce. Ceci soit dit pour mes jeunes ou futurs confrères. Lorsqu'on veut entrer dans la carrière, on se figure que la protection d'un maître peut servir auprès d'un directeur. J'étais le fils de M. Alexandre Dumas, le premier auteur dramatique de son temps; on ne pouvait pas avoir un protecteur plus expert et plus puissant; rien n'y faisait. J'étais repoussé tout comme si j'étais arrivé de ma province avec le nom d'un inconnu.

J'avais fini par remettre mon manuscrit dans un tiroir et par n'y plus penser, non sans regrets. J'en fis cependant encore une lecture à haute voix. C'était le 1er janvier 1850. Je m'étais rendu le matin, de très bonne heure, au cimetière Montmartre.

Ce premier jour de l'année m'a toujours disposé à la tristesse, et l'habitude où sont les vivants de se voir à cette date me ramène toujours à ceux qu'on ne verra plus. A cette époque, je n'avais pas encore de morts à moi et je ne connaissais au cimetière que Marie Duplessis, mon héroïne, dont la tombe devait

être fort abandonnée (elle était morte en 1847).
J'allai donc faire à cette morte oubliée une visite
pour ainsi dire superstitieuse. Au fond, je cherchais
un prétexte pour pleurer. Mon avenir ne se dessinait
en aucune façon; je ne m'appuyais ni sur un art
sérieux, ni sur un sentiment durable; je gaspillais
mon esprit et mon cœur en romans faciles et en
faciles aventures entre la nécessité et l'occasion; je
ne savais enfin vers quoi je m'acheminais ni comme
écrivain, ni comme homme. J'allais donc, pour ainsi
dire, demander mon chemin à tous ces morts qui
savent bien où l'on va, et ce fut cette pauvre fille,
qui, du fond de sa tombe oubliée et déserte, reçut
mes confidences. J'étais revenu de Montmartre dans
l'état d'âme que j'étais allé y chercher. Rentré chez
moi, comme il pleuvait, je m'étais enfermé dans ma
chambre, rideaux baissés, persiennes closes, bougies allumées, et je m'étais mis à relire ma pièce.
J'y faisais quelques corrections; on ne sait pas ce
qui peut arriver. Ainsi, tout ce qui a rapport, dans
le cinquième acte, au premier janvier, date d'une
modification faite ce jour-là. Je venais de terminer
ce nouveau travail et sous l'influence de la solitude,
de la tristesse du jour et du lieu, je versais tranquillement et silencieusement ces larmes dont j'avais
besoin et que je sollicitais depuis le matin, quand
on frappa à ma porte. J'allai ouvrir. Oh! l'heureux
temps où j'ouvrais ma porte moi-même! C'était
Mirault qui avait eu la bonne pensée de venir me
voir, présumant bien que je serais seul. Il vit mes
yeux rouges, ma chambre éclairée par des bougies

en plein jour, comme la chambre d'un mort, mes papiers épars sur ma table. Il me demanda ce que j'avais : je le lui dis, et comme il ne connaissait que quelques fragments de ma pièce, il me demanda de la lui lire tout entière. Nous passâmes deux heures à cette lecture dont nous parlons encore quelquefois; nous pleurnichâmes ensemble sur les malheurs de Marguerite, mais, malgré notre émotion et nos tirades contre l'imbécillité des directeurs, la pièce rentra de nouveau dans mon tiroir.

Quelque temps après, par une belle soirée de printemps, je passais sur le boulevard des Italiens, au coin de la rue Richelieu, devant le café Cardinal. Je m'entendis appeler. Je me retournai et je vis assis à une table Hyppolyte Worms, l'acteur Schey, et Bouffé, non pas notre grand comédien Bouffé, mais celui qu'on appelait le gros Bouffé, ex-directeur du Vaudeville, Lucullus de la bohème. Je le vois encore avec ses joues grasses et molles, son teint blafard, son œil bleu très fin, sa bouche sensuelle et railleuse. C'était un homme d'esprit, aventureux et sceptique, sans patrimoine, presque sans gîte, sauf une chambre d'hôtel, à l'entresol, toujours mal payée et dont le propriétaire n'aurait jamais eu l'idée de le renvoyer, quelques dépenses qu'il y fît et qu'il finissait toujours par acquitter, tant ce locataire était devenu partie intégrante de l'établissement interlope où il avait choisi son domicile. C'était un de ces hommes à la fois prodigues, immoraux et sensibles, qui n'ont jamais le sou et qui trouvent toujours cinq louis au fond de leurs poches, qui vous prêtent cinq cents francs à l'occasion, qui ne les empruntent jamais, à qui on les prête toujours, qui, au lieu de rendre à ceux qui leur prêtent, donnent à ceux qui n'ont pas; souvent amphitryons, jamais parasites, comprenant le bien comme le mal, moralistes pratiques sachant à quoi s'en tenir sur la valeur des gens et des choses, ce qu'il faut estimer et mépriser des uns et des autres, et qui seraient des hommes politiques de premier ordre s'ils n'aimaient mieux se laisser mener par le hasard que de le mener eux-mêmes ; produit essentiellement parisien, ne pouvant naître et vivre qu'à Paris et encore dans certains quartiers, entre le restaurant Brébant et le café de la Madeleine, et pour qui les Champs-Élysées sont déjà la campagne, c'est-à-dire ce qu'il y a de plus inutile et de plus abêtissant au monde. On n'est pas plus étonné de retrouver ces hommes-là millionnaires que décavés; mais l'argent ne les rend jamais insolents, la misère ne les rend jamais tristes ni aigres; ils passent par les situations les plus dangereuses sans traverser jamais ni la police correctionnelle ni l'hôpital, tout Parisien véritable croyant leur devoir assistance et secours depuis le plus petit journaliste jusqu'au plus riche banquier. Tout le monde se rappelle les avoir rencontrés quelque part la veille de leur mort, et le jour où on les enterre ils manquent véritablement pendant quelques heures aux habitudes parisiennes. Leur nom même survit quelquefois assez longtemps, attaché à un aphorisme spirituel, à un mot heureux. Nestor Roqueplan a été pour notre génération le type le plus achevé de ces hommes. Aussi s'est-il élevé jusqu'à la direction de l'Opéra, tandis que Bouffé n'a jamais dépassé celle du Vaudeville.

Il fallait que je rencontrasse un de ces hommes-là, directeur d'un théâtre, pour que ma pièce fût jouée. Bouffé m'appela et me fit asseoir à sa table.

— Worms, me dit-il, assure que vous avez fait une pièce excellente avec votre roman de la *Dame aux Camélias*. Il paraît qu'aucun directeur ne veut la représenter. Si vous voulez, nous allons faire une convention. Lecourt est incapable de se tirer d'affaire tout seul. Avant six mois, il m'appellera à son aide. Je redeviendrai directeur du Vaudeville. Promettez-moi de me garder votre pièce six mois, je vous promets de vous la jouer dès que je serai directeur.

Je remerciai mon protecteur Worms, j'acceptai avec joie la convention; trois mois après, Bouffé devenait, comme il l'avait prévu, l'associé de M. Lecourt et il commençait immédiatement les répétitions de la *Dame aux Camélias*, qui, après tant de péripéties, allait avoir encore à subir de la part de la censure toutes celles que j'ai racontées dans la première préface, et que mon père avait prévues.

Cependant, cette préface n'a pas tout dit, et un fait assez original me revient en ce moment à la mémoire. La pièce était interdite purement et simplement, sans aucune explication donnée à l'auteur, sans la moindre disposition de la part des censeurs à une entente avec lui. Un jour, je rencontrai M. La Tour du Moulin et tout en causant j'appris de lui qu'il était très lié avec un de mes juges, M. de Beaufort. Je le priai de me conduire chez M. de Beaufort, à qui je voulais demander de me donner officieusement, de lui à moi, les raisons de cette interdiction impitoyable. Je trouvai dans M. de Beaufort un homme des plus distingués. Il m'apprit que l'interdiction de ma pièce était due non seulement à l'immoralité de l'œuvre, mais encore plus au respect que les censeurs avaient pour la renommée de mon père et à l'intérêt qu'ils me portaient à moi-même. Il ne fallait pas que le fils d'Alexandre Dumas débutât par une œuvre qui serait un scandale et que l'on sifflerait à outrance.

— Si nous laissions représenter une pièce comme celle-là, ajouta M. de Beaufort, avant la fin du second acte le public jetterait les banquettes sur la scène.

— Il y aura un jour, répliquai-je avec ce bel aplomb du jeune homme et ce naïf orgueil du débutant, il y aura un jour un ministre assez intelligent et assez bienveillant pour autoriser ma pièce ; je vous invite alors à venir la voir. Elle aura un énorme succès.

— Je vous le souhaite, monsieur, répliqua mon interlocuteur avec le sourire railleur du plus fort ; mais je ne le crois pas.

M. de Beaufort assista à la première représentation et, je dois le reconnaître, il fut un de ceux qui applaudirent le plus. Ce n'est pas tout. Quelques années après, il devint lui-même directeur du Vaudeville et, dans un moment de crise, il donna une cinquantaine de représentations de la *Dame aux Camélias*, qui lui furent d'un grand secours.

Pour en finir avec les menus détails, j'ajouterai que le rôle de Marguerite Gautier, si bien tenu par madame Doche, ne lui avait pas été distribué tout d'abord. Il avait été confié à mademoiselle Fargueil, qui, dès la première répétition, s'y déclara mal à son aise et préféra y renoncer. Madame Doche était alors à Londres, résolue, disait-on, à ne plus remonter sur les planches. Bouffé lui expédia Fechter avec le manuscrit. Madame Doche écouta la pièce, fit faire immédiatement ses malles et répétait dès le lendemain. Cependant, à mesure que les répétitions avançaient, les artistes, sauf madame Doche, M. Delannoy et M. Luguet, avaient de moins en moins confiance dans l'ouvrage. Les hardiesses du sujet leur paraissaient inacceptables. On s'attendait à une soirée des plus orageuses. Il y eut même dans ce sens, entre Fechter et moi, un incident assez curieux. On n'écoutait guère mes conseils aux répétitions. J'étais à mon début, et je ne devais pas encore savoir mon métier de metteur en scène, disait-on. Or ma conviction était qu'au quatrième acte, dans l'avant-dernière scène, quand Armand disait à Marguerite : « Dites-moi que vous aimez M. de Varville et je pars », et que Marguerite lui répondait : « Eh bien, oui, j'aime M. de Varville », ma conviction était qu'Armand, emporté par la passion, la jalousie et la colère, devait jeter Marguerite à ses genoux et lever les mains sur elle pour la frapper, pour la tuer même. C'était conséquent avec la situation, le monde particulier où l'action se passait et l'état d'esprit où se trouvait le héros. J'avais demandé plusieurs fois ce mouvement à Fechter. Il ne l'avait jamais fait. Après la répétition générale, j'insistai encore. Il refusait obstinément : « Jeter une femme par terre, lever les mains sur elle, faire le geste de la frapper, c'est impossible en scène. Le public ne le supporterait pas. » J'insistais toujours. « Je vous assure, disais-je à Fechter, qu'il y a là un grand effet. » Il haussait les épaules. Enfin, pour échapper à mes persécutions, il me dit : « Tout ce que vous voudrez, après tout : comme la pièce n'ira pas jusque-là, ça m'est bien égal. »

Or la pièce eut, dès le premier acte, un succès éclatant et qui alla toute la soirée en montant toujours. Arrivé à la phrase sur laquelle j'avais tant insisté, Fechter se rappela tout à coup ce que je lui avais dit, et le mouvement n'ayant pas été réglé d'avance et madame Doche n'y étant pas préparée, il dut la saisir par les poignets et la jeter de force par terre, sans qu'elle sût ce que cela signifiait. L'effet fut immense. Fechter était tellement emporté par la situation et il poussa si violemment la porte du fond, qu'un des candélabres posés sur une table voisine de cette porte tomba sur le tapis, ce qui augmenta encore l'émotion et l'enthousiasme du public complètement entraîné par les deux artistes.

On parla beaucoup à cette époque, dans les coulisses, d'une querelle et même d'une brouille prolongée survenues entre Fechter et madame Doche. Elle datait de cette scène. Madame Doche reprochait très justement à Fechter d'avoir improvisé en scène un mouvement de cette importance sans l'avoir prévenue et au risque de compromettre son personnage à elle ; Fechter répondait alors que *telle avait été la volonté de l'auteur!* trop tard pour qu'il pût prévenir sa camarade ! Et la querelle recommençait presque tous les jours!

M. Tresse, le grand éditeur des pièces de théâtre à cette époque, assistait à la deuxième représentation. Il voulait voir la pièce avant d'en acheter le droit d'impression. Je lui avais demandé quinze cents francs! Après la représentation, il me dit : « Je ne saurais me rendre acquéreur de cet ouvrage. Je ne crois pas à la durée du succès. »

Le manuscrit fut vendu cinq cents francs à MM. Giraud et Dagneaux, qui en tirèrent vingt mille exemplaires sans désemparer.

Cette pièce, qui devait avoir tant de mésaventures et me causer tant de soucis avant son apparition, devait encore être, malgré moi, la source de cette indépendance matérielle d'où découle, pour qui sait la diriger, l'indépendance morale. La défiance que cette pièce inspirait à tant de monde devait tourner à mon avantage. Ainsi, ayant grand besoin d'argent, j'offrais aux marchands de billets, aux chefs de claque, à tous les agioteurs des coulisses, de leur vendre la totalité de mes droits pour une somme de cinq mille francs une fois payée. Je n'en trouvai jamais plus de trois mille francs! Elle me resta donc heureusement. Il est vrai que je ne pouvais disposer que d'une moitié de propriété; l'autre appartenait à M. Antony Béraud. Il y avait eu projet de collaboration entre nous, commencement d'exécution par le scénario qu'il m'avait envoyé, et pour reprendre le droit de tirer tout seul une pièce d'un roman que j'avais écrit tout seul, je dus lui céder la moitié des produits de cette pièce où il n'y avait pas un mot de lui. Il toucha ainsi une quarantaine de mille francs. Puis il mourut, au bout de deux cent cinquante ou trois cents représentations. Sa veuve me fit offrir alors de me vendre la part de son mari pour quelques mille francs payés comptant. J'acceptai. C'est ainsi que je redevins unique propriétaire de ma pièce et que je pris la sage résolution, à laquelle je suis toujours resté fidèle, de ne jamais accepter la collaboration de personne. Tous les enfants que j'ai eus de la Comédie et à qui j'ai donné mon nom, sont bien de moi.

Faut-il satisfaire jusqu'au bout la curiosité du lecteur de ces notes?

Je ne demande pas mieux, car elles me rejettent tout à coup à trente ans en arrière et me rendent la jeunesse pendant quelques heures.

Eh bien, on m'a souvent demandé ce qu'il y a de vrai dans le roman et dans la pièce de la *Dame aux Camélias*, le voici :

Par un des beaux jours de septembre 1844, j'étais allé à Saint-Germain en Laye voir mon père, et j'avais rencontré, en route, Eugène Déjazet, le fils de la grande comédienne. Nous avions monté à cheval ensemble et, riant et causant, au galop de deux chevaux loués chez ce Ravalet que tous ceux de ma génération ont connu, nous avions parcouru cette belle forêt de Saint-Germain, qui raconterait bien des histoires intéressantes si quelqu'un pouvait comprendre et traduire tout ce que les feuilles s'y disent des premières brises du printemps aux premières bises de l'automne. Nous étions revenus dîner à Paris et nous étions entrés au théâtre des Variétés, où nous avions pris place à l'orchestre. L'avant-scène du rez-de-chaussée à droite de l'acteur était occupée par Marie Duplessis. Elle y était seule, ou du moins on n'y voyait qu'elle entre un bouquet et un sac de bonbons, respirant l'un, grignotant l'autre, écoutant peu, lorgnant à tort et à travers, échangeant des sourires et des regards avec trois ou quatre de nos voisins, se penchant de temps en temps vers le fond de sa loge pour converser un moment avec celui qu'on n'y voyait pas. Celui-ci n'était autre que le vieux comte russe S..., lequel devait plus tard me servir de type pour le duc de Mauriac. Inutile d'ajouter que la légende de la jeune fille poitrinaire dont le duc retrouvait l'image en Marie Duplessis, est de pure invention. Le comte, malgré son grand âge, ne cherchait pas dans Marie Duplessis une Antigone comme Œdipe, mais une Bethsabée comme David. Marie Duplessis faisait toutes sortes de signes télégraphiques à une grosse femme, au teint couperosé, à la toilette tapageuse, se remuant tant qu'elle pouvait dans la loge d'avant-scène du premier étage, faisant face à celle de ma future héroïne. Cette commère, flanquée d'une jeune femme, à l'air niais, à la mine chlorotique et inquiétante, qu'il s'agissait de lancer probablement, était une certaine Clémence Pr.t, modiste, en appartement, établie alors boulevard de la Madeleine, cité Vindé, dans la maison contiguë à celle où Marie Duplessis occupait l'entresol. Chose curieuse! cette femme Pr.t, après toutes sortes d'aventures dont il serait d'autant plus inutile de faire le récit qu'il est facile de se les figurer, aventures auxquelles les condamnations pour détournement de mineures ont mis fin un peu avant la mort, cette femme Pr.t, une quinzaine d'années après cette première rencontre, échouait comme duègne au théâtre Montmartre, et elle y jouait, dans la *Dame aux Camélias*, le rôle que j'avais écrit d'après elle, le rôle de Prudence Duvernoy. Elle y était parfaitement médiocre; elle avait beau être la personne elle-même, ses souvenirs et son impudence ne lui servaient de rien; ce qui prouve combien, dans certaines circonstances, l'art reste supérieur à la nature.

Eugène Déjazet connaissait madame Pr.t; madame Pr.t connaissait Marie Duplessis, que je désirais connaître, mais, je dois le dire, sans prévoir, le moins du monde, l'influence littéraire qu'elle aurait sur ma vie. Eugène alla faire part de mon désir à madame Pr.t, née intermédiaire; il fut convenu que nous irions, après le théâtre, chez elle, et que, si le comte ne l'accompagnait que jusqu'à sa porte, Marie Duplessis nous recevrait quelques moments.

Tout le premier acte de la pièce, sauf la présence de Saint-Gaudens et d'Olympe, s'est passé, dans la réalité, comme on le voit sur la scène. Même manière de pénétrer chez l'héroïne, même manière de congédier M. de Varville, qui se trouvait là quand nous sommes entrés, dont je me rappelle exactement les traits et le nom véritable, que je rencontre encore quelquefois dans le monde, et qui opposait aux boutades de Marie Duplessis la plus aimable et la plus élégante courtoisie ; même souper, même entrain, même indisposition subite de Marie Duplessis. Prise d'une toux violente, forcée de quitter la table, elle se réfugia dans son cabinet de toilette et le reste de l'acte a été absolument *vécu*. Sur ce point, le récit du roman, chapitre X, est, encore plus que la pièce, fidèle à la vérité. Tout le roman, du reste, est plus conforme que la pièce aux événements de ce petit drame d'amour, dont tous les hommes d'un certain monde ont le souvenir équivalent dans leur jeunesse. L'imagination d'un écrivain de vingt-trois ans n'a eu qu'à condenser, à mettre en relief, à poétiser des faits et des émotions où toute une génération, où chaque génération se retrouve plus ou moins depuis des milliers d'années. M. Bousquet a publié dans la *Revue des Deux Mondes* un drame japonais âgé de trois mille ans qui n'est autre que la *Dame aux Camélias*. Je ne le connaissais pas, quand j'ai fait mon drame parisien; mais ce drame est et sera toujours à faire dans tous les pays du monde où il y aura des courtisanes et des hommes jeunes.

Saint-Gaudens a existé. C'était un certain baron de G..., très galant homme, marié, père de famille. Ne s'était-il pas jeté, tout à coup, à quarante-cinq ans, sans que rien eût fait prévoir cette catastrophe, dans ce monde où il n'avait jamais mis le pied jusqu'alors? Il assistait à toutes les représentations de la pièce, à la même place de l'orchestre, et il envoyait tous les soirs un bouquet de camélias blancs à madame Doche. Il était homme d'esprit avec un léger défaut de prononciation. Il parlait de côté pour ainsi dire. Il s'était reconnu dans mon personnage.

« C'est moi, c'est moi, me disait-il, que vous avez représenté dans Saint-Gaudens. Je ne vous en veux pas : cela m'amuse beaucoup; je viens m'entendre tous les soirs. »

La maladie et la mort sont vraies. Le journal dans le roman, le retour d'Armand dans la pièce, rentrent dans l'imagination.

J'avais perdu de vue Marie Duplessis depuis longtemps lorsque, revenant d'Espagne, j'appris sa mort, à Marseille.

Dès mon arrivée, je courus visiter son appartement, où la vente de son mobilier devait avoir lieu, et j'écrivis sur elle, en rentrant chez moi, quelques vers dont je cite ici les moins mauvais :

> J'ai revu, me courbant sous mes tristes pensées,
> L'escalier bien connu, le seuil foulé souvent,

Et les murs qui, témoins des choses effacées,
Pour lui parler du mort arrêtent le vivant.

J'ai monté : j'ai rouvert en pleurant cette porte
Que nous avions ouverte en riant tous les deux
Et dans mes souvenirs, j'évoquais, chère morte,
Le fantôme voilé de bien des jours heureux.

J'ai vu le piano, dont mon oreille avide
Vous écouta souvent éveiller le concert;
Votre mort a laissé l'instrument froid et vide
Comme, en partant, l'été laisse l'arbre désert.

J'ai trouvé votre chambre à la fois douce et sombre,
Sanctuaire d'amour par la mort consacré;
Le soleil éclairait le lit dormant dans l'ombre,
Mais vous ne dormiez plus dans le lit éclairé.

Je me suis assis près de la couche déserte,
Triste à voir comme un nid, l'hiver, au fond des bois,
Les yeux longtemps fixés sur cette porte ouverte
Que vous avez franchie une dernière fois.

La chambre s'emplissait de l'haleine odorante
Des souvenirs joyeux, tandis que j'entendais
Le tic-tac alterné de l'horloge ignorante,
Qui sonnait autrefois l'heure que j'attendais.

J'ai rouvert les rideaux qui, faits de satin rose,
Et voilant, au matin, le soleil à demi,
Permettaient seulement ce rayon qui dépose
Le réveil hésitant sur le front endormi.

Mais, vous, toutes les nuits éclairée à sa flamme,
Vous regardiez le feu dans le foyer courir;
Car le sommeil fuyait de vos yeux, et votre âme
Souffrait déjà du mal qui vous a fait mourir.

Ainsi qu'un ver rongeant une fleur qui se fane
L'incessante insomnie étiolait vos jours,
Et c'est ce qui faisait de vous la courtisane,
Prompte à tous les plaisirs, prête à tous les amours.

Maintenant vous avez parmi les fleurs, Marie,
Sans crainte du réveil le repos désiré;
Le Seigneur a soufflé sur votre âme flétrie
Et payé d'un seul coup le sommeil arriéré.

Pauvre fille! on m'a dit qu'à votre heure dernière,
Une main mercenaire avait fermé vos yeux,
Et que sur le chemin qui mène au cimetière
Vos amis d'autrefois étaient réduits à deux.

Eh bien, soyez bénis, vous deux qui, tête nue,
Bravant l'opinion de ce monde insolent,
Avez jusques au bout, de la femme connue,
En vous touchant la main, mené le convoi blanc.

Vous qui l'aviez aimée et qui l'avez suivie!
Qui n'êtes pas de ceux qui, duc, marquis ou lord,
S'étant fait un orgueil d'entretenir sa vie,
N'ont pas compris l'honneur d'accompagner sa mort.

NOTE B

Lorsque la *Dame aux Camélias* fut enfin représentée au Vaudeville, les théâtres étaient encore régis par la loi des privilèges et des genres. On ne pouvait devenir directeur d'une scène dramatique qu'avec une autorisation du ministre de l'intérieur et l'on ne pouvait servir au public qu'un certain genre de littérature dialoguée. Le Vaudeville, les Variétés, le Gymnase par exemple, devaient s'en tenir à des pièces en prose ne dépassant jamais trois actes, toujours mêlées de couplets, *avec sorties en musique*.

Pourquoi? On ne saurait le dire; c'était ainsi.

Je n'avais pas voulu me soumettre à cette ordonnance ridicule, et le premier manuscrit de la *Dame aux Camélias* avait été envoyé à la censure sans les couplets du souper et sans le chœur de la fin du premier acte. Ce fut une des raisons d'interdit énoncées par la censure. Pour essayer d'amender mes juges, je fis une transaction et j'intercalai la chanson de Gaston et ce chœur de la fin dont la forme même était la satire de la nécessité où je me trouvais. J'observais ainsi le règlement et j'éludais l'invraisemblance. Cela ne servit de rien. L'interdiction portait sur le sujet de la pièce et sur l'ensemble de l'œuvre. L'autorisation spéciale donnée plus tard par M. de Morny ne pouvait soustraire l'ouvrage aux règlements restés en vigueur et les couplets furent maintenus. Ceux de *Diane de Lys* eurent la même cause.

A propos du *Demi-Monde* seulement, il me fut permis d'échapper à cette contrainte absurde. Encore fut-ce une tolérance.

Depuis cette époque, la liberté des théâtres et des genres a permis à tous les auteurs dramatiques de dire ce qu'ils voulaient, où ils voulaient et comme ils voulaient, sans être astreints à faire chanter une partie de ce qu'ils avaient à dire.

La première édition de la pièce contenait la préface suivante, dont je n'ai réimprimé dans les œuvres complètes que ce qui concerne madame Doche. Je la rends ici tout entière :

« Si jamais artistes ont eu droit à la reconnaissance d'un auteur, ce sont bien certainement ceux que j'ai eu le bonheur d'avoir pour interprètes dans la *Dame aux Camélias*. Du reste, je ne fais que répéter ici avec toute ma reconnaissance ce que le public a prouvé avec enthousiasme, ce que la presse a confirmé avec sincérité.

» Merci donc :

» A madame Doche, qui s'est incarné le rôle de telle façon que son nom est à jamais inséparable du titre de la pièce. Il fallait toute la distinction, toute la grâce, toute la fantaisie qu'elle a montrées sans effort pour que le type difficile et franc de Marguerite Gautier fût accepté sans discussion. Rien qu'en voyant paraître l'actrice, la salle s'est sentie prête à tout pardonner à l'héroïne. Je ne crois pas qu'une autre personne, à quelque théâtre qu'elle appartînt et quelque talent qu'elle eût, eût réuni, comme elle l'a fait, toutes les sympathies autour de cette création exceptionnelle. Gaieté fine, élégante, nerveuse, abandon familier, câlineries mélancoliques, dévouement, passion, douleur, résignation, toutes les délicates études de la vie qu'elle avait à peindre, toutes les phases par lesquelles le cœur de la femme peut passer, le calme, la sérénité, la pudeur dans la mort qui devait racheter en une minute le souvenir de cette vie, madame Doche a eu tout cela, c'est-à-dire toute l'âme du rôle, sans compter la jeunesse, l'éclat, la beauté, l'élégance qui le complétaient physiquement et qui en étaient le corps et la plastique indispensables. Il n'y a pas eu un conseil à lui donner, pas une observation à lui faire; c'est au point qu'après lui avoir vu jouer le rôle de cette façon, je me demande si ce n'est pas elle qui l'a écrit. Une pareille artiste n'est plus une interprète, c'est un collaborateur.

» Merci à Fechter. Que dirai-je de lui, que tout le monde ne dise et ne sache? Fechter est l'artiste jeune, ardent, enthousiaste, entraînant par excellence. Quelle variété dans le talent, quelle habileté simple dans la composition, quelle exécution merveilleuse, saisissante, électrique! Que ce soit dans *Mauvais cœur*, à l'Ambigu, dans les *Frères Corses*, au Théâtre-Historique, dans *Claudie*, à la Porte-Saint-Martin, dans *Hortense de Cerny* ou dans la *Dame aux Camélias*, au Vaudeville, il est toujours l'homme du rôle d'abord; puis, ces inspirations heureuses, inattendues, qui enlèvent toute une salle et qui sont le cachet des grands artistes, donnent tout à coup au personnage des allures et des proportions que l'auteur lui-même, avec toutes ses ambitions, n'avait pas soupçonnées. L'illusion est complète dans la *Dame aux Camélias*; ce n'est plus un artiste qui joue, c'est l'homme pris sur le fait. Fechter a le geste, le regard, la voix de nos émotions les plus intimes, de nos passions les plus fréquentes. Il est lui, il est nous. Pour ce drame où j'ai tâché que la rampe disparût et que le spectateur fût en communication directe avec les personnages, pour cette étude où j'ai voulu que toute une génération se retrouvât vivante, jusque dans ses erreurs, où aurais-je trouvé un *complice* plus sûr que Fechter, jeune par l'âge, mûr par le talent? J'ai du bonheur, je dois l'avouer; je cherche, et je me demande en vain qui aurait donné à Armand Duval la poésie convaincante, la jalousie noble, les susceptibilités indescriptibles, le naturel, l'effroi dont il a nuancé les trois premiers actes. *Quant à l'emportement du quatrième, à la fin duquel la salle entière s'est levée pour l'acclamer et le rappeler, lui et madame Doche, si je n'étais si content d'avoir fait la pièce, je voudrais qu'elle fût d'un autre pour pouvoir dire de*

Fechter tout ce qui doit être dit à ce sujet. Son cœur battait dans toute la salle. Au cinquième acte, il a trouvé la note la plus navrante de la douleur humaine. Heureux le confrère qui lui fera un prochain rôle! Heureux moi qui, public à mon tour, irai l'entendre et battre des mains!

» Merci à madame Astruc. Composer, exécuter ainsi un pareil rôle qui consiste à escompter en pièces de vingt francs les impressions de la jeunesse des autres, et à louvoyer dans un monde à part, à un âge mitoyen, entre toutes sortes de nécessités à exploiter et de petits services à rendre, à ne toucher au cœur que par le point où il touche à la poche, c'était difficile, convenons-en. Il fallait le talent robuste d'une artiste consommée. Ce talent, madame Astruc l'a eu et l'aura pour tous ceux de mes nouveaux confrères qui, comme moi, auront la bonne idée de lui demander son concours.

» Il y a dans cette pièce un type, celui du jeune homme désœuvré, bon garçon, vivant le cœur à l'air et la bourse ouverte. Ce type, Luguet se l'est assimilé d'une façon merveilleuse. Rien de plus charmant que ce débraillé de bon goût, rien de plus touchant que ce garde-malade du cinquième acte. Luguet est tout bonnement un grand artiste. L'homme qui, à la fin d'un rôle gai, trouve le regard qu'il jette sur Marguerite morte, et qui, personnage secondaire, met ainsi sa douleur silencieuse au premier plan, est un talent sérieux et plein d'avenir. Merci à lui et de tout mon cœur.

» Dans un personnage qui ne fait que traverser la

pièce et dont elle a bien voulu se charger, mademoiselle Worms a mis la grâce, le charme de voix, la cordialité jeune et franche, le sentiment délicat et distingué que nous avons si souvent admirés au Théâtre-Français. Mademoiselle Worms méritait un plus long rôle. En entendant cette voix fraîche et sympathique, le public a oublié que Nichette n'avait peut-être pas tout à fait droit à la couronne blanche des mariées véritables; il s'est laissé tricher par l'artiste et il a encore remercié celle qui lui gagnait sa sympathie.

» Je suis très reconnaissant à M. Delannoy d'avoir accepté le rôle où il a trouvé les larmes et le pathétique, que l'on croyait incompatibles avec ses joyeuses créations du passé. Ce sera une fois de plus la preuve qu'il ne faut pas spécialiser les talents, surtout au théâtre.

» Le rôle de Gustave avait besoin de tenue, de distinction, de jeunesse et de verve, M. Lagrange a eu toutes les qualités qu'il fallait.

» Je contracte une dette vis-à-vis de mademoiselle Irma Granier, et j'espère pouvoir la payer un jour, en demandant un appui au jeu alerte et spirituel de cette jeune artiste.

» Mademoiselle Clary a quitté les ingénuités pour un rôle qui n'est rien moins qu'ingénu, je l'en remercie; et, du reste, elle a prouvé par la scène du souper au premier acte, par l'entrain qu'elle y a mis, par la grâce dont elle l'a entourée, une intelligence applicable à tous les emplois.

» M. Gil-Perez a été étourdissant. Je rêvais ce

type de vieux jeune, mais je n'espérais pas le trouver. Rendons à César ce qui appartient à César. Perez a fait son rôle qui n'était qu'indiqué. Si tous les artistes étaient comme lui, il n'y aurait plus besoin d'auteurs : les pièces se feraient toutes seules.

» M. Allié, dans le rôle difficile du comte, de l'homme du monde jeune, insoucieux, de bonne famille, en contact d'amour monnayé avec la femme du hasard, a eu toute la dignité, toute l'élégance, tout le scepticisme, je dirai même toute la philosophie dont ce rôle avait besoin.

» M. Dupuis, d'un rôle ingrat, a su faire une figure, et, dans les deux faces bien tranchées de ce rôle, a mis des effets réels.

» Mademoiselle Clorinde porte gaillardement le costume d'Arthur et lance avec esprit les quelques mots qu'elle a à dire.

» Oh! je n'oublierai pas M. Roger, le commissionnaire du quatrième acte, la fatalité à vingt sous la course ; sa voix ferme, bien notée, entre sans effort dans l'harmonie de la scène. Il est rare de trouver une si grande intelligence pour un aussi petit rôle.

» Si j'ai gardé pour la fin Hippolyte Worms, qui a bien voulu se charger du rôle du docteur, j'ai mes raisons : il me fallait de la place. J'ai à le remercier trois fois.

» La première, parce qu'il a accepté ce rôle, qu'il a tenu avec une dignité parfaite.

» La seconde, parce que c'est à lui que je dois que la pièce ait été reçue au Vaudeville. C'est lui qui, après la fermeture du Théâtre-Historique, où la *Dame aux Camélias* devait être représentée, s'est fait franchement l'apologiste de mon drame, l'a fait lire et recevoir par le directeur du Vaudeville.

» La troisième raison, c'est qu'il a mis cette pièce en scène d'une façon remarquable, d'autant plus remarquable, que tout est intimité d'un bout à l'autre, et qu'il a fallu trouver de la variété dans une chose uniforme.

» Enfin merci à Bouffé, dont la conviction à l'endroit de cette pièce n'a pas été ébranlée un seul instant ni par les obstacles matériels, ni par l'opposition systématique que nous avons eu à combattre à la censure, et que M. le comte de Morny a tranchée si résolument.

» M. de Montaubry, le chef d'orchestre, a animé la scène du souper d'une ronde vigoureuse, originale, facile, et, avec une habileté pleine de sentiment, a fait revenir, au dernier acte, au moment de la mort de Marguerite, ce motif gai, comme un souvenir constant de la vie folle qui s'exhalait.

» Merci à tout le monde, enfin, car il est impossible de trouver plus de confiance dans l'ouvrage, plus de conscience et de patience dans l'étude, plus de sympathie et plus d'encouragement dans le public.

» J'ai l'air d'avoir dit beaucoup, eh bien ! ce que j'ai dit n'est rien, à côté de ce que je pense.

» A. DUMAS FILS. »

« 3 février 1852. »

Si je réimprime aujourd'hui cette préface, c'est que, malgré ses incorrections de forme, les redondances et les *contentements de moi*, dont il ne faut accuser que ma jeunesse et la joie d'un premier succès, elle reste absolument vraie quant à ce qui regarde les artistes de la création.

Dans cette édition, où je mets plus de mon cœur et de ma vie intime que dans les autres, et qui est, ainsi, comme le testament de ma carrière dramatique, je serais un ingrat si je ne restituais pas ces pages âgées aujourd'hui de trente ans.

Combien sont morts déjà parmi ceux qui ont partagé mes premières émotions! Fechter, Dupuis, Hippolyte Worms, madame Astruc. M. Lagrange vient de revenir de Russie, aussi jeune qu'alors. Irma Granier, qui pleurait tant aux répétitions d'avoir à jouer le mauvais rôle de Nanine, revit maintenant, dans sa fille, la *Petite Mariée* et le *Petit Duc* de la Renaissance. Mais que sont devenus Allié, Roger, mademoiselle Worms, la gentille Clorinde et cette jeune et jolie mademoiselle Clary, qui souhaitait un si grand succès à l'auteur!

A ceux qui survivent, à madame Doche surtout, j'offre ce dernier témoignage de reconnaissance. Qu'ils sachent bien que je n'ai rien oublié de ce que je leur dois. A ceux qui sont morts et oubliés, j'offre ce dernier souvenir qui les fera revivre un moment dans l'esprit de ceux qui les ont connus.

Il en est un que ces lignes ne trouveront ni mort ni vivant : c'est le joyeux et spirituel Gil-Perez. Il s'éteint maintenant dans une maison de santé, privé de la raison, et frappé justement par ce mal dont le personnage qu'il représentait se plaint au docteur, pendant le quatrième acte.

Hélas! pauvre Yorick!

29 septembre 1881.

DIANE DE LYS

NOTE A

Cette seconde pièce fut interdite par la censure comme l'avait été la première, sans que l'auteur fût convoqué par les censeurs, sans qu'il lui fût demandé ou donné la moindre explication. Les censeurs prenaient-ils leur revanche de l'erreur qu'ils avaient commise et du démenti que le public leur avait donné à propos de la *Dame aux Camélias*? C'est possible. Cependant l'auteur paraissait avoir des protecteurs très haut placés, puisque l'un d'eux avait fait représenter sa première pièce, malgré l'interdiction formelle ; lesdits censeurs ne se seraient pas exposés à un second échec, s'ils ne s'étaient pas sentis appuyés. L'appui, l'ordre peut-être, leur venait de M. de Persigny, devenu ministre de l'intérieur. Celui-ci avait deux raisons de m'être désagréable : la première, parce qu'il avait dû céder, malgré lui, à la revendication de M. de Morny, lors de la reprise de la *Dame aux Camélias* (voir la préface de cette pièce); la seconde, parce que j'avais refusé de faire les vers de la cantate que l'Opéra devait exécuter le 15 août 1852, et dont Gounod devait écrire et a écrit, je crois, la musique. Mon refus venait de ce que, dans un pays comme la France, quand il y a quatre grands poètes comme ceux qu'il y avait alors, Lamartine, Hugo, de Musset et Béranger, c'est à l'un de ces quatre poètes qu'un gouvernement nouveau doit demander de le chanter. Si, pour un motif ou pour un autre, ces quatre grands poètes croient devoir s'abstenir, ils doivent avoir, de leur côté, des raisons excellentes dont un débutant comme moi, n'ayant d'ailleurs aucune prétention à la poésie, devait se contenter pour lui-même. En dehors de la déférence que je témoignais ainsi pour mes maîtres illustres et légitimes, j'avais une indépendance politique complète que je tenais déjà tant à conserver que je l'ai encore aujourd'hui, après trente ans de réflexion.

Telles furent les raisons que je donnai à Nestor Roqueplan, administrateur de l'Opéra, et à Romieu, directeur des Beaux-Arts, quand ils me demandèrent cette cantate qu'ils appelaient un travail agréable et facile. Ces messieurs, anciens amis de mon père et que je connaissais de longue date, insistaient beaucoup.

Depuis le succès de la *Dame aux Camélias*, « je représentais pour l'administration la jeune littérature dramatique; c'était un grand honneur qu'on me faisait; je devais bien cela au gouvernement qui avait autorisé ma pièce », etc., etc.

Contre ces hommes, célèbres par leur esprit et leur scepticisme, mais qui, en cette circonstance, avaient cru devoir prendre un air solennel et convaincu, je me défendais aussi gaîment et aussi spirituellement que je pouvais. Le regard et l'accent disaient ce que la bouche ne voulait pas dire. La discussion n'en était pas moins assez vive et tournait même, de leur part, un peu à l'aigre, à mesure que ma résistance s'affirmait. Je ne parlerais cependant pas aussi longuement de cette scène, et je n'en parlerais même pas du tout, si elle ne s'était terminée par un mot de Nestor Roqueplan, qui mérite d'être rapporté et qui n'étonnera aucun de ceux qui l'ont connu. Quand il eut bien fait valoir toutes les raisons pour lesquelles, selon lui, je devais faire ce qu'on me demandait, voyant que je répondais toujours par d'autres raisons que je trouvais tout aussi bonnes, il me dit tout à coup du ton d'un homme blessé :

— Enfin, voulez-vous, oui ou non ?

— Non.

— Eh bien, me dit-il en riant, eh bien... vous avez raison.

Les vers de cette cantate furent faits, si j'ai bonne mémoire, par Philoxène Boyer, le même que j'avais plaisanté dans la *Dame aux Camélias*, sous le nom de Philogène. C'était un aimable garçon, qui ne manquait pas de talent, mais que ses nombreuses amours et ses ardentes passions, en contradiction avec son visage, sa tournure et sa mise, rendaient quelque peu ridicule.

Lorsque, quelques mois après la scène que je

viens de raconter, j'envoyai le manuscrit de *Diane de Lys* à la censure, la pièce fut interdite sans aucune explication de la part des censeurs.

J'écrivis alors au président de la République, devenu empereur dans l'intervalle, la lettre suivante, dont j'ai toujours gardé le brouillon :

« Sire,

» Chaque fois qu'un écrivain consciencieux a vu son œuvre défendue par une censure préventive, il en a appelé à l'autorité directe et absolue du roi. C'est ainsi que *Tartufe* a pu arriver à la scène; c'est ainsi que le *Mariage de Figaro* a été joué.

» Je ne suis ni un Molière ni un Beaumarchais, mais il ne m'est pas interdit d'essayer de le devenir, d'autant plus que je trouve déjà sur mon chemin les obstacles qu'ils ont rencontrés. Ma première pièce, la *Dame aux Camélias*, arrêtée par la censure et jugée par elle impossible, autorisée depuis par M. le comte de Morny, a déjà été jouée cent quatre-vingts fois et Votre Majesté elle-même a sanctionné un jour par sa présence le succès de ce début.

» J'ai écrit une seconde pièce, qui représente un travail de six mois, et les censeurs, les mêmes qui ont défendu la première, défendent encore celle-ci. J'ai déjà eu raison une fois contre leur opinion; ma conviction est qu'ils se trompent encore. Malheureusement l'interdiction est formelle, et n'a d'appel qu'auprès de Votre Majesté. Je me permets donc de m'adresser à Elle, convaincu qu'Elle est disposée à protéger tout écrivain sincère, et à donner à l'art une indépendance dont les véritables artistes n'abusent jamais.

» Je suis l'héritier d'un des premiers noms littéraires de ce temps, j'ai tout intérêt à continuer ce nom de mon mieux, et je déclare avec confiance que mon œuvre ne renferme aucune des intentions immorales que la censure me prête. Seulement je crois que la censure oublie trop que le théâtre est destiné, s'il peut servir à quelque chose, à donner des leçons tout en donnant des exemples, et qu'il ne peut être original et grand qu'à la condition de représenter franchement, avec leurs correctifs indispensables, toutes les nuances des passions, des ridicules et des vices.

» C'est ce que nos maîtres ont pensé, c'est ce que, bien loin d'eux, je me suis cru autorisé à penser aussi; c'est avec cette conviction que j'ai exécuté ma première pièce, c'est dans ces idées, je l'avoue, que j'ai écrit la seconde.

» Votre Majesté voudra-t-elle m'accorder la protection que je me permets de lui demander, et qui peut avoir une si heureuse influence sur toute ma carrière?

» Si mon drame échoue devant le public, la faute en sera à l'auteur, que Votre Majesté aura tout fait pour encourager; s'il réussit, ce sera à l'auteur de n'oublier jamais qu'il aura dû ce succès à Votre Majesté. »

Quelques jours après avoir écrit cette lettre, j'en reçus la réponse ainsi conçue :

« Monsieur,

» Sa Majesté l'Empereur a pris connaissance de la requête que vous lui avez adressée. Après s'être fait faire un rapport sur les motifs qui ont déterminé la censure à interdire la représentation de votre pièce, Sa Majesté me donne l'ordre de vous informer que ces motifs sont tels qu'il lui est impossible de revenir sur cette décision.

» *Signé* : ALBERT DE DALMAS. »

Je remis *Diane de Lys* dans le tiroir où j'avais remis jadis la *Dame aux Camélias*, et, en attendant des temps meilleurs, je commençai le *Fils naturel*.

Sept ou huit mois se passèrent ainsi. Enfin, un jour, Montigny ayant eu affaire aux censeurs à propos d'une autre pièce, demanda si l'interdiction qui pesait sur *Diane de Lys* ne serait jamais levée. On lui répondit que c'était moi qui avais repoussé toute entente, en refusant de venir discuter les objections de la commission d'examen. Il n'y avait pas un mot de vrai. Montigny se contenta de répondre, à son tour, qu'il devait y avoir une erreur et qu'il me savait prêt à me rendre à une *nouvelle* convocation. Je fus convoqué très peu de temps après et les censeurs me dirent qu'ils s'en remettaient à moi-même des corrections à faire et dont ils me laissaient juge. Je modifiai très légèrement deux ou trois passages. Ces messieurs se déclarèrent aussitôt satisfaits et la pièce fut jouée le 15 novembre 1853, après une année d'interdiction, dont le véritable motif ne m'a jamais été communiqué. J'ai donc toujours cru qu'il n'y avait eu là qu'une taquinerie de M. de Persigny. Je la lui pardonne. La destinée lui en a fait bien d'autres.

Les adversaires de l'Empereur lui ont beaucoup reproché et lui reprochent encore quelquefois d'avoir fait naître, développé et encouragé l'abominable littérature dramatique dont j'étais un des représentants. Si j'en juge par moi, par les difficultés que l'administration impériale me suscitait à chaque instant (je raconterai, dans les notes du *Demi-Monde*, ce qui s'est passé à propos de cette pièce dans l'intimité de l'empereur, avant qu'elle fût représentée); si j'en juge par moi, le gouvernement impérial a fait, au contraire, tout ce qu'il a pu pour arrêter ce soi-disant courant d'immoralités scéniques. Mais le courant était si fort qu'il continue et grossit encore aujourd'hui sous le gouvernement qui nous régit, et qui n'a aucun rapport avec le précédent. Il doit y avoir là une combinaison providentielle au-dessus de la volonté des hommes et des directeurs des Beaux-Arts. Je commence à croire que c'est nous, auteurs dramatiques et romanciers, que Dieu a chargés de miner peu à peu tous les régimes politiques de la France et de détruire finalement la société française.

NOTE B

Plusieurs critiques, après la représentation de la pièce, ont beaucoup reproché à l'auteur la fin de cette scène [1].

« Il n'y avait aucune raison, disaient-ils, pour que Diane de Lys fît cacher Paul Aubry pendant la visite du duc. Puisqu'elle avait autorisé le duc à venir lui apporter, le soir même, la réponse de Marceline, elle pouvait bien avoir autorisé un autre homme à lui faire visite. Quelle nécessité, dès lors, de faire cacher cet autre homme? C'est là un moyen, une *ficelle* pour les besoins de la pièce. »

La critique est vraie en apparence, en apparence seulement. Il y a plusieurs raisons pour que la comtesse ne veuille pas que le duc la trouve, à pareille heure, avec un homme qu'il n'a jamais vu chez elle et qui n'est pas de son monde. La première, c'est que, comme elle est très émue au moment où le duc se présente, elle ne veut pas que son émotion puisse être attribuée à la présence d'un inconnu

[1]. Acte II, scène ix

chez elle; la seconde, c'est qu'elle ne pourrait congédier le duc devant Paul sans faire une grave insulte au duc, sans embarrasser beaucoup Paul et sans se compromettre encore davantage; la troisième, c'est que, en admettant qu'elle parvienne à se contenir et que ses habitudes de femme du monde dominent son agitation, elle présentera les deux hommes l'un à l'autre, et qu'après une conversation plus ou moins longue, Paul devra se retirer devant ce nouveau visiteur, qu'elle ne pourra le retenir, que certainement le duc prendra congé d'elle en même temps, que les deux hommes s'en iront ensemble, qu'elle ne veut pas, ce qui peut arriver, qu'il soit question d'elle entre eux, enfin qu'elle tient à avoir, le soir même, la fin de son explication avec Paul. Ce n'est pas tout. Si les deux hommes se trouvent en présence, le duc en entendant le nom de Paul Aubry, c'est-à-dire du peintre dont Diane a montré le tableau avec tant d'admiration au commencement de l'acte, le duc sera amené à faire toutes sortes de suppositions à propos de ce tête-à-tête nocturne, ayant lieu quelques heures après le départ de M. de Lys. Et dans quel costume est ce visiteur chez cette grande dame, après minuit? En costume du matin; en redingote. Comment, étant absolument inconnu aux habitués de la maison, a-t-il le droit d'y venir si tard et dans cette intimité? Pourquoi ce privilège?

Toutes ces réflexions traversent l'esprit de la comtesse en une seconde, et, l'émotion aidant, elle fait passer Paul dans une autre chambre.

NOTE C

Je puis raconter ici, à propos du dénouement de cette pièce, un détail assez amusant.

Je m'entretenais souvent avec mon ami Henri Mirault de cet ouvrage, pendant que je l'écrivais. J'étais convaincu que Paul Aubry devait être tué à la fin par le comte, mais j'hésitais beaucoup devant les habitudes du théâtre sur lequel devait se produire ce drame. Tuer un homme d'un coup de pistolet sur une scène où l'adultère avait toujours eu un dénouement heureux et souvent comique! Que diraient les habitués du Gymnase? La tradition me disait : « Accommode »; la situation et la logique me disaient : « Tue! » Je me décidai pour la logique.

Lorsque j'eus écrit le dernier mot de la pièce, je courus chez Mirault pour l'informer de ce grand événement. Il n'était pas chez lui. Alors, je dis au portier qui me connaissait bien :

— Vous direz à M. Mirault que c'est fini, et que j'ai tué Paul.

— Je dirai que Monsieur a tué Paul, reprit le portier en me regardant d'un air quelque peu effaré.

— Oui, vous n'oublierez pas?
— Non, monsieur.

Même étonnement dans la voix que dans le regard.

Quand Mirault rentra, il était accompagné d'un ami; le portier le prit à part et lui dit tout bas :

— M. Dumas est venu et m'a chargé de dire à Monsieur que tout est fini, — qu'il a tué Paul.

— Ah! il a joliment bien fait! s'écria Mirault, et j'en suis bien content.

Ce dénouement, dont l'annonce devait tant inquiéter le portier de Mirault, a toujours aussi un peu ahuri le public du Gymnase. Il ne semblait pas, à cette époque, après les quarante ans d'exercice et de succès de M. Scribe, que l'adultère pût jamais avoir, surtout sur le *théâtre de Madame*, une solution aussi pénible.

Le public, il faut bien le dire, avait encore, en dehors du bouleversement subit de ses traditions les plus chères, d'autres raisons fort admissibles d'étonnement et d'hésitation.

Le rôle de Paul Aubry était très poétiquement joué par cet enchanteur Bressant, l'amoureux toujours vainqueur, toujours regretté, et toujours survivant, bien entendu, que les femmes ne voulaient, pour rien au monde, voir mettre à mal; et voilà que le rôle du mari, de ce mari qui, dans toute bonne comédie, doit toujours être ou libertin, ou grossier, ou imbécile, voilà que ce rôle du mari était tenu, et remarquablement tenu, par Lafontaine, très élégant, très beau, très distingué, dont les cheveux noirs, le teint ambré, l'œil brillant, la voix vibrante faisaient facilement oublier, dans la scène du quatrième acte, les brutalités de la fin du troisième, et laissaient entrevoir et même souhaiter un pardon et une intimité des plus acceptables. Donc, parmi les dames, lesquelles font loi au théâtre, comme chacun sait, les unes tenaient bon pour l'amant, les autres trahissaient et faisaient retour au mari, mais aucune n'eût voulu le trépas ni de l'un ni de l'autre. Il devait y avoir des moyens de tout arranger; elles en connaissaient certainement, l'auteur aussi, mais il estimait trop son héroïne pour se servir de ces moyens connus, si usités qu'ils soient dans la vie courante.

Montigny, de son côté, me sollicitait fort pour que *cela finît bien* et que tout le monde s'en allât content, comme autrefois, quitte à ne plus revenir quelques années après. J'étais convaincu et déjà obstiné; je ne cédai point; je ne le regrette pas encore.

Le comte de Lys est resté une figure, grâce surtout à l'artiste qui le représentait, et qui imprimait un grand cachet d'originalité à toutes ses créations, quel que fût le théâtre auquel il appartint.

Paris, janvier 1882.

LE
BIJOU DE LA REINE

Cette petite comédie tout à fait anodine, pour ne pas dire parfaitement insignifiante, n'a été représentée que dix ans après qu'elle avait été écrite, sur le théâtre de madame de Castellane. Et encore, lorsque madame de Castellane me fit l'honneur de me demander un acte pour ses représentations de l'hiver, il me fut impossible de retrouver le manuscrit. Je récrivis toute la pièce de mémoire. On n'oublie jamais les vers qu'on a faits à vingt ans.

Elle fut jouée par mademoiselle Dubois, qui avait juste l'âge de la jeune princesse qu'elle représentait, et par Delaunay, qui allait avoir trente ans et qui ne les a pas encore.

Mademoiselle Dubois était bien la plus jolie ingénue que l'on pût rêver. Figurez-vous des cheveux couleur des blés, des yeux couleur des bluets, des joues couleur des roses, un teint couleur du lait, des dents couleur des perles, des lèvres couleur des cerises. Jamais toutes ces comparaisons banales et usées n'ont été aussi en droit de reparaître au jour qu'à propos de cette adorable enfant découverte par madame de Girardin, qui la fit débuter dans *Lady Tartuffe* et *la Joie fait peur*, où elle obtint tout de suite le plus grand succès. La seule transformation à laquelle il semblait que cette jolie personne pût se prêter dans son art, c'était de passer de la naïveté d'Agnès à la mutinerie de Chérubin. Jamais le printemps, jeunesse de l'année, jamais la jeunesse, printemps de la vie, comme a dit Métastase, n'ont eu une incarnation aussi fraîche et aussi lumineuse. Si l'on eût voulu représenter cette petite Déesse, je ne sais pas quelle matière on eût dû employer. Il n'y avait pas de couleur assez transparente, il n'y avait pas de marbre assez souple. Il eût fallu en faire une figurine de Saxe. On avait véritablement envie de la mettre dans une vitrine pour qu'un maladroit ne la cassât pas en la prenant dans ses mains ou dans ses bras. Cela est si vrai qu'un jour, ayant voulu être femme jusqu'à devenir mère, elle est morte. Ces choses-là n'étaient pas faites pour elle.

5 novembre 1884.

LE
DEMI-MONDE

NOTE A [1]

Cette même femme eut une aventure d'un autre genre que je ne puis résister au désir de raconter pour donner un trait de plus à la peinture de ce monde particulier.

Un jeune homme lui faisait une déclaration. Elle était déjà plus près de quarante-cinq ans que de quarante, et elle répondait aux instances de ce postulant attardé, en femme souvent déçue, lassée, rassasiée même, ne croyant plus à rien et se préparant d'ailleurs à expier ses erreurs, à se réconcilier avec Dieu ! Elle s'est jetée, en effet, depuis lors, dans la dévotion la plus scrupuleuse, celle qui accompagne physiologiquement, pour ainsi dire, chez ces sortes de femmes, les rides, les cheveux gris, les fausses dents, l'ingratitude des hommes mûrs et le dédain des jeunes gens. En attendant, notre amou-

---

1. Voir la préface de la pièce.

reux insistait avec toutes les éloquences et toutes les promesses de la vingtième année.

« Une seule chose, dit-elle tout à coup, pourrait me tenter ; je l'ai toujours enviée aux autres époques, chaque fois que j'en ai lu le récit ; ce serait un enlèvement de force, la nuit, par des gens armés, masqués, silencieux, qui vous jettent au fond d'une voiture avec un bâillon sur la bouche, et vous emportent, au galop de quatre chevaux vigoureux, dans une maison solitaire, au fond d'un pays inconnu. C'est original ; c'est dramatique ; c'est inattendu ; cela dispose aux sensations extrêmes ; mais de votre amour moderne, toujours le même, je ne veux plus entendre parler. »

Le lendemain, à dix heures du soir, elle sortait pour aller au bal. A peine était-elle installée dans le modeste fiacre qui devait l'y conduire, que le cocher partait au galop de son maigre cheval, dans la direction des boulevards extérieurs, ceinture de Paris, à cette époque. La dame avait beau frapper aux vitres, appeler, crier, le cocher fouettait de plus en plus. Avait-elle affaire à un ivrogne ? à un voleur ? Cet homme voulait peut-être la violer ! Il lui avait paru bien laid ! Et s'il allait la tuer, par là-dessus ? Elle en était là de ses réflexions et de ses inquiétudes quand la voiture s'arrêta. Les deux portières s'ouvrirent en même temps et quatre hommes masqués, deux à droite, deux à gauche, les uns la soutenant par derrière et lui nouant un mouchoir de dentelle sur la bouche, les autres l'attirant en avant, la transportèrent dans la rue. Elle comprit tout de suite. Simulant la femme terrifiée, évanouie, elle se laissa déposer dans une berline fermée, où l'attendait un cavalier, masqué aussi, enveloppé d'un grand manteau couleur de muraille, coiffé d'un sombrero et armé d'une espingole. Quatre chevaux attelés à cette berline qu'on avait dû avoir beaucoup de peine à découvrir dans Paris, partirent avec fureur en faisant sonner leurs grelots, ce qui manquait un peu de vraisemblance dans un enlèvement nocturne, mais ce qui lui donnait plus de gaîté et faisait un accompagnement approprié aux réflexions de la victime. Après un quart d'heure de course folle, la voiture s'arrêtait dans une rue déserte d'Asnières, devant une maison dont les volets étaient hermétiquement fermés, mais d'où l'on entendait un abominable charivari de tambourins et de castagnettes.

La porte de cette maison s'ouvrit. Dans le vestibule et le salon remplis de fleurs et splendidement éclairés, des hommes et des femmes vêtus de costumes espagnols, chantant, dansant, s'accompagnant de leurs instruments, reçurent la voyageuse avec des acclamations et la conduisirent à la table du souper destiné à la consoler des émotions qu'elle avait eues, en la préparant à celles qu'elle allait avoir. Ces diverses émotions furent très vives sans doute, car la liaison qui succéda à cet enlèvement tant souhaité fut la plus longue et la plus fameuse de celles qui précédèrent la conversion définitive de madame X... Cette conversion célèbre eut lieu en 1866 ou 1867. Je n'aurais pas raconté cette anecdote que je tiens des héros eux-mêmes, si je ne savais que le récit n'en saurait plus attrister maintenant cette pieuse personne à tout jamais séparée du monde, touchée de la grâce et libérée de ses remords. Si ces lignes devaient cependant tomber sous ses yeux, qu'elle me pardonne et qu'elle prie pour moi.

NOTE B

En remettant la copie de mon manuscrit à M. Fould, je l'avais prévenu qu'il y trouverait quelques mots un peu vifs destinés à disparaître, mais qui, impossibles à la représentation, donnent de la saveur à la première lecture. Je comptais bien sur ces mots pour effrayer la pudeur et surtout l'incompétence du ministre d'État. Aujourd'hui, malgré les progrès de l'école naturaliste, le spectateur ne supporterait pas encore ces plaisanteries de mauvais goût et il aurait raison. Il fallait, outre l'inexpérience de M. Fould en matière de théâtre, son désir secret de faire place à M. Scribe et à mademoiselle Rachel pour se laisser prendre à ce piège grossier. Voici deux échantillons de ces mots :

ACTE IV. — SCÈNE II

VALENTINE, regardant la porte par laquelle est sorti M. de Thonnerins.

C'est le marquis de Thonnerins?

SUZANNE

Oui.

VALENTINE

Il est toujours vert, le marquis. *Comme les poireaux avec la tête blanche.*

Et dans une scène qui a disparu :

OLIVIER, au marquis.

Où avez-vous connu Suzanne?

LE MARQUIS

A Bordeaux.

OLIVIER

Qu'est-ce qu'elle faisait là?

LE MARQUIS

Elle tenait le haut du pavé.

OLIVIER

Il n'y avait donc pas de trottoirs?

J'avais demandé aussi à M. Fould de ne communiquer mon manuscrit à personne. Lui seul devait connaître la pièce et en rester juge. La censure, jusqu'à nouvel ordre, n'avait rien à y voir. M. Fould avait promis, et, je dois le dire, je ne doutais pas de sa parole. Il y a manqué, mais pour son maître et souverain, et la raison d'État excuse tout.

Un jour je rencontrai le prince de la Tour d'Auvergne chez le père Enfantin, et il me dit :

— Vous avez mis dans une pièce que vous destinez au Théâtre-Français un joli mot à propos des La Tour d'Auvergne.

— Comment savez-vous cela? lui répondis-je. Cette pièce ne peut et ne doit être, à cette heure, connue de personne.

Alors, M. de la Tour d'Auvergne m'apprit la

vérité. M. Fould, très engagé avec moi, mais en même temps effrayé de mon sujet et de la manière dont il était traité, n'avait osé prendre sur lui ni d'interdire ni d'autoriser la lecture et la représentation de ma comédie au Théâtre-Français, et il en avait référé en haut lieu. L'empereur s'était fait lire le *Demi-Monde*, à lui, à l'impératrice et à quelques familiers de la maison. Les deux premiers actes avaient été lus par M. Vieillard et les trois derniers par le prince de la Tour d'Auvergne lui-même.

— Dites-moi franchement quelle a été l'impression? demandai-je au prince.
— Franchement?
— Franchement.
— Très mauvaise.

J'étais sauvé ! Le lendemain j'allai trouver M. Fould; je lui racontai ce que j'avais appris; je regrettai d'avoir écrit une pièce qui avait à ce point scandalisé Leurs Majestés. Heureux de se débarrasser de moi, M. Fould me rendit enfin ma pièce, en ajoutant à cette restitution, comme dédommagement, l'autorisation pour le Gymnase de jouer des pièces en cinq actes *sans couplets*. On fut très étonné aux Tuileries quand on y apprit le grand succès de cet abominable ouvrage. L'empereur et l'impératrice assistèrent à la deuxième représentation. Après le spectacle, Montigny vint accompagner Leurs Majestés jusqu'à la porte de son théâtre, comme cela était d'étiquette, et leur demanda si Elles avaient quelques observations à faire. L'impératrice ne put s'empêcher de dire :

— Il me semble que la représentation n'est pas tout à fait conforme au manuscrit dont nous avons eu connaissance.

— Votre Majesté a une mémoire bien remarquable, répondit Montigny du ton le plus naïf; l'auteur, il est vrai, a fait quelques changements, mais dans les mots surtout.

Comme tous ces détails sont puérils, quand on se reporte aux douloureux et terribles événements dont ces hauts personnages ont été les auteurs et les victimes! Mais ces événements ont le triste privilège d'être bien connus, et, malgré tout, quelques artistes et quelques amis peuvent prendre encore intérêt aux petits détails de notre vie littéraire.

NOTE C

Avant d'arriver au public, cette comédie a eu encore à traverser quelques péripéties. D'abord, elle fut si froidement accueillie par les artistes du Gymnase, lorsque je leur en fis la lecture, qu'en rentrant dans le cabinet de Montigny, j'étais résolu à la retirer. Montigny m'expliqua alors les raisons de cette froideur : les deux rôles d'Olivier et de Suzanne étaient si beaux, que tous les autres comédiens, en mesurant les leurs à ceux-là, s'étaient trouvés fort mal partagés. Quant à madame Rose Chéri et à Dupuis, ils n'avaient osé témoigner leur sympathie dans la crainte de laisser voir leur joie et d'augmenter ainsi la peine et la mauvaise humeur de leurs camarades. Plusieurs rôles furent refusés, puis tout s'arrangea avec des raisonnements, de la douceur et un peu de papier timbré. Je ne me rappelle bien aujourd'hui que le zèle mis finalement par cette excellente troupe au service de mon œuvre.

C'était la première fois que madame Rose Chéri

jouait un rôle de cette nature. Il la passionnait, elle le composa avec un talent supérieur. Tout le monde peut admirer avec quelle merveilleuse intuition cette honnête personne devina et rendit ce qui lui était si complètement étranger. Montigny aimait et respectait infiniment cette femme exceptionnelle, et il poussait quelquefois cet amour et ce respect jusqu'au contresens. Il ne parvenait pas toujours, surtout avec moi qui venais un peu bouleverser les traditions de son théâtre, il ne parvenait pas toujours à dégager complètement *madame Montigny* du personnage que je lui donnais à représenter et qui, selon lui, la déconsidérait, la souillait même. Il ne se faisait pas à l'idée de voir cette personne adorée de lui et estimée de tous, prononcer en public certaines paroles, exprimer certaines passions, prendre certaines attitudes. Moi, je ne voyais que la couleur de mon rôle, et le parti à tirer de cette grande artiste; je la poussais donc toujours aux notes extrêmes qu'elle donnait si bien, malgré l'exiguïté de ses moyens physiques, Montigny la retenait tant qu'il pouvait et il n'était pas rare qu'une discussion s'engageât sur ce point entre lui et moi. Alors, madame Rose, qui aimait son art et le succès, mais qui n'osait résister ouvertement ni à son mari ni à son directeur, car elle servait d'exemple en tout à ses camarades, alors madame Rose se mettait dans un coin, et, pendant que je soutenais mon opinion, je voyais cette petite figure d'enfant, virginale et mutine, qu'elle a conservée jusqu'à la fin de sa vie, me faire, derrière Montigny, toutes sortes de petits signes pour que je tinsse bon. Je tenais bon et Montigny finissait par céder.

Cependant il y avait des effets que, pour plus de sûreté, madame Rose Chéri n'indiquait pas en répétant, parce qu'elle prévoyait qu'ils lui eussent été absolument interdits *par le mari*. Elle les gardait pour la représentation. Ainsi, à la fin du *Demi-Monde*, Suzanne, avant sa dernière sortie, doit dire : « *J'étais si troublée en remettant ces papiers à M. de Nanjac, qu'après son départ j'en ai retrouvé la plus grande partie sur ma table. Adieu, Olivier.* » Madame Rose Chéri, le soir de la première représentation, lança ces paroles avec toute la ruse et tout l'orgueil d'une aventurière qui veut avoir le dernier mot de la situation; puis elle sortit de scène en appliquant de telle manière son châle sur sa taille et ses flancs qu'il n'y avait plus le moindre doute à avoir sur le genre de vie que Suzanne allait mener désormais. L'effet fut très grand. Madame Rose en fit la surprise à tout le monde, excepté à moi, qui le lui avais conseillé tout bas. Elle s'en amusait d'avance comme un écolier d'une espièglerie, mais elle me disait : « Surtout que *le patron* ne se doute de rien. »

Cette remarquable comédienne joignait à toutes ses autres qualités une conscience professionnelle extrêmement rare. Je citerai, à ce propos, un mot charmant qu'elle m'a dit. Elle jouait, un soir, le *Demi-Monde*, deux ou trois ans après la première représentation, pour la deux cent cinquantième fois peut-être, et devant un public du dimanche assez clairsemé. J'entrai au Gymnase et j'écoutai la pièce, tout seul au fond d'une baignoire. Le rideau baissé, je monte dans la loge de madame Rose Chéri et je lui dis :

— Je vous fais tous mes compliments. Vous avez joué comme si c'était la première représentation.

— Il faut toujours jouer comme si c'était la première représentation, fût-ce à la cinq centième, me répondit-elle, et quel que soit le public; il y a toujours là une personne qui en vaut la peine. Ainsi ce soir, il y avait vous.

— Et si je n'y avais pas été? lui dis-je.

— Il y aurait eu moi, me répondit-elle.

Le rôle d'Olivier de Jalin a été créé par Adolphe Dupuis. Il avait alors vingt-cinq ou vingt-six ans, et trente ans de travail et de succès n'ont fait qu'affermir et développer son talent plein de bonne humeur, de finesse et de variété. Il avait joué dans *Diane de Lys* le rôle de Maximilien de Ternon, et il m'avait été facile de reconnaître dans l'allure alerte et vive qu'il avait donnée à ce rôle, ces précieuses qualités naturelles qui, bien distribuées et bien conduites, constituent le comédien vraiment original. Ce n'est pas tout. Dupuis et moi, nous avions par hasard deux natures tellement correspondantes, qu'en créant ce personnage d'Olivier de Jalin, qui était *moi*, je n'y voyais que lui, si bien que, quand il a eu à apprendre le rôle, il lui a semblé qu'il le savait depuis longtemps. A partir de ce moment, il ne m'était plus possible de songer à une pièce sans y mêler Dupuis, et je croyais travailler encore pour lui alors même qu'il n'était plus là pour me jouer, tant j'avais l'habitude de cet interprète, de ce complice aimable, expansif, entraînant, de qui le public était disposé à tout entendre et à tout accepter. La Russie nous l'a rendu la tête un peu blanchie par les neiges, mais la voix toujours chaude, le regard toujours clair et à la fois plus tendre et plus mâle.

L'âge, chez les véritables comédiens, ne détruit pas les dons de la jeunesse et du tempérament, il les fond dans les qualités qu'il apporte et celles-ci s'en assouplissent et s'en fortifient. L'âge a appris à Dupuis ce qu'il nous apprend à tous, des sensibilités, des tendresses, des mélancolies, auxquelles ce que ce comédien a conservé et conservera, jusqu'à la fin, de ses jeunes années, ajoute un charme et une grâce de plus. Ainsi, celui qui en 1859, un peu avant son départ pour la Russie, avait joué avec tant de goût et d'aisance le rôle du fils dans le *Père prodigue* a pu, en revenant à Paris en 1880, jouer magistralement le père dans la même pièce.

Le public se plaît beaucoup à voir les pièces qu'il a aimées reprises par des comédiens nouveaux, par des comédiens de talent bien entendu. Cela lui permet un plaisir assez naturel du reste, mais particulièrement propre aux Français, je crois : le plaisir de la comparaison. Que de fois, à propos de cette reprise du *Père prodigue*, j'ai entendu dire : « J'aime mieux Dupuis. — J'aimais mieux Lafont. — Ce n'est pas la même chose. — Lafont était plus *ceci*. — Dupuis était plus *cela*. — Etc., etc. » Je me suis souvent étonné de la rapidité de ces jugements.

Comment un spectateur peut-il prétendre, après vingt-cinq ou trente ans, avoir gardé intacte et nette à travers tous les autres bruits de ce monde, l'impression particulière qu'un comédien de talent lui a causée dans un rôle? A quoi peut-il reconnaître et décider qu'un autre comédien de talent est, dans le même personnage, inférieur ou supérieur au premier? Le spectateur peut dire : « J'aimais mieux celui-là ou j'aime mieux celui-ci, parce que le tempérament de celui-ci ou de celui-là correspond plus à ma nature »; mais il ne saurait donner d'autres raisons. Qu'il ait conservé un souvenir durable de l'ensemble du personnage, de sa forme extérieure, de ses allures physiques, de deux ou trois mouvements de scènes, d'un certain cri, d'un certain geste, qu'il soit et reste reconnaissant à l'artiste antérieur de lui avoir causé le premier une émotion inattendue, de lui avoir procuré une jouissance délicate, je le comprends et j'en suis là, en tant que spectateur, mais qu'il puisse comparer par le menu, en détail, les qualités diverses de deux artistes, les suivre, comme il y prétend, pas à pas dans leur double composition, et qu'il ait dans la mémoire, sans confusion, toutes les notes des deux voix, je ne saurais y consentir. Il faut bien le dire, la comparaison est toujours en faveur du premier occupant. « Ah! si vous aviez vu un tel dans ce rôle. C'était bien autre chose! — Pourquoi? répond celui qui n'a pas vu. Le nouvel *un tel* me parait excellent. — Pourquoi? Je ne puis pas vous l'expliquer, mais j'aimais mieux l'autre. »

Ce que vous aimiez mieux, monsieur; c'est l'âge que vous aviez vingt-cinq ou trente ans auparavant, et celui qui vous a ému, à cette époque, fait partie, à votre insu, de ce que vous regrettez de cet âge. C'est une des consolations de l'homme, à mesure qu'il vieillit, de croire et de déclarer ce qui n'est plus pour lui supérieur à ce qui est maintenant pour les autres.

Au moment où j'écris ces lignes, Delaunay joue à la Comédie-Française le rôle d'Olivier que Dupuis a créé il y a vingt-sept ans au Gymnase. C'est le même rôle, c'est le même plaisir pour le spectateur, c'est le même succès pour les deux artistes, et ce n'est pas plus la même exécution que ce n'est le même homme. J'ai fait répéter Dupuis et Delaunay, chacun trente ou quarante fois, chaque répétition durant en moyenne quatre ou cinq heures, j'ai donné à l'un et à l'autre les mêmes indications là où j'ai cru que mes conseils pouvaient leur servir, personne n'a plus entendu que moi ces deux voix d'une *tonique* si différente, personne n'a assisté comme moi au travail scrupuleux, varié de leur composition individuelle et ne connaît mieux *les dessous* de ce que le public a entendu et entend; eh bien, je l'affirme, je serais absolument incapable d'indiquer les endroits où ces deux artistes si différents diffèrent l'un de l'autre. On m'objectera que, comme auteur, je suis tenu, ne fût-ce que par politesse, à n'avoir pas et surtout à ne pas témoigner publiquement de préférence. Non, je suis très sincère. On ne pouvait pas mieux jouer le rôle que Dupuis ne le jouait; on ne peut pas mieux le jouer

4.

que Delaunay ne le joue et ils ne se ressemblent pas. Qu'est-ce que cela prouve? que Dupuis et Delaunay sont deux excellents comédiens, et qu'ayant deux tempéraments différents, c'est-à-dire deux manières différentes d'exprimer, chacun d'eux met son individualité au service du rôle. Tel individu, lorsqu'il reçoit une émotion violente, a le sang à la tête et devient tout rouge; tel autre, dans la même circonstance, a le sang au cœur et devient tout pâle; l'un pousse un cri déchirant, l'autre ne souffle pas mot et chancelle. Lequel est le plus ému? laquelle de ces deux émotions est la plus sincère, la plus forte, la plus éloquente? Bien fin qui le dira. Il en est de même de l'expression dramatique. Par exemple, au quatrième acte du *Demi-Monde*, M. de Jalin quitte le salon de madame d'Ange pour empêcher madame de Lornan d'y entrer; ici, je me souviens très bien que Dupuis rentrait agité, fiévreux, vibrant, et qu'interpellé par M. de Nanjac, il lui répondait sur le ton dont il aurait dit : « Ah! vous m'ennuyez à la fin. Allez-vous-en au diable! décidément, vous êtes trop bête. » Delaunay rentre, lui très contenu, très ferme, en homme du monde, résolu à la fois à se dominer et à pousser l'affaire jusqu'au bout. L'un exécute en homme qui a le sang à la tête, l'autre en homme qui a le sang au cœur. Qui des deux a raison? Tous les deux. Il n'y a pas d'autre conclusion, surtout si l'on y ajoute ceci : ce qui touche le plus chez le comédien, comme chez tous les autres artistes, c'est ce qui a le plus de rapport à notre propre nature. De là tant d'opinions diverses, tant d'appréciations contraires puisque la nature humaine a des manifestations innombrables et des échos infinis. Ce qui résulte enfin, comme observation générale et absolue de cette discussion esthétique, c'est l'infériorité de l'art du comédien dans le vaste domaine de l'Art. Son action sur la foule est énorme, électrique, troublante, directe, mais passagère. La durée de sa renommée, et même de sa valeur, est en raison inverse du succès qu'il obtient. Un cri, une larme, un rire, une ovation, un triomphe, et tout est dit. Impossibilité pour ce créateur de rien créer qui prenne une forme définitive, de rien laisser qui lutte avec le temps. Il meurt, une seconde et dernière fois, pour la foule qu'il a passionnée, avec le dernier spectateur qui l'a applaudi.

NOTE D[1]

Ce mot : « *J'aurai eu froid en venant au monde* », ne signifie pas grand'chose à la place qu'il occupe. Il sert seulement à montrer que Marcelle parle à tort et à travers. Mais ce mot m'a été dit par une pauvre fille, pendant que j'écrivais le second acte, et il m'a tant frappé alors, que je m'en suis servi tout de suite. Cette créature, jeune, jolie, imprévoyante, plus que légère, avait jeté son éclat de rire au milieu de ma vie de jeune homme, et, un jour, malade, abandonnée, misérable, elle s'était adressée à moi. Je l'avais secourue. Une fois guérie, elle vint me remercier et m'annoncer qu'elle allait tout à fait bien, ce que démentait une toux fréquente et fiévreuse. « Mais vous toussez encore, lui dis-je. — Oh! me répondit-elle, ça ne compte pas. J'ai toujours toussé. J'aurai eu froid en venant au monde. » Dans la bouche de cette fille, née sur un grabat, ce mot avait sa véritable valeur : dans la bouche de Marcelle, il ne l'a pas. Voici de cette même fille un autre mot, très pittoresque. Elle me racontait son histoire : « Ah! me dit-elle, il y a dans ma vie bien des jours où je n'ai pas mangé, et c'est comme un fait exprès, c'est ces jours-là qu'on a le plus faim. »

1. Voir la pièce, acte II, scène v.

NOTE E

Certains spectateurs et certains critiques, parmi les jeunes surtout, ont discuté et discutent encore la conduite d'Olivier de Jalin à l'égard de madame d'Ange, et quelques-uns finalement condamnent cette conduite. Selon ces juges, très graves et très chatouilleux sur les questions d'honneur, M. de Jalin ne mériterait en aucune façon le titre d'honnête homme que M. de Nanjac et l'auteur lui décernent à la fin. « Ça un honnête homme, a-t-on dit et imprimé, un homme qui *raconte* qu'il a été l'amant d'une femme, qui *donne les lettres* de cette femme à un autre homme, ça un honnête homme, allons donc, c'est un drôle ! » Sans innocenter mon héros et moi, car je l'avoue, il y a beaucoup de moi dans mon héros, je commencerai par faire observer que lesdits spectateurs et lesdits critiques ont probablement mal écouté ou mal lu ma pièce, et qu'Olivier de Jalin ne dit pas une seule fois à M. de Nanjac qu'il a été l'amant de madame d'Ange, qu'il ne dit pas que les lettres qu'il rapporte sont des lettres d'amour, mais des papiers d'affaires, et non seulement il ne communique pas ces papiers à son ami, mais il les lui refuse obstinément, ainsi qu'il appert de la citation suivante :

OLIVIER

..... N'épousez pas Suzanne, mais aimez-la ; elle en vaut la peine.

RAYMOND

Vous en savez quelque chose ?

OLIVIER

Moi, non.

RAYMOND

De la discrétion, à cette heure ! à quoi bon ? Ce n'est plus comme la première fois que je vous ai vu ; *ce jour-là vous avez été discret;* c'était tout naturel, vous ne me connaissiez pas.

Si Olivier veut laisser entendre à M. de Nanjac qu'il a été l'amant de Suzanne, il n'a qu'à ne pas répondre à cette dernière phrase, il n'a qu'à se taire tout bonnement ; M. de Nanjac comprendra. Pas du tout ; Olivier reprend :

Je vous ai dit la vérité.

RAYMOND

Laissez donc.

OLIVIER

Ma parole, vous m'avez dit : « N'êtes-vous que l'ami de madame d'Ange ? » *Je vous ai dit :* « *Oui* ». *C'est vrai; je n'étais que son ami.*

Voilà qui est clair et précis, je crois. Et, pour sauver non pas l'honneur de madame d'Ange qui n'est plus à sauver ni à perdre depuis longtemps, mais pour satisfaire aux lois de la *gentilhommerie*, Olivier joue sur les mots. Il fait ce qu'on appelle une restriction mentale. Quand Raymond lui a dit au premier acte : « Vous n'êtes que l'ami de madame d'Ange », il a répondu : « Je ne suis que son ami ». Il n'a pas menti. En effet, depuis cinq minutes il *n'est* plus que l'ami de Suzanne. Raymond aurait dû dire : « N'avez-vous jamais été que l'ami de madame d'Ange? » Il ne le dit pas, Olivier en profite pour tout concilier. Maintenant passons à la question des lettres; écoutez :

RAYMOND, à Olivier (IIIe acte)
Prouvez-moi que vous êtes mon ami.

OLIVIER
Que faut-il faire?

RAYMOND
Donnez-moi ces lettres.

OLIVIER
A vous?

RAYMOND
Oui.

OLIVIER
Vous savez bien que cela ne se peut pas.

RAYMOND
Pourquoi?

OLIVIER
PARCE QU'ON NE DONNE PAS LES LETTRES D'UNE FEMME, QUELLE QUE SOIT LA FEMME.

RAYMOND

Voyons, Olivier; au nom de notre amitié, donnez-moi ces lettres.

OLIVIER

VOUS ME DEMANDEZ UNE CHOSE IMPOSSIBLE, UNE CHOSE INDIGNE DE VOUS ET DE MOI.

RAYMOND

Eh bien, je vous jure de ne pas lire ces lettres. Donnez-les-moi. Je les remettrai moi-même à madame d'Ange.

OLIVIER

NON.

C'est catégorique; Olivier ne se contente pas de refuser les lettres de Suzanne à son ami, il déclare la chose impossible, indigne de lui et de tout honnête homme. Que voulez-vous de plus, surtout dans le milieu où nous nous trouvons?

Cependant, me direz-vous, les lettres de Suzanne passent de la poche d'Olivier dans la main de Raymond; c'est vrai; mais comment passent-elles? Par une subtilité de l'auteur? Évidemment. Je ne me servirai même pas de l'argument ordinaire : *Sans cela il n'y aurait pas de pièce;* non, je traite la chose comme si la chose se passait dans la réalité et non dans la fiction, ma prétention, qui m'a quelquefois coûté cher, au théâtre, ayant toujours été d'approcher le plus possible de la vérité. Eh bien, lorsque M. de Jalin, homme du monde, sans rien préciser, sans nommer personne, à l'aide de ces demi-mots, de ces sourires, de ces clignements d'yeux, de ces points suspensifs qui sont, pour ainsi dire, le langage chiffré des supra-civilisés entre eux, des Parisiens surtout, lorsque M. de Jalin, après avoir essayé d'éclairer Raymond et de le sauver de ce mariage stupide, scandaleux, impossible, voit Raymond prendre au tragique ce qu'au commencement de la scène il était, disait-il, tout prêt à prendre en riant, il tente un dernier moyen et lui dit :

« J'ai agi comme j'ai cru de mon devoir de le faire *Il n'y avait pas à hésiter entre une complicité tacite à accorder à madame d'Ange et l'avertissement que je vous ai donné. Entre gens comme nous, l'explication que nous avons eue aurait dû suffire;* elle ne suffit pas; prenons que je n'ai rien dit. Je suis venu pour remettre à madame d'Ange ou pour lui laisser, si je ne la trouvais pas chez elle, des *papiers* qui lui appartiennent depuis l'instant où elle me les a demandés. *Les voici sous enveloppe et cachetés.* Madame d'Ange est sortie ; *je dépose ces papiers sur sa table pour qu'elle les trouve en rentrant,* et je reviendrai dans une demi-heure savoir si elle les a trouvés. Maintenant, mon cher Raymond, faites de la situation ce que bon vous semblera. »

Olivier tend là un piège à Suzanne, ce n'est pas douteux, pour sauver un galant homme qu'il voit pris dans les filets d'une aventurière; c'est de bonne guerre, et, depuis la fin du deuxième acte, ne l'oublions pas, il y a guerre déclarée.

SUZANNE

Alors, c'est la guerre.

OLIVIER

Va pour la guerre.

(Acte II, scène IV.)

Que Suzanne et toutes ses pareilles trouvent odieuse la conduite d'Olivier, c'est leur droit. Aussi, l'auteur, qui le sait, fait-il dire par Suzanne, quelques scènes plus loin... : « Admettons, et *il faut l'admettre puisque c'est vrai, que je ne sois pas digne, en bonne morale, du nom et de la position que j'ambitionne, est-ce bien à vous, qui avez contribué à m'en rendre indigne, à me fermer la route honorable où je veux entrer? Non, mon cher Olivier, tout cela n'est pas juste, et ce n'est pas quand on a participé aux faiblesses des gens, qu'on doit s'en faire une arme contre eux! L'homme qui a été aimé, si peu que ce soit, d'une femme, du moment que cet amour n'avait ni le calcul ni l'intérêt pour bases, est éternellement l'obligé de cette femme, et quoi qu'il fasse pour elle, il ne fera jamais autant qu'elle a fait pour lui.* »

Suzanne a parfaitement raison quand elle parle ainsi, et l'auteur, en lui mettant ces paroles dans la bouche, fait d'avance le raisonnement et l'objection que certains spectateurs et certains critiques feront plus tard; mais Suzanne n'a raison que parce qu'elle se couvre alors très adroitement d'un principe général, d'un axiome indiscutable, mais dont, depuis longtemps, elle a perdu le bénéfice. Ce principe ne s'applique plus à elle. C'est bien pour cela qu'elle le généralise et qu'elle tente d'établir entre elle et toutes les autres femmes une solidarité spécieuse, et qui fait momentanément illusion; aussi le public est-il avec elle, pendant quelque temps. Mais elle voit si bien par où ce principe est sujet à caution, en ce qui la concerne, qu'au commencement de la scène, alors qu'elle raconte elle-même à Olivier qu'elle lui a tendu un piège, elle reconnaît le droit qu'il a d'agir comme il le fait. Ne lui dit-elle pas : « Je me suis bien doutée hier, après votre conversation avec M. de Nanjac, que notre grande amitié n'irait pas loin et que, *dès qu'il serait question de mariage,* votre loyauté prendrait les armes . » Elle sait donc parfaitement, quoique intéressée, ce que la loyauté commande à un homme, en pareil cas, à l'égard d'une femme comme elle. Bref, c'est pour aller au-devant de tous les embarras que l'honnêteté d'Olivier va forcément lui susciter, c'est *pour terrasser la vérité,* comme elle le dit elle-même, qu'elle dresse d'avance toutes les embûches dans lesquelles elle finit par tomber. Il ne s'agit donc pas ici de venir invoquer contre Olivier, en faveur de Suzanne, les lois de l'honneur et de la morale. Elles ne seraient à invoquer que s'il se conduisait autrement.

Ceux qui traitent M. de Jalin de drôle, parce qu'il empêche le mariage de Suzanne avec un honnête homme qui s'est confié absolument à lui, comment traiteraient-ils ce même Olivier s'il laissait ce mariage s'accomplir, s'il y prêtait les mains ? Non ; toute la situation est commandée ici par la bonne foi et l'honorabilité de M. de Nanjac. C'est lui qui, dès le commencement, est dans la morale pure, puisqu'il ne prétend posséder la femme aimée que par le mariage. Aussi, voyez comme cette manière supérieure de comprendre l'amour va ramener brusquement Olivier à l'entente de ses devoirs à l'égard de cet honnête homme, parce que, comme il le dit lui-même, au deuxième acte, à Suzanne, pour la prévenir sans doute quand elle s'étonne de l'intimité qui règne déjà entre ces deux hommes : « *Il existe entre les honnêtes gens, ma chère baronne, un lien mystérieux qui les unit avant même qu'ils se connaissent, et qui devient facilement de l'amitié le jour où ils se rencontrent.* » Il n'est donc pas question ici de certains devoirs conventionnels imposés à un galant homme par une femme galante, en échange de quelques moments de plaisir gratuit; il est question tout à coup de l'éternelle responsabilité humaine, de l'éternelle solidarité qui oblige les honnêtes gens entre eux, par cela seul qu'ils sont et qu'ils tiennent à rester des honnêtes gens. C'est la lutte du bien et du mal; les sexes n'ont rien à y voir, et le mal, dont le triomphe n'est jamais que momentané, doit être vaincu. Bref, voilà Olivier rappelé tout à coup du fond de sa vie frivole, par la loyauté de son nouvel ami, aux exigences, aux nécessités, aux arrêts de la conscience définitive. Il eût mieux fait de ne pas rechercher ou de ne pas accepter les faveurs de madame d'Ange et d'être le Joseph de cette Putiphar ou l'Hippolyte de cette Phèdre, soit; mais, de ce qu'on a été tenté par une femme légère, s'ensuit-il qu'on doive lui prêter assistance et complicité quand elle veut déshonorer un honnête homme et qu'on doive être parjure et traître à cet homme? Le jour où Olivier a pu devenir l'amant d'une honnête femme comme madame de Lornan, il a sauvé cette femme de lui-même, car il sait ce qu'il y a au fond des amours adultères. Et cet homme qui a sauvé madame de Lornan de lui-même ne sauverait pas M. de Nanjac de Suzanne, allons donc! c'est le même homme, et ceux qui le traitent de drôle quand il sauve l'honneur de Raymond, le traitent probablement d'imbécile quand il refuse de déshonorer Charlotte.

L'amour a son code de chevalerie, qui oserait le nier? Mais l'amitié n'a-t-elle pas aussi le sien? Quoi, mon honneur d'homme n'est engagé que vis-à-vis de la femme, quelle qu'elle soit, dont j'ai reçu les faveurs, même faciles et partagées, et il ne l'est pas vis-à-vis de l'homme qui a mis sa main dans la mienne, que j'estime, qui a confiance en moi et qui me constitue l'arbitre de sa destinée! Qui peut soutenir de tels paradoxes, même dans un temps où l'on en soutient tant d'autres?

Mais d'abord et avant tout, l'amour ne peut avoir et invoquer son code qu'à la condition d'être véritablement l'amour. Où est l'amour, dans la situation présente? Est-il question d'une femme jusque-là irréprochable, poursuivie, vaincue par un amour persévérant, unique et succombant à la fin? S'agit-il d'une jeune fille entraînée dont la faute est secrète et que la moindre indiscrétion peut condamner à la honte ou à la mort? Présentons-nous même une de ces femmes du vrai monde, frivoles, coquettes, galantes, comme nous en voyons tant, mais qui ont un mari, des parents, des fils et des filles dont le repos, les sentiments, la confiance doivent être sauvegardés? Non; nous mettons en scène une jolie créature qui vient on ne sait d'où, d'en bas, comme elle le dit elle-même. En bas, n'est-ce pas bien large, bien profond, bien obscur, bien humide? Cette jolie créature s'est vendue aux uns et aux autres, elle se fait impudemment doter, la veille du mariage qu'elle rêve avec un honnête homme, par un ancien amant à elle; elle appelle cet ancien amant son tuteur quand elle parle de lui à l'homme qu'elle veut épouser, et qu'elle veut épouser, non parce qu'elle l'aime, mais parce qu'elle compte sur ce mariage pour monter du demi-monde dans le grand monde, comme elle a monté d'en bas où elle est, grâce à un état civil dérobé. A travers toutes ces aventures et toutes ces ignominies, elle a eu des caprices, parce que l'amour payé par le premier venu ne saurait satisfaire, je ne dirai pas son idéal — elle n'a plus d'idéal, — mais ses sens, dont elle n'est du reste pas bien sûre, puisque, malgré tous ses efforts (c'est encore elle qui le dit, au premier acte), elle n'a jamais pu aimer personne. Témoigne-t-elle une minute le moindre regret de sa vie passée? Fait-elle vœu de faire oublier à elle et aux autres par une conduite exemplaire l'existence menée jusqu'alors? A-t-elle avec Raymond un seul mouvement de franchise et d'épanchement? A quel propos l'honneur, le grand honneur, le vrai, monterait-il sur son grand cheval, endosserait-il sa forte armure et entrerait-il en lice pour défendre une gaillarde de cet acabit-là, qui vous fait écrire ses lettres d'amour ou *à peu près d'amour, car les expressions n'en sont pas bien tendres,* par une déclassée, compagne de ses plaisirs, confidente de ses aventures, instrument de ses trahisons, laquelle déclassée, après avoir trahi son mari et fait tuer un homme, vit et s'enfuit avec un voleur. Ah! que voilà bien le lieu d'invoquer les lois chevaleresques de l'amour et de la superfine délicatesse, et ce, au détriment d'un brave garçon officier d'Afrique, blessé tout récemment au service de son pays, qui s'en remet loyalement à un homme dont le nom, la position, l'éducation, le langage doivent lui garantir tout de suite la loyauté. Quoi! Olivier de Jalin, homme du monde, honnête homme, va laisser cet autre homme du monde, cet autre honnête homme qu'il appelle son ami, épouser son ancienne maîtresse, à lui, Olivier de Jalin, celle qu'il possédait encore un mois auparavant en partage avec M. de Thonnerins ou tout autre, celle au nez de qui il riait quand elle lui demandait s'il voulait l'épouser et qui ne se formalisait pas de ce rire? Non seulement il va laisser ce mariage s'accomplir, mais il va servir de témoin à cet homme honorable qu'il aura ridiculisé, trahi, déshonoré pour toute sa vie! En vérité, où sommes-nous, et cela supporte-t-il l'hésitation, le doute, la discussion une seconde?

Et cependant, l'auteur du *Demi-Monde*, en sa qualité même d'auteur dramatique, avait à prévoir et connaissait toutes les objections qu'on pouvait lui faire à propos de ce cas de conscience. C'est pour cela qu'il a posé, dès le début de sa pièce, dans le récit fait par Hippolyte Richond, un point de comparaison et d'attache avec ce qui va se passer plus tard. Il vous montre que Richond victime d'une trahison semblable à celle que certaines gens voudraient voir Olivier commettre, Richond a été marié dans les conditions où le mariage de Raymond va se présenter deux actes plus loin. Qu'a fait Richond ? Il a traité de misérable, soufflété et tué, heureusement, l'*ami* qui lui a fait épouser sa maîtresse. C'est bien clair. Olivier fera-t-il ce qu'a fait l'ami de Richond. Toute la question est là. Il n'y a pas besoin de répondre.

Eh bien ! oui, l'auteur a péché à cet endroit de sa pièce, il le reconnaît, mais il a péché par excès de scrupules. En effet, renversez un moment la situation : M. de Nanjac, militaire franc, généreux, expert en matière de bravoure et d'honneur, a été l'amant de Suzanne dans une de ces villes de garnison *où elle tenait le haut du pavé parce qu'il n'y avait pas de trottoirs.*

Olivier, c'est-à-dire un bourgeois naïf, mais honnête et confiant, veut épouser Suzanne ; il s'adresse loyalement à Nanjac, qu'il sait être dans l'intimité de cette femme, et lui demande d'être son témoin. Que fera M. de Nanjac ? Il répondra carrément à Olivier : « Vous êtes fou. Est-ce que je vais vous laisser épouser mon ancienne maîtresse et, par-dessus le marché, en vous servant de témoin, me porter publiquement garant de l'honorabilité d'une créature que je sais pertinemment être une drôlesse. Je serais moi-même le dernier des drôles en me conduisant de la sorte. » Et tout le monde lui donnerait raison. Olivier ne procède pas aussi nettement parce qu'il est homme d'esprit, de civilisation raffinée, un de ces Parisiens *habitués à se comprendre à demi-mots*. Il agit donc selon son milieu, ses mœurs, ses habitudes, mais selon sa conscience, que le monde qu'il traverse n'a pas obscurcie. Cependant, en face de l'aveuglement, de l'obstination, de l'injustice de Raymond à son égard, il perd patience et lui dit : « Vous ne voulez pas me croire; eh bien! croyez-la. Elle est veuve, elle est baronne, elle est honnête, elle n'a jamais aimé que vous; épousez-la et allez vous promener. J'ai fait mon devoir. Arrivera maintenant ce qui pourra. Bonsoir. »

Et les choses en resteraient certainement là, si madame d'Ange en restait là, elle aussi; mais elle veut se venger et pour cela, attirer chez elle, compromettre, déshonorer madame de Lornan, qu'Olivier a préservée et qu'il veut garantir jusqu'à la fin. « J'étais décidé à ne plus me mêler de tout cela, dit-il à Richond au quatrième acte, bien qu'il y ait des gens qui valent la peine qu'on les sauve malgré eux; mais les femmes n'ont de mesure en rien et Suzanne vient me provoquer de nouveau. Qu'elle prenne garde! Si elle tente la moindre chose contre madame de Lornan, je ne sais pas comment je m'y prendrai, mais cette fois je démantibulerai si bien son mariage, que je veux être pendu si elle en retrouve un morceau. »

Sur quoi, pour sauver la femme qu'il estime et qu'il respecte, il expose sa vie dans un duel avec Raymond, duel qu'il pourrait éviter en disant un seul mot sur madame d'Ange, *mot qu'il refuse encore de dire*. Puis, quand il a fait jusqu'au bout son devoir

5.

d'honnête homme, quand il a reçu un coup d'épée, l'homme d'esprit reparaît et il tend un piège à cette Suzanne qui dresse des embuscades à tout le monde depuis cinq actes, elle y tombe et c'est bien fait. Elle a retrouvé sur sa table une partie de l'argent qu'elle prétendait avoir rendu à M. de Thonnerins; celui-ci lui rendra certainement la fraction qu'elle lui a renvoyée; elle n'aura rien perdu, seulement elle sera rejetée définitivement dans la cohue des courtisanes à laquelle elle revient de droit. Elle ruinera peut-être quelques imbéciles, tant pis pour eux, mais au moins elle n'aura pas souillé le nom et la vie d'un honnête homme, avec l'acquiescement et la complicité d'un autre honnête homme, voilà l'important. Lorsque, à la fin, elle appelle Olivier : « Misérable! » celui-ci conclut très justement en lui répondant : « Ce n'est pas moi qui empêche votre mariage, c'est la raison, c'est la justice, c'est la loi morale, qui veut qu'un honnête homme n'épouse qu'une honnête femme. »

Pour conclure, oui, dans les amours illégitimes, quand la femme a véritablement fait à un homme le sacrifice de son honneur, l'honneur de cet homme est engagé jusqu'à la mort, jusqu'au parjure, jusqu'à la trahison envers son meilleur ami, envers son frère, jusqu'aux plus effroyables conséquences de la discrétion; c'est même là un des châtiments possibles et le plus dur de ces amours illégitimes; mais, pour que l'honneur de l'homme soit engagé à ce point, il est de toute nécessité que l'honneur de la femme existe. Roméo, surpris, quand il descend du balcon de Juliette, devra se laisser accuser, s'accuser même le premier de vol et de tentative d'assassinat contre un des Capulet, ennemis de sa famille, plutôt que de compromettre celle qui se donne à lui. Il se laissera insulter, condamner et pendre pour sauver l'honneur de sa maîtresse, dussent le père et la mère Montaigu en mourir de honte et de désespoir; mais supposez que Mercutio ait été l'amant de Juliette, le seul amant de Juliette, croyez-vous qu'il laissera Roméo l'épouser même en secret, et qu'il les accompagnera, sans rien dire, chez le frère Laurent? Je ne le crois pas, moi. Si dénaturé que soit, au temps où nous vivons, le sens des mots et des choses, si rapides, si peu raisonnées, si personnelles, si intéressées que soient les opinions émises sur toutes les questions morales, il ne faut cependant pas confondre l'amour avec la galanterie, le libertinage et la prostitution, et venir invoquer pour ceux-ci les lois de celui-là; il faut distinguer aussi les femmes des filles, bien que celles-ci passent assez souvent, de nos jours, à l'état d'épouses et commencent à faire autorité en matière de conscience. Si un homme qui a été l'amant d'une femme comme madame d'Ange, lui cause un dommage en l'empêchant d'épouser un honnête homme, il ne lui doit aucune réparation d'honneur, une réparation d'argent suffit; comme celle que Raymond offre à Suzanne. Suzanne refuse cette réparation matérielle; ce refus est sa dernière espérance, son dernier enjeu, elle le perd; mais, soyez tranquille, si les autres combinaisons qu'elle va tenter ne réussissent pas plus que celle qui vient d'échouer, si elle est plus tard dans la misère, ou seulement dans quelque embarras d'argent, elle s'adressera, sans la moindre pudeur, sans la moindre rancune, à Olivier et à Raymond, en se contentant de ce seul reproche : « Vous me devez bien ça après le tour que vous m'avez joué! » Voilà le fonds et le tréfonds des baronnes d'Ange. Que les jeunes gens qui entrent à cette heure dans la vie galante ne soient donc pas trop scandalisés de la conduite de M. de Jalin; qu'ils demandent même au ciel de leur envoyer un ami comme celui-là, le jour où ils croiront à la vertu de la *baronne* et où ils voudront absolument l'épouser, ce qui est plus que jamais à prévoir. Quant à tel ou tel jeune écrivain, tout chaud débarqué de l'école, de la province ou de la taverne, dans la critique théâtrale, si pleine de privilèges, et qui me donne vertement et de haut, dans son journal ou dans sa revue, des leçons d'esthétique et de savoir-vivre, je le soupçonne fort de recueillir, ou plutôt de cueillir, ses arguments sur les lèvres de *madame d'Ange*. Je crois bien le voir, naïf, et désirant être vu, dans le fond de la loge sur le devant de laquelle Suzanne se carre et fait ses mines. C'est de là qu'il écoute et juge ma pauvre comédie soumise à sa justice hebdomadaire ou bi-mensuelle. *Suzanne* se retourne de temps en temps pour lui dire : « Cet Olivier de Jalin est un drôle ; on ne se conduit pas ainsi avec une femme. Je compte bien que vous allez dire son fait à l'auteur. — Soyez tranquille, baronne. » Jeune homme! jeune homme!

un peu de patience; vous apprendrez, je l'espère, en avançant dans la vie, ce que j'avais déjà la bonne chance de savoir à l'âge que vous avez, c'est que, tout *en aimant les baronnes d'Ange,* il y a deux choses qu'il ne faut jamais croire : le bien qu'elles disent d'elles et le mal qu'elles disent des autres. Tant que la *baronne* n'égarera votre jugement que sur des fictions comme le *Demi-Monde*, ce sera sans importance pour vous et surtout pour moi, mais si vous ne vous retirez à temps, elle faussera votre esprit sur les principes des choses et des réalités de la vie, et alors, jeune homme, il vous en cuira, comme on dit; mais vous ne pourrez pas dire que l'auteur de cette pièce que vous aurez tant décriée, ne vous aura pas averti et rendu le bien pour le mal.

NOTE F

Le soir de la première représentation, mademoiselle Figeac, qui jouait le rôle de madame de Santis, et qui le jouait fort bien, se trompa d'un mot à propos de l'*introduction du référé*. Cette erreur prêtait à un double sens tellement grossier, qu'il devenait par cela même inadmissible; le public ne pouvait s'y tromper et ne s'y trompa point; personne n'eut l'air de comprendre. Il n'en partit pas moins un coup de sifflet aigu, couvert aussitôt par les applaudissements de la salle indignée de la mauvaise foi et choquée de l'intelligence de ce spectateur si désireux de voir tomber la pièce. Fallait-il qu'il fût bien au guet et que le sifflet fût près de ses lèvres pour que le coup partît si vite sur un seul mot. Ah! j'avais là un ami! C'était peut-être une baronne d'Ange. J'en ai connu une qui assistait à presque toutes les premières représentations dans une baignoire. Elle plantait, pour ces solennités-là, un petit sifflet d'or au milieu de son bouquet, et, à la première occasion, elle sifflait en ayant l'air de respirer ses fleurs.

NOTE G [1]

Il y a deux théories au théâtre : la théorie de la confidence et la théorie de la surprise; autrement dit, certains auteurs veulent que le public soit mis dans le secret de la comédie, d'autres veulent qu'il n'y soit pas initié, qu'il devine s'il peut, qu'il soit surpris s'il ne devine pas. Je suis de ceux-ci; Montigny était des premiers. Je m'étais absenté pendant quelques-unes des dernières représentations du *Demi-Monde*; quand je revins, tous les rôles étaient sus et toute la mise en scène était faite. J'étais assis sur le théâtre et j'écoutais cette avant-dernière scène, quand, au milieu de la tirade d'Olivier, je vis Berton, qui représentait M. de Nanjac, ouvrir la porte de droite et entrer en scène. J'arrêtai Dupuis et je dis à Berton : « Vous entrez trop tôt. — Non, me répondit-il. M. Montigny m'a dit d'entrer à ce moment. » Je regardai avec étonnement Montigny, assis à côté de moi. « Oui, me dit-il, Nanjac doit se

1. Voir la pièce, acte V, scène vii.

montrer le plus tôt possible. Le public sait bien qu'il n'est pas tué. — Comment, le public le sait bien ? — Évidemment. — Mais il ne faut pas que le public s'en doute. — Vous voulez que le public croie que Raymond est mort ? Vous voulez mettre le public dedans. — Tant que je pourrai. — Mais si le public croit à ce dénoûment, il sifflera, parce que ce dénoûment serait exécrable. — Eh bien, il sifflera ; mais d'abord il n'est pas sûr qu'il siffle, et quand il verra qu'il s'est trompé, il applaudira d'autant plus. — C'est insensé ! Continuez, Dupuis, et vous, Berton, entrez comme je l'ai réglé. — Mais non, mais non, m'écriai-je ; continuez, Dupuis, mais vous, Berton, n'entrez que lorsque Dupuis aura dit : « Vous avez perdu, chère amie, vous devez un gage ; regardez. » — C'est bien, dit Montigny en se levant, faites ce que veut l'auteur, mais moi, je ne prends pas la responsabilité d'une mise en scène comme celle-là, et je n'assiste plus aux répétitions. » Et, en effet, Montigny, très autoritaire, surtout à cette époque, me bouda et me laissa faire, tout seul, le dernier travail. La répétition générale eut lieu. Pour me convaincre de mon erreur et pour me donner une leçon, Montigny remplit la salle de monde, de l'orchestre au cintre. J'étais tout seul dans une petite loge du rez-de-chaussée. Lorsque la fameuse scène arriva, le public fut complètement trompé et j'entendais autour de moi : « Oh ! oh ! » et des claquements de langue significatifs ; bref, un désappointement allant jusqu'aux murmures. Et nous avions affaire à une salle d'amis, ou plutôt d'invités !

Qu'est-ce que ce serait donc le lendemain? Montigny entendait tout cela de sa loge; il devait être dans la joie de son âme, comme on dit. Puis, tout à coup, quand, après ces mots : « Vous devez un gage; regardez », M. de Nanjac parut, vivant, et bien vivant, les cris de joie, les applaudissements éclatèrent, l'orchestre et le parterre se levèrent en battant les mains, et c'est à peine si l'on écouta les dernières lignes. La porte de ma loge s'ouvrit alors, la bonne figure de Montigny passa par l'entre-bâillement, et il me dit : « C'était vous qui aviez raison ». Je l'embrassai et tout fut dit. Depuis lors, chaque fois qu'il voulait me faire changer un dénoûment, je lui disais : « Et le *Demi-Monde*? » Il se mettait à rire et me laissait faire. Le soir de la première représentation j'étais dans le coin de sa loge sur le théâtre, de façon à ne pas être vu, à côté de mon père, qui ne connaissait pas un mot de la pièce, et qui était revenu exprès de Bruxelles, qu'il habitait alors, pour la voir. Arrivé à cette scène, il me frappa le genou avec le sien et me dit tout bas, avec une véritable terreur : « Est-ce que c'est là ton dénoûment? — Tu verras. »

L'effet produit sur le public fut le même sur mon père, avec l'émotion paternelle en plus. Il ne put s'empêcher d'applaudir à outrance, en vue de tout le monde. Quelques personnes bien élevées trouvèrent la chose de mauvais goût.

Des excellents comédiens qui ont tant contribué au premier succès de cette pièce, trois seulement vivent encore au moment où j'écris ces lignes :

Dupuis, Landrol, mademoiselle Figeac. Ceux qui ne sont plus ont eu presque tous une fin tragique, comme si les drames fictifs qu'ils avaient représentés dans leur vie avaient dû prendre pour eux une forme réelle dans la mort. Seule, Mélanie, la jolie créature de *Victorine* ou *la Nuit porte conseil*, s'est éteinte doucement, à moitié aveugle, dans la modeste retraite que quarante années de travail avaient pu lui assurer. Berton a fini par la paralysie, Villars par le suicide. Sur cette jeune et jolie Laurentine, à la fois si évaporée, si chaste et si tendre dans le rôle de Marcelle, plane une légende lugubre. A la suite, dit-on, d'une catastrophe d'amour, elle tomba en une léthargie si complète, que l'on crut à la mort. Elle fut enterrée vivante. Le bruit courut d'un empoisonnement ou de certaines manœuvres clandestines exercées sur elle. On dut procéder presque aussitôt à son exhumation et l'on trouva la pauvre fille, la tête tournée vers l'épaule droite, et cette épaule à moitié dévorée. Telle est la légende, vraie ou fausse. Ce qui est certain, c'est la mort dramatique, en pleine jeunesse et en pleine beauté, de cette charmante fille. Quant à madame Rose Chéri, elle est morte depuis plus de vingt ans, elle, ayant bu dans le verre de son fils, qu'elle soignait nuit et jour, la mort hideuse à laquelle elle l'arrachait. Pendant les représentations du *Demi-Monde*, elle était grosse de cet enfant tant souhaité. Elle était alors l'artiste triomphante, l'épouse heureuse, la mère exaucée. Elle est morte la première. Le second de ses enfants est mort après elle, puis ce

premier enfant sauvé par elle, et qui l'avait tuée,
est mort à son tour à vingt-deux ans d'un mal plus
horrible encore que celui auquel il avait échappé :
de la rage. Le père, l'homme de bon cœur, de bon
conseil et de bonne foi, frappé de tant de coups, est
allé rejoindre, il y a deux ans, ceux qu'il avait tant
aimés. Il faut que la souffrance des hommes soit
bien indispensable à Dieu dans la combinaison de
son œuvre pour qu'il la leur impose avec tant de
variété, de profusion et d'acharnement! Mais à quoi
peut-elle lui servir?

Février 1882.

LA
QUESTION D'ARGENT

NOTE A

Le garçon robuste et sain, le compagnon spirituel et de belle humeur, le peintre ingénieux et original, fidèle et toujours prêt, à qui cette pièce est dédiée, s'est volontairement donné la mort, il y a trois ans, le samedi saint, par la plus belle journée de printemps qui se pût voir. Après avoir déjeuné avec un ami, de bon et joyeux appétit, sans que rien pût faire soupçonner son projet, il a regagné son atelier, il a coquettement fait sa toilette comme pour un rendez-vous galant, il a placé les tableaux qu'il laissait, achevés, sur des chevalets, il a écrit, d'une écriture ferme, quelques lettres courtes, affectueuses, très simples, à trois ou quatre amis, dont j'étais ; il les a cachetées, laissées bien en vue sur la table, se gardant de les envoyer d'avance, comme font ceux qui espèrent encore être sauvés ; puis il s'est tué d'un coup de pistolet dans la tête. La main n'a pas tremblé, le corps n'a pas fait un mouvement ; le visage ne portait pas trace de la plus légère contraction. Jamais la volonté de mourir n'a été plus claire et plus nette. Comment ce garçon, qui avait été l'expression la plus évidente, le témoignage le plus authentique de la vie heureuse, facile, débordante, a-t-il pu concevoir et mettre à exécution la pensée du suicide? Comment cette main ferme, habile dans l'art, que tant de mains amies pressaient tous les jours, vers laquelle tant de mains ouvertes et pleines se seraient tendues si la maladie ou la misère s'étaient montrées, a-t-elle pu s'armer tout à coup contre ce cœur puissant et ce cerveau lumineux? Il nous a donné une raison de sa mort : « Sa vue s'obscurcissait; il ne pouvait plus travailler, et, par là-dessus, la fuite à l'étranger d'un marchand de tableaux, qui lui emportait ses dernières ressources, le décidait à renoncer à la vie que cependant il aimait bien ». Il s'exprimait ainsi dans la lettre qu'il a laissée pour moi. Dieu me garde de faire une étude du suicide et de recueillir et compulser des *documents humains* sur le corps d'un ami, et surtout d'un ami comme celui-là! Je dirai cependant que je n'ai jamais cru au fond des raisons que cet ami nous donnait. Pour moi, cette vue qui s'obscurcissait, ce marchand fripon ont été le prétexte, l'occasion, non la cause de la mort volontaire.

J'avais vu Marchal, vingt ans auparavant, perdre, du jour au lendemain, par la disparition d'un dépositaire infidèle, tout ce qu'il possédait, une centaine de mille francs, c'est-à-dire toute son indépendance, peut-être toute sa carrière, puisque cette modeste aisance lui permettait l'étude, le choix dans le travail et assurait la vie de sa mère et de sa sœur qu'il adorait. Cette catastrophe ne l'avait ni abattu ni même ébranlé. Il l'avait simplement racontée à deux amis; il avait emprunté une modeste somme à l'un, il avait demandé à l'autre de prendre matériellement soin de sa mère et de sa sœur en son absence, et il était parti pour l'Alsace, pour le petit village de Bouxviller, où il resta près de deux ans, où il vivait avec cinquante-six francs par mois, nourriture et logement compris, et d'où il rapportait le *Cabaret*, la *Veuve*, le *Choral de Luther*, et les études du *Printemps* et de la *Foire aux Servantes* : tableaux qu'il retournait ensuite achever sur les lieux mêmes où il les avait conçus. J'avais vu, quelques années plus tard, ce garçon, brave et généreux de sa vie pour les autres, quitter brusquement la table où nous dînions, en plein air, à Sainte-Assise, et courir vers la rivière qui bordait mon jardin, et d'où il lui semblait avoir entendu partir des cris de détresse. Arrivé sur la berge, il aperçut un homme se débattant au milieu du fleuve. Il avait machinalement gardé sa serviette à la main; il la jeta sur le gazon, et, tout habillé, la tête en avant, il s'élança dans la rivière et sauva cet homme, avec l'assistance du passeur accouru de l'autre rive dans son bateau.

Deux ou trois ans avant sa mort, nous revenions à pied, le long du boulevard, entre minuit et une heure, d'une première représentation à la Porte-Saint-Martin. Les groupes qui nous précédaient se disloquaient, les uns après les autres, pour faire place à un grand gaillard en blouse bleue, qui marchait à leur rencontre, simulant l'homme ivre, battant le trottoir à droite et à gauche, bousculant les gens quand ils ne s'écartaient pas, faisant peur aux femmes, qui tiraient leurs compagnons à elles pour éviter les chocs et les rixes. Marchal se détacha de nous, en disant : « Vous allez voir. » Il roula une cigarette et s'achemina dans la direction de ce drôle, qui, le voyant venir tout seul, distrait et inoffensif en apparence, se dirigea de son côté, comme s'il ne le voyait pas, avec un dandinement imitant le roulis, les épaules haussées à moitié de la tête. Au moment où il allait heurter Marchal, celui-ci se *rassembla*, serra les coudes au corps et reçut le choc avec une telle unité de contraction et de résistance, que l'agresseur imbécile alla rouler à dix pas de là, les quatre fers en l'air. Furieux, il se releva et courut sur cet adversaire inattendu ; mais Marchal, retroussant lestement ses manches et pliant légèrement sur ses jarrets, immobile et ferme comme un roc, sans abandonner sa cigarette, lui dit de ce ton parisien que tout le monde a dans l'oreille et que personne ne peut noter : « Si tu bouges, je t'assomme. » L'autre lâcha un terme grossier de son vocabulaire, devenu littéraire aujourd'hui, et continua son chemin, tout droit devant lui cette fois.

Marchal avait alors quarante-huit ans. Un homme doué, à cet âge, de cette constitution et de ce caractère, était-il de ceux qui se découragent jusqu'à la mort, parce que leur vue se fatigue ou que l'argent leur manque? De sa vie il n'avait pris un médicament, il était absolument vierge de pharmacie. Un de ses amis, médecin, lui avait indiqué, pour sa vue fatiguée, un traitement bien facile, dont le lorgnon faisait la base. Quant à la perte d'argent, elle était tout aussi facilement réparable. Les besoins du peintre étaient très modestes, ses amis nombreux et tout prêts, nous le répétons, à lui venir en aide, au premier mot. La mort volontaire n'avait donc rien à voir ni à faire dans tout cela. Pourquoi donc la mort évoquée subitement comme unique auxiliaire par cette nature vaillante, par cet esprit enjoué, délicat, original, dont la verve intarissable, dont l'irrésistible gaîté triomphaient pendant des journées entières, sans effort pour lui, sans fatigue pour les autres, des plus préoccupés, des plus exigeants, des plus taciturnes? Toute l'explication est pour moi dans ces quatre mots : « Sa mère était morte. » Cet homme, qui n'avait jamais connu son père, ou plutôt à qui son père n'avait jamais été connu, n'avait eu dans sa vie qu'un amour véritable : sa mère; qu'une douleur profonde, terrassante, supérieure à sa force, à son tempérament, à sa philosophie native : la perte de cette mère. Elle était fort âgée, et, dans l'esprit affaibli de cette vieille femme, il ne restait plus qu'une pensée bien distincte, qu'un sentiment bien net : « Charles, son fils. » Quant à lui, il l'aimait doublement comme sa mère et comme son enfant. Peu lui importait qu'elle ne comprît presque plus rien au reste des choses, tant qu'elle l'aimait, tant qu'elle lui souriait, tant qu'elle vivait! Il la promenait en voiture par les premières belles journées du printemps comme il eût fait d'une maîtresse; il l'endormait le soir sur ses genoux et la portait jusqu'à son lit, dans ses deux bras vigoureux, comme il eût fait d'un bébé. Nous, ses amis, pour qui nulle réunion n'était complète sans la présence de cet aimable garçon, quand nous l'appelions à une de ces fêtes où il se plaisait tant, repas, excursions, chasses, nous savions qu'il n'y avait pas à insister, s'il nous répondait : « Je ne peux pas ce jour-là, je sors ou je dîne avec ma mère. »

Le 26 novembre 1873, je l'avais invité à une de ces soirées auxquelles il n'avait jamais manqué, depuis le 2 février 1852. Je lui avais envoyé une place d'orchestre pour la première représentation de *Monsieur Alphonse*. Après le premier acte, il monta sur le théâtre pour me serrer la main et me dire combien il était heureux de ce commencement de succès; puis il m'emmena derrière les décors, et, une fois dans l'ombre, me prenant la tête dans ses deux mains, il m'embrassa en fondant en larmes.

— Qu'est-ce que tu as? lui dis-je tout étonné et tout ému; que t'arrive-t-il?

— Ma mère se meurt en ce moment, me répondit-il en sanglotant.

— Ta mère se meurt, qu'est-ce que tu fais ici?

— Je veux rester avec toi.

— Tu es fou; je n'ai plus rien à faire dans ma pièce; partons, nous resterons ensemble auprès de ta mère.

En réalité, je ne comprenais pas pourquoi ce fils, que je savais si profondément *amoureux* de sa mère, la quittait mourante pour moi.

— Non, me répondit-il, je veux passer ce temps-là dans la lumière, dans le bruit, dans ton émotion. Elle a près d'elle une personne qui la soigne bien. Pourquoi y serais-je, moi? Voilà quinze jours qu'elle ne me reconnaît plus du tout.

A ces mots, prononcés d'une voix navrante, ses larmes redoublèrent, malgré tous ses efforts, et il laissa tomber sa tête sur mon épaule. Je compris. Pour cette nature toute d'instinct, de sensation, de sentiment, du moment que sa mère ne le reconnaissait pas, ce n'était plus sa mère qui mourait, c'était une étrangère; le lien charnel ne suffisait plus. Sa mère était déjà quelque part où il ne pouvait pas être et où il ne lui était plus bon à rien. Alors, il venait à ce qu'il aimait le plus après sa mère. Et, chose curieuse, ce n'était pas mon assistance qu'il venait chercher, c'était au contraire son assistance qu'il m'apportait. Cette énergie, cette force, dont il ne trouvait plus l'emploi auprès de cette moribonde inconsciente, il venait les mettre au service de la lutte que je pouvais avoir à soutenir. Aussi ne le voyais-je que pendant les entr'actes de ma pièce; les actes, il les passait dans la salle au milieu des spectateurs. Je ne crois pas qu'il ait écouté un seul mot de ce qui se disait sur la scène, mais le premier qui eût eu le malheur de siffler, il l'eût certainement assommé, comme il avait été près de faire de l'homme du boulevard.

Lorsqu'après la représentation je l'accompagnai à mon tour chez sa mère, elle était morte. Alors, comme il recommençait à pouvoir être bon à quelque chose, après avoir bien embrassé ce qui restait de cette mère adorée, il la veilla jusqu'au matin. Il lui fit lui-même sa toilette d'éternité, il l'habilla, il l'enveloppa dans son linceul, et les hommes noirs étant venus, il ne permit pas qu'ils portassent la main sur elle; il la coucha tout seul dans son cercueil, comme il l'avait tant de fois couchée dans son lit, et ce fut lui seul encore qui vissa la lugubre boîte : « Je ne veux pas que personne la touche », disait-il.

Voilà l'homme. Cet homme-là se donne-t-il la mort parce qu'il a les yeux un peu fatigués comme tous ses confrères du même âge, et quand, avec un peu de soins, il peut guérir son mal ou l'enrayer? Cet homme-là déserte-t-il la vie parce que des marchands lui emportent ce qu'ils lui doivent, quand il lui reste des tableaux non vendus et des amis comme ceux qu'il avait? Non; cet homme-là ne se tue pas pour si peu.

Pourquoi alors? Parce que, chez l'homme qui a poussé l'amour de la mère au delà, pour ainsi dire, des limites naturelles, il se passe un phénomène singulier que j'ai été à même d'observer plusieurs fois, notamment chez un autre de mes amis, mort de la mort de Marchal, presque en même temps que lui. Pour les hommes qui ont suivi la filière des sentiments appelés à se succéder et à s'entr'aider dans le cœur humain, pour ceux qui se sont, chemin faisant, associé des affections nouvelles comme l'épouse et les enfants, cette mort de la mère demeure redoutable, poignante, mais, enfin, prévue et supportable. Les consolations sont là, toutes prêtes, disposées à l'avance. Au premier cri, elles accourent et se groupent autour de celui qui va souffrir. Pour l'homme qui a aimé sa mère, au point de lui sacrifier d'avance la seconde famille, et qui jusqu'à quarante-cinq ou cinquante ans a réduit ses affections à cette seule forme du féminin, ou plutôt qui a subordonné toutes les formes féminines à celle-là, et ne leur a permis, avec le sentiment filial, ni empiètement, ni lutte, ni comparaison, ni accord, pour l'homme qui a fait aussi longtemps de sa mère l'unique compagne, l'unique amie, l'unique confidente, quel désespoir sans contrepoids et sans reprises possibles le jour où elle disparaît! Ce passé d'éternel enfant plein de joies toutes chastes, toutes pures, et qui semble n'avoir duré qu'une minute, s'écroule tout à coup laissant des ruines et des décombres inébranlables et indestructibles qui barrent toutes les avenues de dégagement, toutes les issues. Quant à l'avenir, il apparaît subitement si mouvant et si court, qu'il n'y a pas à tenter d'y rien édifier. Lorsque ce premier amour prolonge à ce point ses prérogatives et ses joies dans la vie de l'homme, il le tient encore par la main et par les entrailles jusque dans la mort, et il n'est pas rare qu'il l'y attire peu à peu ou l'y entraîne brusquement. A partir du moment où Marchal a perdu sa mère, il s'est senti dans le vide et n'a plus cessé de penser à elle, tout en demeurant matériellement au milieu de nous, sans tristesse extérieure, sans appel à notre compassion, puisqu'il la savait impuissante. Il a continué de vivre par habitude, par indifférence, par vitesse acquise, mais le ressort intérieur, le moteur de l'âme était brisé. Au premier obstacle, il n'a fait aucun effort pour reprendre sa course, pour se rattacher à une vie où sa mère n'était plus. Il s'est arrêté. Moi qui le connaissais bien, je le vois d'ici, au moment de sa décision suprême, souriant de ce sourire doux et railleur qui avait si souvent entr'ouvert ses lèvres et disant : « Ah! c'est comme ça! Je vais retrouver maman. »

16 mars 1882.

NOTE B

Quelques jours après la première représentation de cette pièce, le 17 février 1857, parut dans le *Constitutionnel* le feuilleton suivant :

A Monsieur Alexandre Dumas fils.

« Mon cher Dumas,

» Je viens de lire les feuilletons qui rendent compte de la *Question d'argent*. Ils font tous avec justice l'éloge de ce dialogue vif, enjoué, spirituel et net dont vous avez le secret. Quelques-uns trouvent que vos caractères ne sont pas assez soutenus, mais personne n'a fait à votre pièce le reproche sérieux qu'elle mérite, c'est de ne pas répondre à son titre et d'avoir passé à côté du sujet, que semblaient indiquer ces mots : *la Question d'argent*.

» Vous avez voulu, n'est-il pas vrai? saisir et peindre le trait le plus saillant de notre époque. Frappé du rôle et de l'importance que la spéculation a prise dans notre société, vous avez voulu donner une leçon de haute morale en mettant la richesse acquise dans l'enceinte de la Bourse, en opposition marquée avec la richesse acquise par le travail en dehors de la Bourse, en inspirant de l'admiration et du respect pour celle-ci, de l'éloignement pour celle-là.

» Telle doit avoir été votre pensée, car un écrivain de votre valeur n'a pu se proposer de retracer seulement les aventures particulières de tel ou tel bourgeois comme votre Durieu, de telle ou telle coquette comme votre comtesse de Savelli, de tel ou tel coquin comme votre Jean Giraud. Non, votre pensée était plus haute et plus générale.

» C'était, en effet, une question grave que celle que vous souleviez ainsi et qui touche à toutes les forces vives de la société. On dit que vous vous êtes préparé à votre œuvre par des études spéciales. Comment se fait-il que la nature et le rôle de cette force immense qu'on appelle *le capital,* aient si complètement échappé à votre investigation? Comment se fait-il que vous n'ayez pas un seul instant envisagé le côté sérieux des affaires, que vous n'ayez pas puisé votre action dans la réalité des faits, et que vous l'ayez placée en dehors du personnage dont vous faites le héros de la pièce, au risque de déplacer et d'affaiblir l'intérêt qui est le ressort principal de toute conception théâtrale?

» En réfléchissant aux causes qui ont pu empêcher tant de critiques distingués de signaler le principal défaut de votre pièce, j'ai été amené à penser que, pour juger votre œuvre, il fallait être à la fois écrivain et homme d'affaires. Sans avoir aucune prétention littéraire, il m'a semblé que, réunissant un peu ces conditions, je pouvais esquisser une étude de ce genre.

» Votre intention était excellente, sans doute, je ne la discute pas.

» Mais quel est le résultat; quelle est l'impression générale qui se dégage de votre œuvre, si ce n'est une condamnation aveugle portée contre l'agglomération des capitaux et contre ceux qui les font mouvoir; en un mot, une véritable flétrissure imprimée sans distinction aux hommes qui dirigent le grand mouvement financier de notre époque?

» Vainement objecteriez-vous que le mépris ne s'attache qu'aux hommes éhontés comme le Jean Giraud que vous avez mis en scène. Un homme de votre valeur n'a pas pu consacrer ses veilles à appeler l'animadversion publique sur la personnalité chimérique d'un fripon de théâtre. Vous avez voulu frapper ailleurs, et si vous n'avez pas toujours choisi les moyens les plus appropriés à votre but, vous vous êtes fait suffisamment comprendre, pour que les hommes sérieux se préoccupent d'une œuvre dont les tendances sont si visibles et si nettement accusées.

» Le moment, permettez-moi de vous le dire, n'était pas bien choisi, je ne dis pas pour plaire au public, qui cède bien souvent à des impulsions irréfléchies, mais pour attaquer avec justesse et avec tranquillité des questions aussi graves. Les nations modernes vivent essentiellement par l'industrie et le commerce, c'est-à-dire par les manifestations principales de l'activité humaine, pour lesquelles le capital est ce que le sang est à la vie, l'aliment et le véhicule sans lesquels tout s'éteint et meurt. Le capital est une matière première, la principale, l'indispensable, et, à cette matière première, comme à toute autre, il faut un marché. Le marché des capitaux, c'est la Bourse! Voulez-vous fermer la Bourse? Voulez-vous condamner le capital à se consumer improductivement, sans circulation, c'est-à-dire sans se renouveler, et par conséquent à disparaître? Voulez-vous d'un seul coup faire rétrograder la civilisation jusqu'aux temps héroïques, où tout prêt à l'intérêt était considéré comme usure et puni de peines corporelles, outre la confiscation du capital? Le voulez-vous? Dites-le. Mais vous ne le voulez pas, puisque vous ne condamnez le capital que d'après le taux de l'intérêt qu'il rapporte : vous absolvez l'argent qui rapporte 5 p. 100; vous anathématisez celui qui rapporte davantage.

» Mais le principe est le même, et si vous ne l'admettez pas dans toute son étendue, c'est que vous êtes inconséquent. Vous trouvez odieux que la spéculation travaille sans produire. Vous admettez que vos personnages vertueux vivent de leurs rentes, c'est-à-dire sans travailler.

» Cependant, au point de vue moral, c'est tout un. Encore l'intelligence est-elle du côté de la spéculation.

» La spéculation, croyez-vous, a fait des fortunes immenses qui ne sont pas le produit du travail, et dont l'origine accuse une immoralité grande. Vous avez exceptionnellement raison, et nous assistons, depuis trois ans, à bien des malheurs sur lesquels se sont élevées quelques grandes fortunes.

» Mais serait-il sage de trouver dans ces tristes exemples la condamnation du capital aggloméré, de la spéculation, ce premier échelon de l'association?

» Demandez à l'Angleterre ce que la spéculation, l'association, en un mot le capital aggloméré, a fait pour elle. Elle vous répondra que le capital, par l'association, a construit ses ports, ses routes, ses canaux, ses chemins de fer, ses usines, creusé ses mines de houille et lancé sur les mers les innombrables voiles de ses navires marchands, et que, grâce à lui, grâce à ce levier tout-puissant, l'État britannique, numériquement et géographiquement l'un des plus petits de l'Europe, a conquis une suprématie politique, financière et industrielle que le monde entier a subie. En Hollande, le capital a fait plus peut-être; il a créé, en le faisant sortir des flots, le sol de cette vigoureuse nation qui possède et sait garder des colonies plus vastes que la mère patrie. La Belgique et la Suisse présentent des exemples pareils.

» Qu'était-ce donc que Tyr? Qu'était-ce donc que Carthage, que Gênes, que Venise, cités de second ordre, si on mesure leur enceinte et le nombre de leurs habitants, puissances supérieures par la force du capital associé avec lequel elles commanditaient le commerce universel?

» Par l'association et avec le capital aggloméré

on défriche, on cultive, on rend les fleuves navigables, on abolit les antiques barrières des nations, on détruit les haines héréditaires des races, en rapprochant les individus; on améliore le bien-être des masses, en un mot on moralise et on civilise.

» Et pensez-vous, mon cher Dumas, que toutes ces grandes choses ont été accomplies sans que l'abus de la spéculation, l'agiotage, se soit produit? Connaissez-vous une nation si parfaite que, chez elle, jamais le mal ne se place à côté du bien?

» Dans tous les temps, comme de nos jours, des individus se sont enrichis en prenant la responsabilité des grandes entreprises qui augmentent d'une manière indéfinie les moyens d'échange par lesquels se construit d'heure en heure la richesse publique. Où est le mal? Où est l'immoralité? Vous trouvez le salaire une chose juste et morale. Mais la fortune acquise dans les grandes spéculations, qu'est-ce autre chose que le salaire dû à l'intelligence financière et proportionnée à l'étendue des services?

» Ces idées grandes et justes, vous les avez méconnues, mon cher Dumas; le peu que vous avez hasardé dans un passage de votre œuvre sur le rôle de l'argent me paraît à la fois inexact et mesquin. Vous avez confondu le capital avec la somme des ressources journalières indispensables à la vie; et tout injuste que vous vous montrez envers l'argent, vous lui avez prêté une influence qu'il n'a pas, qu'il ne peut pas avoir : vous lui avez accordé un pouvoir créateur ayant un effet direct sur la manifestation ou l'expansion du génie.

» Selon vous, Franklin, Machiavel, Jean-Jacques Rousseau sont devenus des grands hommes, poussés qu'ils étaient par l'aiguillon du besoin. Je professe plus de respect pour les hautes facultés que Dieu a concédées à l'homme. Le grand écrivain, le grand artiste, le grand politique font leur œuvre parce qu'elle est en eux; ils obéissent à une impulsion intérieure, nécessaire, à laquelle ils ne sauraient et ne veulent pas se soustraire. Jean-Jacques Rousseau, que vous avez cité, obéissait-il au besoin d'argent, lorsqu'il écrivait ses chefs-d'œuvre? Vous savez bien que non, puisqu'il s'était condamné au métier de copiste de musique, qui suffisait à ses besoins afin de pouvoir satisfaire ses penchants pour la littérature et l'éloquence. Vous avez cité trois ou quatre grands hommes très pauvres; je vous en citerai beaucoup d'autres qui ont toujours été riches. Voltaire était millionnaire. Est-ce par besoin qu'il a déversé sur l'Europe ses milliers de pages qui ont troublé le repos de sa vie entière, et lui ont fait passer loin de la France quarante années d'exil? Buffon et Montesquieu étaient de riches et puissants seigneurs. Lavoisier, l'un des créateurs de la chimie moderne, était fermier général. Non, le rôle de l'argent n'est pas de développer les facultés individuelles de l'homme : il est de créer la richesse au profit des peuples : rien de plus, mais c'est assez.

» Aucun critique ne s'est placé sur ce terrain en rendant compte de votre pièce.

» Mais d'abord, mon cher Dumas, il faudrait s'entendre sur ce point fondamental. Condamnez-vous d'une manière absolue la spéculation en elle-même, c'est-à-dire l'emploi habile, fructueux, des capitaux, au profit de l'industrie et des grands intérêts publics qu'elle sert habituellement et que parfois même elle a créés ? ou réservez-vous votre réprobation pour ce qui le mérite réellement : c'est-à-dire le jeu, le dol et la fraude ? C'est une question difficile à résoudre pour qui connaît votre pièce. Je vois bien que vous avez voulu exposer la richesse bien acquise, représentée par Cayolle, à la richesse frauduleuse, à l'agiotage représentés par Jean Giraud. Mais ni dans l'un ni dans l'autre de ces personnages, je ne puis reconnaître les éléments essentiels d'un pareil contraste. Votre M. de Cayolle est-il un financier ? Je sais que vous en avez fait un administrateur de chemins de fer, et je ne conteste pas qu'il ne ressemble à mille autres qui conçoivent des embranchements et préparent des avant-projets. Mais l'antithèse de Jean Giraud devrait être un financier probe et honnête, presque austère, qui réunit dans ses mains la fortune d'un grand nombre de citoyens et l'applique à de grandes entreprises d'utilité publique ; le financier qui fonde sur le principe de l'association la base de son crédit, et dont la fortune s'élève sans exciter une plainte légitime, parce que tous ceux qui s'associent à son entreprise recueillent le fruit de son intelligence et de ses combinaisons.

» Le vrai contraste eût été entre un Jean Giraud, qui aurait ruiné des actionnaires à son profit, et un Cayolle qui les eût enrichis en les associant loyalement à ses entreprises.

» Or, en laissant un instant de côté le passé honteux de Jean Giraud, que lui reprochez-vous d'essentiel ? D'avoir vendu des actions très cher et de les avoir ensuite rachetées en baisse avec un bénéfice d'un million ?

» Est-ce parce que ses actions ont baissé à la Bourse que votre Jean Giraud serait déshonoré ? Mais, à ce compte-là, tous les grands noms de la finance européenne seraient fortement compromis. Voulez-vous des exemples pris dans les affaires émises sous les plus célèbres patronages ? Je vous citerai les charbonnages belges, dont les actions, émises à 600 francs, sont tombées à 400. Qu'est-ce que cela signifie ? Absolument rien, car les actions des charbonnages belges ont toujours donné d'excellents revenus.

» Ne savez-vous pas que les actions de la Compagnie parisienne du Gaz ont été émises à 1000 francs et 1100 francs ? Elles sont tombées cependant à 730 francs. En conclurez-vous que les fondateurs de cette affaire doivent être assimilés à votre Jean Giraud ? Je pourrais poursuivre cette énumération. Tous les princes de la finance y passeraient. Cependant votre hypothèse soulève, probablement à votre insu, une grave question de morale financière.

» Selon moi, un fondateur d'entreprises doit s'associer les capitaux à des conditions publiques et précises que chacun ait pu étudier et apprécier d'avance, et c'est manquer aux principes de l'association et de la morale que d'avoir deux natures d'associés dans les affaires : les uns qui sont les associés aux conditions de l'acte de société, les autres aux conditions de la Bourse, au moyen d'un marché à prime, créé directement et facticement par les fondateurs mêmes de l'affaire.

» En ce cas, vous avez raison, on est responsable de la baisse qui suit inévitablement une hausse artificielle, et on est coupable devant Dieu et sa propre conscience des malheurs qui en sont la suite.

» Mais, dans l'autre hypothèse, celle des associés à conditions égales et publiques, le fondateur ne doit autre chose à ses co-intéressés que le produit réel et honnête de l'affaire, et, s'il y a baisse, il n'en est aucunement responsable.

» Vous avez si bien senti vous-même que la spéculation seule ne suffisait pas à ternir votre homme d'argent, que vous avez été forcé, pour en faire un personnage décidément méprisable, de lui prêter des antécédents qui le transforment en véritable escroc : c'est réellement par là que vous réussissez à le déshonorer préventivement, et plus tard vous persévérez dans ce système en lui prêtant des indélicatesses tellement grossières, que, pour les croire vraisemblables, il faut admettre de plus que c'est un véritable niais. Le premier acte de sa vie a été la violation d'un dépôt, et il se croit quitte de cet acte d'indélicatesse en disant : « J'ai remboursé ». Le beau mérite et la belle habileté! Il a six millions, et, pour éviter la police correctionnelle il a rendu l'argent qu'il avait détourné. Ensuite, par quel procédé lui faites-vous gagner de l'argent à la Bourse? Par une fausse fuite, par un voyage au Havre. Vraiment, ce n'est pas sérieux. Vous le faites encore une fois tourner autour de la police correctionnelle? Votre héros est un bien pauvre sire, que de courir de pareilles aventures avec six millions dans sa poche!

» Ah! si vous aviez désiré connaître les fraudes qui ont pu se commettre à la Bourse; si vous aviez voulu pénétrer quelques manœuvres honteuses que j'ai si souvent signalées, il fallait vous renseigner, et vous auriez été initié à des faits qui auraient constitué une étude sérieuse.

» Quant à votre Jean Giraud, qui donc le prendra au sérieux? Après en avoir fait un escroc, vous en faites un lâche : « il a reçu des soufflets et il s'est fait reporter »; on le menace de lui en donner d'autres, et il répond « qu'il les gardera, parce qu'il est trop lâche pour se battre ». A toutes ces bassesses, vous ajoutez la scène du contrat, où il explique à la femme qu'il est à la veille d'épouser, qu'en lui reconnaissant un million de dot, il n'a qu'un but, celui de frustrer ses créanciers en cas de désastre! Et cependant cette femme devait être l'instrument de sa régénération sociale; c'est par elle qu'il espère voir s'ouvrir un monde nouveau, et son premier acte est de perdre son estime. Et cependant, cet homme, vous le montrez avide de l'estime publique et prêt à tous les sacrifices pour la conquérir! En vérité, c'est trop d'invraisemblance. Je suis forcé d'admettre que Jean Giraud est un coquin, et que, par-dessus le marché, c'est le dernier des imbéciles.

» Ah! votre maître, Balzac, a bien mieux compris

son sujet dans le cadre restreint qu'il s'était imposé ! Il a mis Mercadet aux prises avec les difficultés ; il a montré l'intelligence aidant la mauvaise foi ; il a tracé le portrait vrai du spéculateur vulgaire, du faiseur qui met en actions un terrain sablonneux sous le prétexte qu'il fabriquera du verre ; des feuilles de chêne pour en faire du papier ; enfin, c'est le spéculateur nécessiteux, tel qu'on le voyait il y a vingt ans. Mais, depuis cette époque, la spéculation a changé de formes ; elle a grandi : elle s'est élevée au rang d'institution...

» Quant au dénoûment de votre pièce, quelle en est la portée? Jean Giraud est chassé plutôt pour sa sottise que pour son immoralité. Si vous étiez resté dans la vérité, la morale et le dénoûment arrivaient tout seuls : d'un côté, le spéculateur déloyal, ne trouvant pas dans la société le refuge qu'il y cherchait pour faire oublier son origine ; de l'autre, le spéculateur honnête, entouré de l'estime publique, et venant au secours des dupes et des victimes du spéculateur sans probité.

» Toutes les sympathies se fussent éveillées autour de votre personnage austère ; et, quant à l'autre, vous n'aviez plus besoin de le chasser pour constater le mépris que vous lui infligiez.

» Voilà, mon cher Dumas, les réflexions que m'ont suggérées votre pièce et la lecture des feuilletons de lundi. Vous rirez sans doute à la pensée qu'un financier ait la prétention de vous donner des conseils dans un art où vous êtes passé maître.

» Et cependant, si vous vous étiez plus rapproché

de moi, si vous vous étiez souvenu de vos lettres si intimes et si amicales, vous auriez recueilli bien des matériaux et pu faire une de ces études qui durent au delà du temps qui les a fait éclore.

» J. MIRÈS. »

Montigny vint me trouver avec ce feuilleton et me conseilla d'y répondre. Une discussion publique, disait-il, ferait du bien à la pièce qui, malgré le succès très vif de la première représentation et la sympathie de la presse, ne semblait pas devoir donner les grosses recettes qu'elle avait promises. En effet, la pièce a fourni les cent représentations devenues réglementaires, pour certains auteurs, depuis trente ans, mais avec une moyenne de 2700 à 2800 francs au plus. Je n'ai jamais été partisan de ces réclames soi-disant littéraires dont le but est de remplir la caisse du directeur. A mon avis, il faut, en art, faire tout ce qu'on peut et laisser ensuite le public faire tout ce qu'il veut. Si l'auteur s'est trompé, tant pis pour lui ; si le public se trompe, tant pis encore pour l'auteur, mais le temps seul peut dissiper le malentendu. Si notre déception, notre mauvaise humeur, par un mouvement irrésistible, nous mettent la plume à la main, encore faut-il que ce soit pour la seule défense de notre sujet, de nos idées, et toute combinaison industrielle doit être écartée. A propos d'une pièce où j'attaquais l'argent dans ce qu'il fait faire de blâmable, il m'était plus que jamais interdit de contredire mes principes pour *une question d'argent.*

C'était M. Mirès qui croyait devoir répondre à ma pièce, je n'avais pas à répondre à M. Mirès. Il trouvait que je n'avais pas traité mon sujet comme j'aurais dû le faire. C'était maintenant au public à juger entre nous. Le public avait fait un très grand succès à la première représentation, je n'avais donc rien à dire pour le moment, et si la location ne se montrait pas aussi empressée, aussi abondante que pour d'autres pièces du même auteur, cela tenait sans doute à ce que les pièces qui traitent des passions et des ridicules mis en relief par l'argent sont moins sympathiques que celles qui traitent des autres passions et des autres ridicules; je n'y pouvais rien. Ce qui était certain, c'est que si M. Mirès avait écrit ce long article, il devait avoir une raison. La raison était bien simple, c'est sans doute pour cela qu'il ne la donnait pas : une partie du public et quelques journalistes avaient cru le reconnaître dans le personnage principal, Jean Giraud. M. Mirès le savait et se sentait blessé de ces allusions. Il avait trop d'esprit pour le dire, mais il voulait dire quelque chose et il écrivait les lignes que je viens de citer. Il y traitait la question de haut, en financier, en économiste, en historien, en politique, mais en la déplaçant avec beaucoup d'adresse. Cela lui permettait de malmener Jean Giraud, de partager mon opinion sur ce drôle et de se dégager publiquement de tout rapprochement injurieux pour lui, rapprochement d'ailleurs bien loin de ma pensée. Je laisse de côté les théories de M. Mirès sur le capital, la spéculation de l'agiotage. Je les aurais discutées cependant si sa lettre n'avait eu d'autre but qu'une discussion générale, propre à éclairer les ignorants et s'il n'avait pas été amené à cette polémique par des raisons personnelles et dans une intention que j'avais seulement à découvrir. Sa réplique était courtoise, affectueuse même, sans la moindre note amère ou violente qui laissât percer le véritable motif de son intervention imprévue dans un de nos petits événements littéraires. Pour moi, il était impossible que toute cette aménité, toute cette philosophie, tout ce désintéressement, ne cachassent pas une phrase, un mot de représailles.

Je lus bien attentivement l'article, en homme habitué à faire craquer les syllabes pour en extraire leur sens caché. Il n'y avait qu'un mot perfide, mais il y était. C'était une simple épithète qui devait rester inaperçue pour le plus grand nombre, mais qui devait certainement frapper les attentifs, les chercheurs de scandale et ces ennemis secrets, tenaces, toujours prêts, que vous font, dans toutes les carrières, vingt ans de travail, de succès et de probité.

Ce mot était à la fin, naturellement, *in cauda venenum* ; c'est là que je le cherchais et que je le trouvai. Il avait une tournure tout à fait innocente au milieu de ses compagnons, tous civils et gracieux même. Il se glissait dans la phrase comme un voleur ou un mouchard dans une fête publique, et il fallait un œil bien exercé pour reconnaître sa qualité et ses projets. Cherchez-le, vous ne le trouverez peut-être pas. Voici la dernière phrase :

« *Et cependant, si vous vous étiez plus rapproché*

7.

de moi, si vous vous étiez souvenu de vos lettres si intimes et si amicales, vous auriez recueilli bien des matériaux, et pu faire une de ces études qui durent au delà du temps qui les a fait éclore ».

L'avez-vous trouvé, ce mot à double sens? Non? Regardez bien, il passe dans la seconde ligne, l'air distrait et bon enfant, entre deux conjonctions, comme un provincial visitant Paris entre sa femme et sa fille. Regardez bien : *vos lettres si intimes et si amicales!* « *Vos lettres si intimes!* » qu'est-ce que cela veut dire dans la bouche ou sous la plume d'un financier généreux, grand manieur d'affaires, qui, par son journal, a des relations avec un grand nombre d'écrivains et, chaque jour, se trouve exposé à leur être utile, intéressé à leur être agréable? « Vos lettres si *intimes* et si amicales », voulait dire évidemment « les lettres confidentielles où vous me demandez un service quelconque », et quel service pouvait-on demander, dans l'intimité, à un homme d'argent, sinon un service d'argent? Traîner ensuite sur la scène, dans la posture où je mettais Jean Giraud, cet homme dont on était l'obligé, n'était-ce pas le comble de l'ingratitude et de la maladresse, et ce financier qui aurait pu divulguer tant de lettres *intimes* et confondre cet auteur ingrat et imprudent, ne se conduisait-il pas en véritable gentilhomme et ne démentait-il pas, par cette seule longanimité, toutes les accusations portées contre lui? Évidemment, pour qui sait lire, voilà ce que signifiait ce mot dont celui qui l'avait écrit pouvait toujours, en cas de mise en demeure, nier l'intention secrète.

Bien à plaindre, selon moi, serait l'homme qui se serait arrogé le droit de traiter, sous quelque forme que ce soit, les questions de morale et dont la délicatesse aurait eu la plus petite distraction ! Bien étourdi aussi serait celui qui laisserait passer une pareille épithète, grosse d'une légende pour l'avenir, sans la faire avorter tout de suite. J'écrivis donc à M. Mirès et je fis circuler dans divers journaux la lettre suivante :

« Mon cher Mirès,

» Je viens de lire votre article sur la *Question d'argent*. Voilà qui est convenu ; quand je ferai une pièce vertueuse, j'irai vous demander des conseils, et quand vous ferez une opération honnête, j'irai vous demander des actions. »

M. Mirès ne répondit rien. L'épithète rentra sous terre. Les lettres *intimes* et amicales que M. Mirès avait de moi traitaient d'un roman, *le Régent Mustel*, qu'il m'avait acheté jadis pour son journal *le Pays*, où ce roman avait été publié sous ce titre : *les Revenants*.

La vérité est que je n'avais pas voulu mettre en scène M. Mirès, ni aucun autre financier de cette époque. J'ai horreur des allusions et des personnalités au théâtre. Je n'ai jamais eu recours à ce moyen de succès facile et bas. Mon avis, je l'ai déjà dit autre part, est que les esprits supérieurs s'attaquent aux choses, et que les esprits inférieurs s'attaquent aux gens. Ayant le choix, je vais du côté des esprits supérieurs. Si je n'arrive pas à être de leur valeur, il me reste la consolation d'avoir été de leur avis.

J'avais tout simplement voulu représenter un type qui m'avait souvent frappé et à qui j'ai donné, depuis cette première production, des formes différentes. Ce type est celui de l'*inconscient*, c'est-à-dire du *coupable innocent*, qui est à la fois nuisible et irresponsable, de cet être singulier dans la composition duquel la nature a oublié ou atrophié de telle façon un organe intérieur, que cet organe ne fonctionne plus, sans que rien, extérieurement, indique cette anomalie. Ce n'est qu'à la suite d'un certain nombre de phénomènes, d'abord inexplicables chez un individu d'apparence saine, qu'un praticien plus exercé que les autres constate une perturbation incurable. L'organe insuffisant n'empêche pas la manifestation de l'organisme dans son ensemble, mais il le trouble dans son économie et dans certains effets sans que le sujet lui-même s'en aperçoive, et très longtemps sans que les plus intéressés s'en doutent. Il en est de même dans l'ordre moral. Vous voyez un homme intelligent, spirituel, bien élevé, laborieux, aimant ses enfants, charitable et même sensible, accomplissant quelquefois et sans hypocrisie jusqu'à ses devoirs religieux, et vous découvrez tout à coup, par une catastrophe publique, dans laquelle il se trouve entraîné et compromis, ou même, tout simplement, en causant par hasard avec ce personnage, vous découvrez qu'il n'a aucune notion des prin-

cipes les plus élémentaires de la probité. Cet homme
à vue courte prend comme mesures morales les
habitudes du milieu dans lequel il vit et confond
très ingénument ce qu'on fait autour de lui avec ce
qu'on doit faire n'importe où. Pour lui, tout ce qui
n'est pas défendu est permis; tant que la justice des
tribunaux ne peut rien lui dire, sa conscience ne lui
dit rien, lorsque la justice humaine intervient, il se
défend de la meilleure foi du monde, non pas en
coupable qui cherche à se tirer d'affaire, mais en
véritable innocent, convaincu qu'il est loyalement
et moralement dans son droit. Il s'est conduit
d'après des principes tellement différents de ceux
dont il entend parler tout à coup, mais tellement
acceptés des gens au milieu desquels il a vécu, que
lorsqu'on vient lui démontrer son erreur, il ne comprend pas, non parce qu'il ne veut pas comprendre,
mais bien réellement parce qu'il ne comprend pas.
Ils se tient pour calomnié, pour persécuté, et si une
condamnation le frappe, il pleure dans le sein de sa
femme et de ses enfants les larmes pures d'un
martyr, d'un Calas ou d'un Lavoisier. A-t-il été
impossible à la justice de préciser contre cet accusé
un fait qui tombe directement sous le coup d'un
article de la loi, l'inconscient a-t-il été acquitté,
même après les *considérants* les plus significatifs, il
rentre dans la société, la tête plus haute que jamais,
l'acquittement lui apparaissant comme la consécration publique de son innocence et comme synonyme
évident. Il est enchanté de ces débats qui ont mis
son innocence en lumière. L'absence de peine cons-

titue pour lui l'absence de délit. Ce type-là commence à l'homme qui ayant reçu une pièce fausse et ne sachant à qui la rendre, la passe à une personne sans défiance, *parce qu'il n'y a pas de raisons pour qu'il supporte seul le dommage qu'on lui a causé.* On l'a trompé, il trompe ; cela lui semble on ne peut plus naturel et légitime. Dans le commerce, ce type est fréquent. Il fait des erreurs, toujours à son avantage, dans les additions de ses comptes, et des excuses quand on s'en aperçoit. Il vous envoie une seconde fois une note que vous avez déjà payée. Si vous n'avez pas gardé son reçu, il vous poursuit et vous fait payer de nouveau, impitoyablement. Si vous avez gardé le reçu, excuses encore, reproches violents, devant vous, au teneur de livres, au vérificateur, au caissier, après quoi il recommence avec un autre. Ce qui ne l'empêche pas de s'attendrir jusqu'aux larmes le jour où sa fille fait sa première communion. Mais il faudra bien la doter, cette enfant ; et il y a tant de non-valeurs dans le commerce ! Cependant, si nous pouvons dire à peu près où ce type commence, nous serions incapables de dire où il finit, ses limites dépendant de sa manière personnelle d'interpréter toutes choses.

Tel est, rapidement et insuffisamment esquissé, le personnage que je voulais mettre en scène, que rien n'éclaire, que rien ne déconcerte. Chassé de la maison où il a donné les preuves de son improbité, s'il prend, par mégarde, au moment de sortir, un chapeau qui ne soit pas le sien, et que Mathilde lui dise : « Vous vous trompez, monsieur, vous prenez le chapeau de mon père », il répondra très sincèrement : « Je l'aurais rapporté, mademoiselle ». Ce type n'est donc pas un individu, c'est un groupe, c'est une légion, et j'affirme encore que je ne pensais pas à M. Mirès en le mettant en scène. Certains spectateurs, parmi les hommes d'argent surtout, ont cru reconnaître l'ancien rédacteur de l'*Audience* et le créateur des *Chemins romains*, parce qu'à la comédie, on ne reconnaît jamais que les autres, et que c'est l'habitude de tous les animaux malades de la peste de crier haro sur un seul baudet. M. Mirès n'en resta pas moins convaincu que j'avais voulu lui être désagréable, d'autant plus convaincu que les événements ont malheureusement, et avec excès peut-être, réalisé pour lui la prophétie que M. de Cayolle faisait de l'avenir de Jean Giraud : « Ce Jean Giraud n'est pas bête, disait M. de Cayolle au troisième acte, il s'en faut. C'est ce qu'on appelle, en affaires, un malin ; il y a des chances pour qu'il fasse une fortune immense. Il sera peut-être un jour, par ses capitaux et l'élasticité de ses moyens, une de premières puissances brutales avec lesquelles les plus sérieuses sont quelquefois obligées de compter. Ces puissances-là sont rares ; beaucoup avant d'arriver au but s'écroulent dans le scandale. »

Les longs, retentissants, et douloureux procès que M. Mirès a eu à soutenir ne lui avaient pas fait oublier ce qu'on avait dit de lui à propos de la *Question d'argent*, et il eut la malencontreuse idée, en 1868 ou 1869, d'écrire une lettre, où, cette fois, il portait sur moi une accusation beaucoup plus précise et beaucoup plus claire. Selon M. Mirès, j'avais écris la *Question d'argent*, à l'instigation de de M. Émile Pereire que j'avais représenté, disait-il, sous les traits de M. de Cayolle, et M. Pereire m'avait, pour cela, associé à quelques-unes de ses bonnes affaires. Je répondis à M. Mirès, dans le *Figaro*, la lettre que méritait une pareille insinuation et qu'on trouvera dans le deuxième volume des *Entr'actes*. Je reçus alors de M. Mirès la lettre suivante :

LA PRESSE

113, RUE MONTMARTRE

DIRECTION   Paris, le 2 août 1865.

A Monsieur Alexandre Dumas fils.

« Monsieur,

» Avec cette lettre vous parviendront l'arrêt de la Cour de Douai du 21 avril 1862, l'arrêt rendu hier par la Cour de Paris, contre les administrateurs du Crédit mobilier, un exemplaire de la *Presse* d'aujourd'hui, et enfin la plainte en forfaiture contre un magistrat et en faux contre l'expert Monginot que j'avais rédigée en décembre 1865; cette plainte n'a eu aucune suite, un arrêt du 20 mars 1866 ayant mis ostensiblement fin à la persécution si longtemps exercée contre moi.

» Je ne veux pas m'appesantir sur ces deux dates si rapprochées, elles ont une signification qui n'échappera pas à un esprit aussi exercé et aussi fin que le vôtre.

» Vous avez des loisirs, dites-vous ; consentiriez-vous à en sacrifier une petite part à cette lecture et voudriez-vous me faire connaître vos impressions? Votre silence dira que vos sentiments à mon égard subsistent ; mais, je l'espère, une réponse affaiblira la douleur que votre lettre a fait éprouver bien plus à ma famille qu'à moi-même, les événements que j'ai traversés ayant plus fortement trempé mon caractère.

» *J'ai une maladie incurable*; vous l'appelez folie. J'ai bien mal su me faire comprendre ; je m'explique. Quand j'étais écroué à Mazas, mes actionnaires étaient mes plus ardents défenseurs ; réunis, ils offraient leur fortune en échange de ma liberté provisoire. Depuis huit ans, sans se lasser, ils me soutiennent dans la lutte où je suis engagé contre de puissants adversaires. Ma reconnaissance et leur confiance ont établi une harmonie qui accroît mon ardeur pour la défense de leurs intérêts. Je veux, je poursuis et j'obtiendrai pour eux les réparations qui leur sont dues. Voilà ce que vous appelez ma folie ; je l'appelle mon devoir. Je suis convaincu que, mieux éclairé, vous penserez comme moi.

» Ai-je besoin d'ajouter qu'il ne m'est jamais venu à l'esprit qu'il se fût établi entre M. Émile Pereire et vous un lien matériel quelconque? En écrivant, ma pensée s'est reportée vers le passé ; je me suis souvenu des préventions dont j'étais l'objet à l'époque où vous fîtes la *Question d'argent* ; je me suis rappelé cette représentation si douloureuse où surgissaient les interprétations bruyantes données à votre œuvre. Tout me disait que j'étais le but de vos attaques. L'éloge indirect de MM. Pereire, les allusions nombreuses à leurs doctrines économiques, me faisaient croire qu'ils vous inspiraient. Et vous-même aujourd'hui me justifiez en partie, quand vous dites avoir reproduit leurs théories financières. Mon erreur était donc excusable. Sur ce point, vous le reconnaîtrez, une interprétation erronée de ma pensée vous a entraîné vers une supposition contre laquelle je proteste.

» Fort de ma conscience, je suis certain de votre réponse, et dans cette confiance, je vous prie d'agréer l'expression de mes sentiments très distingués.

» J. MIRÈS.

« *P.-S.* — Pouvant être amené à publier cette lettre, je ne puis être, vous le comprenez, plus explicite sur ma plainte et sur l'arrêt en ma faveur qui en a arrêté l'instruction. »

Quelle différence entre l'article du *Constitutionnel* et la lettre ci-dessus!

Que d'événements! que de leçons, entre les deux, pour celui qui a écrit l'un et l'autre! Je n'avais pas besoin de prendre connaissance des papiers que m'envoyait M. Mirès, pour savoir à quoi m'en tenir sur son compte. J'étais renseigné, comme tout le monde, par la relation des débats des jugements et de l'acquittement. Je répondis à M. Mirès une lettre polie et j'en restai là. J'aurais pu lui répondre ce que René de Charzay dit à M. Jean Giraud à la fin de la *Question d'argent* : « *Maintenant que je suis sans colère, je crois pouvoir vous donner sainement l'opinion du monde à votre égard; vous n'êtes pas un homme méchant, vous êtes un homme intelligent qui a perdu dans le bruit de certaines affaires la notion exacte du juste et de l'injuste, le sens moral enfin. Vous avez voulu acquérir la considération par l'argent; c'était le contraire que vous deviez tenter; il fallait acquérir l'argent par la considération... Maintenant, monsieur, nous n'avons plus rien à nous dire.* »

Si j'insiste tant sur ces détails, c'est que M. Mirès s'est trouvé mêlé et par le public et par lui-même à la *Question d'argent*, et qu'il fait partie de l'histoire de cette pièce. Il n'en a pas été le héros, comme on l'a dit, comme il l'a cru lui-même, mais il en est devenu ce qu'on appelle l'argument vivant. Ses commencements ténébreux, remplis de légendes, sa fortune soudaine et quelque peu insolente, son luxe inexpérimenté et maladroit, son instruction improvisée, son entourage compromettant, ses ridicules méridionaux, tout le désignait, je l'avoue, plus qu'un autre, aux allusions malicieuses. Devais-je, parce que M. Mirès était mon contemporain, renoncer à la peinture d'un caractère qui est de tous les temps et sur lequel on mettrait facilement d'autres noms si l'on reprenait la pièce aujourd'hui? L'amour de l'argent, le désir d'acquérir la puissance qu'il donne par les moyens les plus rapides et par conséquent les plus scabreux, prêteront éternellement à la comédie et à la satire.

Le grand succès de la première représentation a été dû, en dehors des allusions que le public cherchait évidemment, à l'exécution remarquable de la pièce. Le rôle de Jean Giraud était bien un peu lourd pour Lesueur, incomparable dans les personnages épisodiques, comme Taupin de *Diane de Lys*, mais non de force à composer avec la variété et les oppositions nécessaires un rôle aussi long et aussi nuancé que celui de Jean Giraud. Au point de vue de la plastique, il était irréprochable. Maigre, cassant, la voix hésitante et saccadée d'un homme qui a toujours peur de dire une sottise ou de commettre une maladresse au milieu de gens bien élevés, l'œil fin au regard circulaire d'un ancien besogneux qui a cherché des sous dans les intervalles des pavés et qui se tenait toujours et prudemment à distance des sergents de ville, il donnait bien tout de suite au personnage l'allure et la physionomie qu'il devait avoir; mais il avait composé le rôle plutôt par morceaux que dans son ensemble; il le soulignait trop; il y mettait trop de préméditation, il y avait trop l'air d'un coquin, il y manquait de cette rondeur que Geoffroy, par exemple, y aurait mise et qui aurait pu, dans la mesure où le souhaitait l'auteur, innocenter cet inconscient. C'était trop *voulu* partout; cela manquait de plans, de perspective, d'atmosphère, de liberté, et cela devenait lourd à force de finesse. Madame Lesueur avait, comme son mari, la science des personnes de second plan; aussi faisait-elle de madame Durieu la figure la plus simple, la plus résignée, la plus touchante, surtout au moment où, après vingt-quatre ans de mariage, son mari commençait à la comprendre. La lumière était faite, dans cette pièce un peu triste, par Numa, narquois, nasillard, branlant la tête, mâchonnant les mots, d'un flegme imperturbable, et, comme tous les grands comiques, faisant rire sans jamais rire lui-même; par cette grande, aimable et belle personne, morte aujourd'hui, qui fut Delphine Marquet, et surtout par les grands yeux clairs et la voix pure de cette véritable ingénue, de cette jolie laide qui était mademoiselle Delaporte. Elle s'est retirée philosophiquement du théâtre, en pleine jeunesse et en plein succès, faisant des élèves qui l'égaleront difficilement, qui ne la surpasseront jamais. Je reviendrai plus tard et longuement, comme je l'ai fait pour madame Rose Chéri et pour Dupuis, comme je compte le faire encore pour d'autres artistes, dans cette édition qui est dédiée aux comédiens, je reviendrai plus tard et longuement sur cette artiste remarquable, qui m'a créé tant de rôles différents et variés, et qui aura été non seulement par son talent, mais par son caractère, une des figures féminines les plus originales et les plus intéressantes de ce lieu particulier qu'on appelle *le théâtre*.

LE
FILS NATUREL

NOTE A

J'ai modifié, non dans le fond, mais dans la forme, la fin de cette préface de l'édition de 1868. Quelques critiques justes m'ont été adressées, auxquelles je fais droit ici. En parlant du théâtre *utile*, comme je faisais alors, j'avais l'air de me rallier au théâtre *moral* de M. Léon Faucher, que j'avais combattu dans la préface de la *Dame aux Camélias*. Je semblais me mettre en contradiction avec moi-même. En effet, les conclusions de ma préface du *Fils naturel*, d'ailleurs plus déclamatoires que claires, prêtaient à l'accusation. J'avais cru facile à faire pour le lecteur la différence entre le théâtre *moral*, surtout dans le sens où M. Léon Faucher prenait cette épithète, et ce que j'appelais le théâtre *utile*. Le point étant resté obscur pour quelques-uns de mes lecteurs, je m'explique.

Tout ce qui est moral est utile, évidemment, mais tout ce qui est utile peut n'être pas moral. La politique fourmille de preuves à l'appui de mon dire. Combien de mensonges n'y faut-il pas faire, combien de ruses n'y faut-il pas employer, pour la sécurité même de ceux que l'on trompe? Il n'y a pas besoin de remonter à Machiavel pour faire la preuve, et M. de Cavour disait, il n'y a pas longtemps : « La politique n'a rien de commun avec la morale. » Le mensonge et la duplicité, si *utiles* qu'ils puissent être aux hommes d'État et aux peuples, n'auront droit néanmoins, dans aucun vocabulaire, à la qualification de moral.

La science a recours aussi, très souvent, à des immoralités utiles. Les expériences faites sur des animaux vivants, les tortures qu'on leur impose peuvent avoir pour excuse, philosophiquement parlant, l'utilité que la science en tire au profit de l'humanité, mais elles n'en demeurent pas moins immorales et répugnantes, à ce point que toute une école sentimentale commence à prendre fait et cause pour les animaux contre la science. Lorsque la vie d'une femme enceinte est mise en danger par l'enfant qu'elle porte, les médecins ne décident-ils pas d'un commun accord l'infanticide nécessaire, et ne pratiquent-ils pas, dans ce cas particulier, une opération immorale, criminelle, puisqu'elle donne la mort à un être vivant et innocent, opération pour laquelle ils seraient condamnés aux galères s'ils n'avaient pas l'excuse légale du salut de la femme? Enfin, l'Église, qui s'intitule la source de toute morale, n'a-t-elle pas employé longtemps, souvent, et en toute conviction qu'elle était dans son droit, les arguments les plus immoraux tels que l'emprisonnement, la torture et l'homicide, non seulement pour la propagation de ses idées, mais, disait-elle, pour le bonheur éternel de ses victimes? Tout récemment, n'avons-nous pas vu porter à la tribune les textes des livres de théologie *morale*, auxquels la majorité des Français se soumettent et se subordonnent en leur qualité de catholiques, textes d'une immoralité telle, qu'ils n'ont pu être cités qu'en latin? Que répond l'Église quand on lui demande pourquoi elle initie ses jeunes prêtres aux plus minutieux détails de la plus basse luxure, et pourquoi elle autorise et ordonne même entre confesseurs et pénitents ou pénitentes ces étranges investigations et ces scabreux entretiens? Elle répond que la connaissance détaillée de toutes ces immoralités est nécessaire aux prêtres pour pénétrer dans les consciences des fidèles et *utile* à ceux-ci, puisqu'elle sert à préciser et à démasquer leurs passions et leurs vices et à les en garantir ou à les en corriger. L'*utile* peut donc n'avoir et n'a, maintes fois, en matière d'observations philosophiques, physiologiques, psychologiques, aucun rapport avec le *moral*.

Si la politique, la science et la religion s'attribuent, en vue du bien, les privilèges que nous venons d'énumérer, à plus forte raison le théâtre peut-il y prétendre. S'il est un lieu où cette combinaison de l'*immoral* et de l'*utile* s'affirme et triomphe, et cela sans la moindre réserve, sans le moindre embarras, c'est le théâtre. Dès que vous y pénétrez, vous voyez tout en contradiction, en antagonisme avec la morale la plus élémentaire. Dans ce lieu, on ne parle que d'amours, légitimes ou illégitimes; le seul but de la vie, pour l'homme, y est de posséder la femme qu'il aime, pour la femme, d'appartenir à l'homme qu'elle a choisi; on y débite les propos les plus passionnés et les plus indécents; on y rit de tout; la personne humaine, le chef-d'œuvre de Dieu, si l'on en croit l'homme, y est livrée à toutes les satires et à tous les examens; les sens des spectateurs y sont sollicités et troublés par la jeunesse, la beauté et l'élégance des comédiennes, aussi dénudées et provocantes que possible; on n'y exige d'elles que le talent et le charme, sans leur demander le moindre compte de leur vie privée, dont les aventures et le talent contribuent souvent à leur succès.

Tel est notre champ d'action, telle est notre poétique, tels sont nos agents dont il faut écarter les jeunes filles si l'on veut les conserver pures, dont il faut éloigner les jeunes hommes si l'on veut les garder chastes. Eh bien, dans ces conditions-là, malgré ces conditions-là, nous pouvons prétendre à produire de la morale, et nous y arrivons, tant la puissance de la parole est grande, tant l'âme de l'homme est affamée d'idéal. Mais cette morale du théâtre, nous l'avons déjà dit souvent, n'en reste pas moins une morale à part, ayant son langage et son développement particuliers. Elle doit être accommodée et présentée aux spectateurs selon certaines dispositions d'esprit où ils se trouvent quand ils se réunissent dans ce lieu d'exception. Ils y viennent chercher une chose spéciale et locale qu'il faut absolument leur donner, et qui est l'*amusement*, sous toutes les formes possibles, y compris les larmes, l'épouvante, la douleur. Aussi faut-il voir à quoi le politique, le savant, le prêtre, nous réduisent dans l'énumération des valeurs sociales! Quel mépris! quelle petite espèce nous sommes, nous qui ne nous occupons que des amours de Cléante et de Mariane ou de Jupiter et d'Alcmène, quelle petite espèce nous sommes pour des gens qui promettent, toujours dans les postures les plus sérieuses, la solution des plus difficiles problèmes humains, qui traitent officiellement, les uns du sort des empires, les autres des secrets de la nature, ceux-ci des destinées de l'âme immortelle! Aussi ont-ils pris l'habitude de nous classer parmi les amuseurs de foules, et si nous comptons plus pour eux dans l'histoire de la civilisation que les saltimbanques et les acrobates, ce n'est que par le mal qu'ils nous accusent de faire.

Quant au public, tout cela lui est absolument indifférent, pourvu qu'il trouve du plaisir à nos fictions; et s'il n'y avait pas quelques critiques lettrés et quelques hommes de goût pour lui établir les proportions et lui coter les valeurs; s'il n'y avait pas des écoles de l'État, des théâtres subventionnés et des artistes distingués pour lui remettre constamment sous les yeux, et même pour lui imposer ce qui mérite de vivre, il y a longtemps qu'il aurait laissé tomber dans l'oubli les chefs-d'œuvre qu'il déclare admirer. Pour ne rien exagérer, on ne compterait pas, en dehors de ceux qui s'y trouvent amenés par leur profession ou par la nécessité, on ne compterait pas, en France, trois mille personnes goûtant un plaisir vraiment délicat à la lecture ou à la représentation des œuvres de nos maîtres et en comprenant toute la grandeur et toute l'*utilité*[1].

1. Pour ne pas être accusé une fois de plus d'émettre des paradoxes insoutenables, je fortifie mon opinion des réflexions que je trouve dans un article de Sarcey, à qui les auteurs dramatiques et les comédiens ne sauraient être trop reconnaissants de l'intérêt passionné qu'il leur porte et de l'attention persévérante et loyale qu'il leur prête. Voici ce que je trouve dans le feuilleton du *Temps* du lundi 28 août 1882, où Sarcey raconte qu'il est allé entendre à Saint-Cloud une représentation de *Tartufe* exécutée par les jeunes pensionnaires de la Comédie-Française :

« La salle était à peu près pleine. Vraiment j'ai admiré ce public. Comme il s'amuse! Comme il prend part à l'action qui se déroule sur la scène! Comme il rit, comme il bat des mains! L'auditoire se composait de deux publics bien distincts : les curieux, qui étaient venus, comme moi, voir un spectacle que rendait plus piquant le mélange de noms hétérogènes réunis sur l'affiche; puis les gens du pays, qui s'étaient massés aux petites places, dont le prix était sans doute fort minime.

» Aucun d'eux n'avait l'air de connaître *Tartufe*. Et ils s'amusaient! Et ils poussaient des exclamations d'étonnement et de colère ! Il fallait les voir après le quatrième acte; ils ont frénétiquement applaudi la scène où Tartufe est enfin démasqué, et ils ont jusqu'à trois fois rappelé les acteurs.

» Je me trouvais à côté d'une des plus belles et des plus aimables sociétaires de la Comédie-Française; et, comme je la voyais songeuse :

» — Hein! lui dis-je, vous voudriez bien avoir, rue Richelieu, un public comme celui-là!

» — Il est vrai, répondit-elle, que vous êtes très exigeants, vous autres. Ce public-là n'en demande pas tant. Il est dans le vrai, lui!

» Et cependant je ne pouvais me défendre d'une réflexion :

Pour en revenir à la théorie émise dans la première préface du *Fils naturel*, je me demandais donc, sans me faire bien comprendre, paraît-il, si, étant donnés le droit que nous avons d'être *immoraux* dans nos sujets et dans nos développements et la nécessité où nous sommes de n'en tirer que des conclusions morales, je me demandais si nous ne devons pas profiter des mêmes bénéfices dont jouissent la politique, la science et l'Église, pour chercher des résultats *utiles*, non pas seulement au

» Molière, c'est pour nous le poète national, c'est notre Shakspeare, notre Gœthe, notre Arioste. C'est l'homme en qui s'est le mieux incarné l'esprit de la France. Il semble que tout homme né en terre française devrait sinon le savoir par cœur, au moins l'avoir lu et relu. Vous allez à Saint-Cloud; vous y trouvez une population qui ne connaît point le *Tartufe*.

» Qui ne le connaît point! Il n'y a pas à se tromper à cela. L'émotion d'une foule qui est touchée d'une situation qu'elle attend est toute différente de celle qu'excite un coup de théâtre imprévu. Elle se manifeste de toute autre façon. Beaucoup de gens qui étaient là non seulement n'étaient pas familiers avec *Tartufe*, mais ils ne l'avaient même jamais lu. La chose était évidente.

» Ainsi Molière n'est pas lu des paysans, par la bonne raison qu'ils ne savent pas lire ou n'ont pas le temps de lire. Il n'est pas lu des ouvriers non plus; et les études récentes que nous avons pu faire sur les publics du mardi à la Comédie-Française, nous ont révélé cette particularité singulière que les dames du high life ressemblent en ce point aux femmes du peuple : elles ne connaissent pas Molière. La seule différence qu'il y ait entre elles, c'est que les femmes du peuple, quand par hasard elles le voient jouer, écoutent de tout leur cœur, comprennent, rient et s'amusent, tandis que les autres font la petite bouche, affectent de ne point s'intéresser à ces vieilleries et causent de la toilette de leur voisine. »

On ne peut pas mieux dire.

8.

point de vue de l'esthétique et de l'observation, mais aussi de la direction supérieure de la personne humaine.

Dans une étude très détaillée et très touchante sur la vie et la mort héroïque du dernier directeur de l'École normale, de Bersot, M. Scherer dit :

> La pensée la plus vigoureuse ne se suffit pas à elle-même, elle ne suffit plus à rien. Il lui faut, pour faire figure dans le monde, une certaine somme de savoir. Elle est obligée d'être érudite. Force est de le reconnaître, le terrain s'est déplacé, les genres se sont renouvelés, les questions se sont transformées, et l'art aujourd'hui consiste non plus à dire agréablement des choses spirituelles ou profondes, mais à exprimer de la manière la plus puissante des idées suggérées et nourries par une information étendue.

M. Scherer a raison, et, après en avoir appelé tout à l'heure au grand esprit critique de Sarcey en matière d'art dramatique, j'appuie maintenant mon dire sur cette résultante des recherches si consciencieuses et des études si précises de M. Scherer. Il est frappé, comme je l'étais dans ma première préface, comme je le suis de plus en plus, de l'insuffisance actuelle de toute littérature, quelle que soit sa forme, qui n'est que d'imagination, d'agrément et même de poésie ou d'observation, et qui ne s'associe pas au mouvement des idées et des aspirations nouvelles. C'est qu'en observation, en poésie, en agrément, en imagination, les chefs-d'œuvre à faire ont été faits. Ils contiennent des vérités psychologiques à tout jamais acquises au patrimoine de l'esprit humain. Ces vérités ont pris en eux une forme vivante, consacrée et définitive. Voilà qui est fait. Après? Aurons-nous la prétention de faire mieux dans le même sens? Dépasserons-nous, égalerons-nous, dans leur manière de voir et de dire, Racine, Corneille, Molière, Shakspeare, qui ont taillé en pleine nature et qui nous ont laissé des sentiments et des passions de l'homme et de la femme des incarnations immortelles?

Le monde ne va pas finir demain; il a devant lui des millions d'années, et tant qu'il durera, il y aura de grandes sociétés, de grandes agglomérations d'hommes, si vous aimez mieux, qui, ne faisant que s'augmenter encore, à travers toutes les catastrophes à prévoir, prétendront de plus en plus à la civilisation, et, soumises aux événements, aux guerres, aux découvertes, aux évolutions de toute espèce, contracteront de nouveaux besoins et de nouvelles idées. Les lois et les mœurs de ces sociétés, se modifiant les unes par les autres, entraîneront la modification des caractères et déplaceront les points de vue. Dans ces sociétés il y aura toujours des théâtres, lesquels sont devenus partie intégrante de la vie collective, l'homme étant et devant rester éternellement soucieux de voir représenter son image sous toutes ses faces et de se retrouver pris au sérieux dans les conceptions des poètes. Parmi ces derniers, ceux qui voudront s'emparer du grand art du théâtre, rivaliser avec leurs illustres prédécesseurs et laisser comme eux œuvre qui dure, devront-ils reprendre la lutte sur le terrain dont ceux-ci sont restés maîtres, ou devront-ils, acceptant l'infériorité qui résulte de l'imitation, se contenter, pendant ces millions d'années, de répéter toujours les mêmes choses sous des formes différentes, de remettre toujours en scène, s'amoindrissant et se décolorant de plus en plus, les mêmes sujets avec leurs mêmes péripéties, et, comme dirait de Musset, de ravauder éternellement l'oripeau des vieilles fables? Quelle est la grande passion, quel est le grand vice, le grand amour, le grand ridicule à qui un grand poète dramatique n'ait déjà, depuis longtemps, donné une figure, un nom, une éternité, dont il n'ait posé les conclusions psychologiques, et que des écrivains nouveaux puissent avoir la prétention de mieux peindre et de faire oublier? Il reste encore, ce n'est pas douteux, dans l'étude du cœur humain, à côté de ces grandes créations, des détails, des nuances, qui ont échappé aux maîtres. Tous, tant que nous sommes, nous utilisons, dans notre art, depuis deux cents ans, et de notre mieux, ces détails et ces nuances dont les plus délicates ont produit Marivaux; mais, à force de tirer des réductions des mêmes entités, nous finirons comme les homœopathes, à force de dilutions successives, par ne plus rien retrouver des substances mères et par aboutir à zéro.

Telles sont les réflexions que j'ai faites à un certain moment de ma carrière, et dont la préface du *Fils naturel* a été une des expressions. Après avoir constaté et montré l'épuisement rapide des plus grands producteurs purement littéraires de notre temps devant l'insatiabilité du public, j'ai cru possible, pour forcer le public à plus de solidarité avec nous, de faire contribuer notre art au développement et à l'avènement de certaines idées sociales, dont le théâtre n'avait jamais cru devoir s'occuper. Pourquoi, en effet, ne pas mettre au service de ces idées les puissants moyens de vulgarisation et de propagande dont nous disposons, si ces idées nous fournissent des personnages et des caractères de comédie ou de drame aussi intéressants que les Sganarelle ou les Oreste, que les Chimène ou les Desdemone? Si étroit que soit ce cercle de l'*amour* dans lequel nous paraissons condamnés à tourner toujours comme des chevaux dans un cirque, ce cercle, malgré le mépris affecté à notre égard par les gens soi-disant sérieux, n'en est pas moins extensible à l'infini, puisqu'il contient le cœur humain, c'est-à-dire ce qui n'a pas de limites. C'est dans certaines causes et dans certaines conséquences sociales de l'amour, causes et conséquences négligées ou ignorées de nos maîtres, que nous pouvons nous montrer originaux, élargir les horizons, étendre le domaine de la vérité; c'est là enfin que nous pouvons être *utiles*. Cela ne veut pas dire qu'il ne faut plus traiter que ces sujets-là. Que ceux qui pourront faire l'équivalent du *Cid*, de l'*École des Femmes*, de *Roméo et Juliette*, d'*Iphigénie*, et du *Barbier de Séville*, ne s'en fassent pas faute : personne ne les admirera plus que moi; mais que ceux dont l'esprit sera sollicité par d'autres observations ne s'en fassent pas faute non plus. Et en quoi d'ailleurs les défenseurs de la tradition nous trouveraient-ils en contradiction avec ce qu'ils défendent?

Parmi nos prédécesseurs, ceux-là seuls ont été et sont restés grands qui ne se sont pas contentés de la peinture de la passion et qui ont trouvé moyen d'y rattacher les plus hautes questions de la conscience.

Quand Hamlet nous dit son monologue : *Être ou n'être pas*, quand il donne des conseils aux comédiens, quand il s'entretient avec le fossoyeur dans la scène du cimetière, il fait ce qu'on appelle dédaigneusement aujourd'hui des conférences, et le directeur du théâtre auquel Shakspeare porterait sa pièce, de nos jours, lui conseillerait certainement de couper ces longueurs; mais ces longueurs font justement de Shakspeare l'égal des plus grands philosophes, et, sans toutes ces réflexions, *absolument inutiles à l'action*, Hamlet ne serait qu'un héros de mélodrame vulgaire imité de l'Oreste d'Eschyle, avec empoisonnement, apparitions, duels, meurtres et trépas général. Quand Polyeucte marche au martyre en rendant à Pauline la liberté de son cœur, nous sommes bien loin de la tradition théâtrale de l'amour soumettant tout à ses lois, à laquelle nous devons le *Cid*; mais Corneille fait alors pour la foi chrétienne autant que les plus grands prédicateurs tonnant, Bossuet en tête, contre le théâtre. Quand Auguste adresse à Cinna le discours du cinquième acte; quand Agrippine donne à Néron, au commencement du quatrième acte, les explications de sa conduite, Corneille et Racine font de la grande politique et en remontrent à bien des hommes d'État qui ne voient dans le théâtre qu'un simple lieu de récréation. Enfin, quand Molière fait *Tartufe*, il fait une œuvre immorale dans sa forme, puisque nous n'en saurions mettre toutes les scènes sous les yeux de nos filles, mais il fait une œuvre religieuse au premier chef, en indiquant à quoi l'on peut reconnaître les imposteurs et les hypocrites qui exploitent cette grande religion exaltée par Corneille. Ce jour-là, il prend non plus le fouet d'Archiloque, mais les cordes de Jésus pour chasser les voleurs du temple, et c'est bien pourquoi les voleurs ont tant crié. Mesurez l'espace contenu entre *Polyeucte* et *Tartufe*, et voyez jusqu'où nous pouvons étendre notre domaine étroit et circonscrit de l'amour.

Il est impossible à un homme doué d'observation, de réflexion, de justice et d'idéal, qui se sert de la forme scénique pour exprimer sa pensée, de ne pas en arriver progressivement à traiter par le théâtre les questions fondamentales qui intéressent l'humanité tout entière. Cet homme manifestera tout d'abord, et déjà avec supériorité, ses dispositions individuelles à l'aide des traditions qu'à ses débuts il trouvera courantes et consacrées, puis, tout comme Colomb, il cherchera des terres non seulement inconnues, mais niées. De *Mélite* il arrivera à *Polyeucte*, d'*Alexandre* il arrivera à *Athalie*, de *l'Étourdi* il arrivera à *Tartufe*, de *Roméo et Juliette* il arrivera à *Hamlet*. Quel mouvement, quel changement dans l'esprit de ces hommes, des premières aux secondes œuvres que je cite! Et, chose étrange, ce qui a le plus grandi les poètes dramatiques, ce qui a le plus étendu et ennobli le théâtre, ce sont les sujets qui, à première vue, paraissaient absolument incompatibles avec les habitudes de la scène et du public. Il n'y a donc pas à nous dire : « Vous vous arrêterez ici ou là. » Tout ce qui est l'homme et la femme nous appartient, non seulement dans les rapports de ces deux êtres entre eux par les sentiments et les passions, mais dans leurs rapports isolés ou d'ensemble avec toutes les espèces d'événements, de mœurs, d'idées, de pouvoirs, de lois sociales, morales, politiques et religieuses qui produisent tour à tour leur action sur eux. C'est ce principe que n'admettent pas nombre de gens. Aussi ne faut-il pas s'étonner de la résistance qui se produit dans la foule à chaque tentative nouvelle. Elle s'insurge et prétend que les auteurs dramatiques ne doivent avoir d'autre but ni même d'autres droits que de la distraire, en brodant certains sujets spéciaux et convenus qui ne la troublent pas. Elle tend ainsi constamment à nous rabaisser au rôle de simples farceurs, comme les improvisateurs de la *Commedia dell' arte*, qui réjouissaient tant le vieux Henri IV et le petit Louis XIII. Mais tous les auteurs ne veulent pas s'en tenir là. Molière était du nombre ; et, après s'être servi plus que personne des points de départ de ces farces italiennes, il ne tardait pas à s'en dégager, à élargir le théâtre et à écrire enfin dans la préface de *Tartufe* : « Si l'emploi de la comédie est de corriger les vices des hommes, je ne vois pas pourquoi il y en aura de privilégiés. »

En partant de ce principe posé par notre maître, voyons si j'avais le droit de traiter le sujet du *Fils naturel* comme je l'ai fait. Malgré le succès très grand de la première soirée, plusieurs fois il y eut, aux représentations suivantes, des murmures et des protestations pendant les scènes de Jacques avec son père. Une certaine partie de la presse se montra aussi très hostile à la pièce. « On y voit, disait-on ou à peu près, les sentiments les plus respectables foulés aux pieds; un *père* interrogé par son fils, comme un accusé, traité par lui comme un criminel, insulté et provoqué; il ne manque plus à ce père que d'être battu par son fils, etc., etc. » Les mêmes personnes qui parlaient ainsi admirent, sans doute parce qu'on leur en a fait prendre l'habitude dans leur enfance, le répertoire que j'admire comme elles, mais pour d'autres raisons, de ce Molière dont j'invoquais l'autorité tout à l'heure. Voyons donc si la monstruosité qu'on me reprochait, et qu'on me reproche encore, n'est pas dans les droits qu'il attribue à la comédie.

Prenons les *Fourberies de Scapin*. J'y vois non pas un père, mais deux pères, dont l'unique crime, aux yeux de leurs fils et de l'auteur, est de faire résistance aux mariages desdits fils. Dans quelles conditions se présentent ces mariages? Les jeunes gens, en l'absence de leurs pères, se sont épris de deux jeunes Égyptiennes, habitant un taudis, sans famille et sans ressources. Les pères voudraient faire épouser à leurs fils des filles honorables et bien nées, trouvant ces mariages préférables à ceux que leurs fils veulent contracter avec des étrangères, des inconnues, que tout dénonce comme des aventurières, et que vous et moi nous traiterions de coureuses, tout comme le fait Géronte. Il me semble que la prétention de ces pères n'est ni tyrannique ni imbécile, et il n'est pas un père qui ne raisonne et ne doive raisonner comme eux, qui ne s'oppose à un mariage se présentant dans ces conditions-là, surtout si l'on établit la vertu de ces demoiselles sur le langage qu'elles tiennent. En effet, quand, au troisième acte, Zerbinette a fini de raconter à Géronte, à travers ses éclats de rire, comment il a été dupé, n'est-il pas fort bien venu à lui répondre : « *Je dis que le jeune homme est un pendard, un insolent, qui sera puni par son père du tour qu'il lui a fait; que l'Égyptienne est une malavisée, une impertinente, de dire des injures à un homme d'honneur qui saura lui apprendre à venir ici débaucher les enfants de famille* »? Quand Géronte parle ainsi, il est non seulement dans son droit de père en ne voulant pas d'une pareille bru, mais il est dans la raison de tous. Des pères n'en sont pas moins, à cause de ce méfait, livrés par leurs fils, chez Molière, à toutes les fourberies de Scapin, qui, pour avoir le droit de pousser très loin ses entreprises, ne trouve rien de mieux que de dire au fils de Géronte, à Léandre : « *Quant à votre père, bien qu'avare au dernier degré, il y faudra moins de façon encore; car vous savez que, pour l'esprit, il n'en a pas, grâce à Dieu, grande provision, et je le livre pour une espèce d'homme à qui l'on fera toujours croire tout ce que l'on voudra.*

Cela ne vous offense point, il ne tombe entre lui et vous aucun soupçon de ressemblance, et vous savez assez l'opinion de tout le monde qui veut qu'il ne soit votre père que pour la forme. » A quoi Léandre se contente de répondre : « Tout beau, Scapin ! » Il ne trouve rien de plus pour défendre la mémoire de sa mère ainsi traitée par un valet, et il laisse celui-ci faire tout ce qu'il veut, mettre son père dans un sac et rouer ce père de coups de bâton. La chose faite, il n'en témoigne point le moindre repentir, il n'en fait pas le moindre reproche à Scapin. Pourvu qu'on lui donne sa Zerbinette, le reste lui est indifférent. En prenant les choses au pied de la lettre, en dehors du théâtre, tout cela est monstrueux et ignoble.

« Mais, me direz-vous, les *Fourberies de Scapin* sont une farce imitée des farces italiennes et espagnoles, à laquelle il ne faut pas donner plus d'importance morale qu'elle n'en doit avoir. » C'est une farce, soit, mais c'est une farce réputée inimitable, devenue classique, et tous nos gouvernements, tous protecteurs de la morale comme chacun sait, quel que soit le nom qu'ils prennent, subventionnent deux théâtres et un conservatoire pour que la tradition de cette farce et de quelques autres du même genre soit conservée et répandue par les meilleurs comédiens du monde. Chaque phrase en est étudiée, discutée, commentée comme un texte d'évangile, les variantes en sont scrupuleusement recherchées par les éditeurs et consignées par des notes ; le public se pâme de joie et se prosterne avec respect devant chaque représentation qu'on en donne, et les pères y mènent leurs enfants, fils et filles, quand ceux-ci ont été bien sages, pour les récompenser et leur apprendre à la fois comment il faut écrire le français et probablement aussi comment il faut traiter les pères qui s'opposent au mariage de leur fils avec des Égyptiennes venues on ne sait d'où. Quel est le spectateur ou le critique qui oserait dire : « Les *Fourberies de Scapin* sont une pièce vraiment trop immorale, il faut la retirer du répertoire » ? On demanderait, à celui qui tiendrait ce propos, d'où il vient, de quel temps il est ; on lui rirait au nez, et l'on ferait bien. Il n'est cependant pas un auteur moderne parmi les plus convaincus d'immoralité qui ait osé, même dans la plus infime bouffonnerie, faire dire par un valet à un fils ce que nous venons de citer et faire dire par un fils à un valet, en parlant de son père, ce que dit Léandre :

LÉANDRE, à Scapin.

Que veux-tu que je devienne?

SCAPIN

Allez, j'ai votre affaire ici.

LÉANDRE

Ah! tu me redonnes la vie.

SCAPIN

Mais à condition que vous me permettrez une petite vengeance contre votre père pour le tour qu'il m'a fait.

LÉANDRE

TOUT CE QUE TU VOUDRAS.

SCAPIN
Vous me le promettez devant témoins?

LÉANDRE
OUI.

Maintenant, si les *Fourberies de Scapin* sont une farce, l'*Avare* n'en est pas une : c'est une grande étude de caractère, c'est une comédie de premier ordre, de beaucoup supérieure, pour les Français, au Shylock de Shakspeare. Ici Molière veut véritablement donner une leçon, et il vient dire à son public : « Quand un homme a cette abominable passion de l'argent, il faut qu'il s'attende à toutes les avanies et il mérite tous les châtiments. » Quelle est l'avanie la plus humiliante qui puisse lui être faite? quel est le châtiment le plus dur qui puisse lui être infligé? C'est qu'il soit pris en flagrant délit d'usure par son propre fils, et que ce fils n'ait pour lui ni affection ni estime. Il invoquera sa qualité de père, et son fils lui répondra en l'envoyant promener.

CLÉANTE
Rien ne me peut changer.

HARPAGON
Laisse-moi faire, traitre.

CLÉANTE
Faites tout ce qu'il vous plaira.

HARPAGON
Je te défends de me jamais voir.

CLÉANTE

A la bonne heure.

HARPAGON

Je t'abandonne.

CLÉANTE

Abandonnez.

HARPAGON

Je te renonce pour mon fils.

CLÉANTE

Soit.

HARPAGON

Je te déshérite.

CLÉANTE

Tout ce que vous voudrez.

HARPAGON

Et je te donne ma malédiction.

CLÉANTE

Je n'ai que faire de vos dons.

Voilà qui va bien, et nous sommes tous avec Cléante. Un tel père n'a là que ce qu'il mérite; mais si Cléante se soucie peu de la malédiction de son père, Harpagon se soucie encore moins des sentiments de son fils pour lui. Molière le sait, et, comme il faut qu'Harpagon soit touché au cœur, au cœur particulier qu'il a, Molière ne se contente pas de cette leçon, et, puisque Harpagon n'aime que son argent, c'est dans son argent qu'il va le frapper, Molière fait donc dérober la cassette d'Harpagon : par qui la fait-il dérober? par le propre fils de l'avare ou par son valet La Flèche, ayant, comme Scapin, reçu tous pouvoirs à cet égard. Très bien ; mais si le père est avare, voilà le fils voleur. Muni de la fameuse cassette, il traite d'égal à égal avec son père ; il lui dit : « Accordez-moi la femme que j'aime, et je vous rends l'argent que vous aimez. » Et l'accord se fait ainsi entre ce père sans tendresse et ce fils sans probité. Triste! triste! Mais là est la leçon que veut Molière, et telle est la conséquence qu'il lui plaît de tirer du vice de son héros. Et il nous dit : « Si vous êtes avare, attendez-vous à ce résultat. » Après quoi tout s'arrange. Le *deus ex machinâ* de la comédie rend tout à coup à Mariane un père que l'on croyait mort, comme il en a déjà rendu un à chacune des Égyptiennes que l'on croyait orphelines ou abandonnées. Les pères des amoureuses se trouvent être justement amis intimes des pères des amoureux. Cléante épouse sa Mariane, comme Léandre a épousé sa Zerbinette ; Harpagon pardonne à M. Jacques, comme Géronte a pardonné à Scapin, et tout est pour le mieux dans le meilleur des mondes possible.

Tout cela me va très bien. Comme spectateur, je suis satisfait et charmé. J'ai entendu, dans une bonne langue, une comédie ingénieuse et amusante tournant autour d'un caractère habilement tracé, où l'odieux est tout le temps adouci par le plaisant, esquivé sous le ridicule. Il ne peut venir à l'idée de personne, ce qui constitue le chef-d'œuvre, de traiter de nouveau le même sujet. Je quitte le théâtre ayant encore plus de mépris pour les avares que je n'en avais la veille, car je ne pensais guère à eux quand

Molière a eu l'idée de m'en montrer un, et je me couche en disant : Quel maître moraliste, quel maître écrivain, quel maître auteur dramatique que ce Molière! Il a trouvé la formule définitive de la comédie.

Ouais! Mais si un vice comme l'avarice suffit aux yeux de Molière pour faire perdre à Géronte et à Harpagon les privilèges attribués à la qualité de père; si ce moraliste, cet écrivain, cet auteur dramatique qui a trouvé la formule définitive de la comédie donne publiquement au fils de Géronte le droit de livrer son père à tout ce que voudra lui faire Scapin, droit allant jusqu'aux coups de bâton; s'il donne, comme s'il n'en avait pas assez dit la première fois, un autre droit au fils d'Harpagon, le droit de porter la main sur la propriété paternelle, de la dérober et de la garder en garantie, la qualité de père ne suffit donc pas, sur le théâtre, à autoriser et à excuser certaines passions, certains vices, certaines fautes dont les fils peuvent avoir à se plaindre, tandis que la seule qualité de fils et d'amoureux donne aux enfants tous les droits possibles de représailles envers leur père. Soit! et comme l'avarice n'est pas le seul vice qu'un père puisse avoir, c'est mon droit, à moi, un chef-d'œuvre étant fait sur ce point, si un autre père présente un autre cas de flagellation, de procéder comme a fait mon maître Molière avec le consentement et l'admiration séculaires et de son public et des gouvernements les plus moraux.

Or, en quoi le père qui a mis au monde un enfant

sans lui donner un nom, un appui, une instruction morale, une profession, une protection quelconque, en quoi ce père devra-t-il être plus inattaquable et plus sacré aux yeux de l'auteur dramatique que le père légitime qui ne veut pas donner d'argent à son fils? Je trouve le premier mille fois plus coupable que le second, car enfin Cléante a le nom, la famille sociale, et extérieure, la respectabilité, le gîte et la table, sans compter les usuriers qui lui viennent en aide; il peut emprunter sur l'avenir, et quand son père mourra, il héritera de lui; et s'il est trop âgé à ce moment-là pour jouir pleinement de cet héritage, les enfants qu'il aura eus de Mariane en jouiront, à moins qu'il ne soit devenu aussi avare que son père, ce qui n'est pas inadmissible. Que le *Fils naturel* ne soit pas un chef-d'œuvre comme l'*Avare*, c'est convenu d'avance; mais que cette pièce soit plus immorale que ce chef-d'œuvre de Molière, je m'y refuse obstinément. Je la tiens, au contraire, pour beaucoup plus morale, et je vais justement me servir des deux exemples que j'ai pris, à dessein bien entendu, pour tirer mes conclusions au profit de ce que j'appelle *le théâtre utile*.

La poétique de Molière au théâtre, son idéal, ce qui excuse tout pour lui, c'est l'amour. Il le dit expressément dans l'*Avare* :

HARPAGON, à Valère.
Dis-moi, qui t'a porté à cette action?

VALÈRE
Hélas! me le demandez-vous?

HARPAGON

Oui, vraiment, je te le demande.

VALÈRE

Un dieu qui porte les excuses de tout ce qu'il fait faire : l'amour.

Comme Molière conclut toujours en faveur de ceux qui parlent ainsi dans ses pièces, j'en conclus, moi, que c'est bien ce qu'il pense. Ainsi, pour lui, l'amour excuse les coups de bâton donnés à un père, la cassette dérobée à un autre, et bien autre chose encore puisqu'il excuse tout. C'est une manière de voir ; ce n'est pas la seule qu'il y ait ; en tout cas, ce n'est pas la mienne, en morale absolue, quel que soit, littérairement, mon respect pour Molière. Certainement, l'avare qui accumule de l'or dans une cave, tandis que tant de gens qui voudraient et devraient pouvoir en gagner une partie en travaillant meurent d'inaction et de faim, certainement cet avare mérite qu'on lui vole sa cassette, et le jour où je l'apprends, je m'écrie : « C'est bien fait » ; mais ce n'est pas une raison pour que ce soit son fils qui se fasse l'exécuteur de cette justice arbitraire et devienne un filou, ce qui vaut encore moins que d'être un avare, et cela pour posséder Mariane. Posséder la femme qu'on aime est l'unique but de l'homme dans la poétique du théâtre ; mais est-ce bien l'unique but dans la vie ?

L'homme, véritablement digne de ce nom, ne peut-il pas, ne doit-il pas en avoir d'autres ? Et, s'il n'a que celui-là, le moyen dont se sert Cléante est-il le seul que l'homme puisse et doive employer? Ne pourrait-il pas conquérir celle qu'il aime par une plus noble ingéniosité que le vol d'une cassette, et, son père lui refusant de l'argent, ne pourrait-il s'en procurer par un effort, par un travail qui le rendrait utile et le maintiendrait respectable pour sa femme, pour les enfants qu'il aura et auxquels il donnerait ainsi l'exemple que son père ne lui a pas donné? Un père que l'on aime et que l'on estime assez peu pour le livrer pieds et poings liés aux voies de fait d'un valet, est-il un père dont on doive hériter? Il traite son fils comme un étranger : qu'il devienne aussi un étranger pour ce fils, je ne demande pas mieux, mais à la condition que ce fils n'attende plus rien de lui. Si nous voulons donner au théâtre les proportions de la vie réelle, si nous voulons en faire une véritable école de moralisation, sans lui rien faire perdre, je le répète pour la centième fois, de ses nécessités d'agrément et d'intérêt, n'avons-nous pas à chercher les déductions les plus élevées et les plus nobles des cas particuliers que nous soumettons au public? Si Molière, avec la même logique et le même talent, eût tiré du vice d'Harpagon dans le caractère de son fils, des conséquences et des conclusions plus fières, plus imitables, croyez-vous que l'*Avare* ne serait pas encore plus chef-d'œuvre qu'il ne l'est?

Molière eût pu être ainsi tout aussi écrivain, tout aussi observateur, tout aussi intéressant, tout aussi amusant, tout aussi moraliste, en devenant plus *moralisateur* et plus *utile*.

Molière a traité ses sujets de si magistrale façon qu'il n'y a plus à y revenir, quelles que soient les conséquences différentes qu'on en pourrait encore tirer, et bien qu'il ne les ait pas présentés sous toutes les faces; mais il ne s'ensuit pas qu'il n'y ait pas d'autres sujets tout aussi intéressants à traiter. S'il vivait de nos jours, il ne chômerait pas en présence de ce qui se passe autour de nous; et je parierais bien que certains moyens qu'il a employés et même répétés ne lui paraîtraient plus suffisants. Il regarderait plus au delà de l'homme qu'il ne l'a fait. Deux siècles de travaux, d'études, de luttes, d'événements, d'analyses, de découvertes, de transformations de toutes sortes donnant fort à réfléchir, ne passent pas impunément sur la patrie d'un homme comme Molière, et, âgé de deux cents ans de plus, ayant affaire à nos choses nouvelles, ce grand esprit les envisagerait, les étudierait, les traduirait d'autre façon; ce qui ferait que, pas plus que de son temps, on ne lui marchanderait le reproche d'immoralité. Maintenant, si, malgré les deux siècles écoulés et les progrès accomplis, vous reconnaissez encore à Molière le droit de railler jusqu'à l'insulte et d'humilier jusqu'aux voies de fait l'autorité paternelle, si vous pouffez encore de rire, si vous vous pâmez toujours d'admiration à ce spectacle, en vertu de quoi refuserez-vous à un autre auteur dramatique le droit de présenter sur la scène un père coupable d'un autre délit que celui de Géronte ou d'Harpagon et des fils ayant le droit de s'en plaindre et de le leur faire expier? En face d'une loi injuste qui

punit l'enfant de la faute de son père, en face d'une
société qui ajoute à cette loi ses préjugés et ses
résistances, l'auteur du *Fils naturel* a eu l'idée de
prendre la défense de la femme et de l'enfant, et,
vingt ans après la faute du père protégée par la loi
et absoute par la société, de mettre en face l'un de
l'autre ce père et ce fils, et de faire demander des
comptes à celui-là par celui-ci. C'est là qu'ont commencé les cris à l'immoralité. Un père interrogé par
son fils comme un coupable par un juge, quel renversement de tous les principes sociaux et moraux!
Eh bien, et ce père, mis dans un sac et recevant
des coups de bâton des mains d'un valet, avec le
consentement du fils, qu'en dites-vous? Vous riez
de l'un : eh bien, riez de l'autre maintenant, ou
plutôt souffrez-en, car il n'y a vraiment pas de quoi
rire. Et d'ailleurs quels devoirs *du père* M. Sternay
a-t-il remplis qui lui permettent d'en invoquer les
droits? Il a voulu rester un étranger pour son fils :
celui-ci le traite en étranger, et encore, en présence des explications que lui donne sa mère, explications qui ne satisfont point complètement son
expérience des choses et sa délicatesse, il dit à ce
père purement charnel, dont il n'a jamais rien reçu,
ce que Cléante ne dit jamais au sien, dont il a reçu
un nom, une famille, dont il recevra plus tard une
fortune, il lui dit :

« *Vous étiez en droit, monsieur, de me dire ce que
vous m'avez dit tout à l'heure, vous étiez en droit de
me refuser votre nièce. Recevez mes excuses pour les
paroles que je vous ai dites.* »

Molière n'hésite pas à mettre dans un sac et à rouer de coups le père qui opprime Cléante, mais il n'y a pas que les pères qui puissent être oppresseurs. Le jour où je sens l'humanité opprimée par les mœurs, les lois, les pouvoirs politiques ou religieux, je la trouve mille fois plus intéressante que le fils de Géronte, et j'ai le droit de me révolter contre les mœurs, les lois, les pouvoirs dont elle a à se plaindre. Ainsi la loi qui défend la recherche de la paternité, qui, dans les unions illégitimes, absout le père, qui, d'accord avec les mœurs, condamne la mère à la misère et au déshonneur et pèse ensuite et toujours sur l'enfant innocent, la loi de l'indissolubilité du mariage, qui, lorsqu'une des deux parties prévarique, se montre toute à l'avantage du coupable contre la victime, ces lois, ces mœurs dont la société que peignait Molière n'avait pas à souffrir, ou ne se plaignait pas, ou qu'il ne lui eût pas été permis de discuter, moi auteur dramatique qui en vois et constate tous les jours le danger et l'injustice, je les mets dans le sac où Scapin mettait Géronte et je tape dessus à mon tour. En faisant ainsi, non seulement je ne déroge pas à la tradition de nos maîtres, mais je la continue de mon mieux en essayant de prendre place parmi ceux qui ont rêvé d'instruire les hommes, de les rendre meilleurs et par conséquent plus heureux.

Maintenant, ce qui fait, toute question de talent mise de côté, et pour nous en tenir aux seules données de ces œuvres différentes, ce qui fait que vous acceptez les situations des *Fourberies* et de l'*Avare* et que vous résistez à celles du *Fils naturel*, c'est qu'il ce n'est pas vous qui êtes dans le sac de Géronte, et que vous êtes sûr de ne jamais y être pour plusieurs raisons : la première, c'est que vous ne vous considérerez jamais comme un avare; la seconde, c'est que, si vous l'êtes, vous estimez que cela ne regarde personne, votre fils moins que tout autre; la troisième, c'est que vous ne serez pas assez bête pour vous laisser mettre dans le sac; la quatrième, c'est qu'il n'y a plus de valets à qui on reconnaisse de pareilles privautés, etc., etc.; par conséquent, vous ne demandez pas mieux que de rire de mésaventures qui ne peuvent pas vous arriver. Nous en sommes tous là, tandis que vous n'êtes pas bien sûr de ne pas vous trouver tout à coup en face d'un grand gaillard de vingt ans, né de votre jeunesse frivole, qui viendrait vous demander compte de sa naissance et de sa misère. Si vous êtes sûr que votre fils ne vous mettra pas dans un sac, vous n'êtes pas sûr qu'il n'est pas l'amant de quelque petite ouvrière, et vous ne voulez pas qu'on vienne lui dire en public qu'il doit l'épouser si elle est honnête ou tout au moins reconnaître *l'enfant qu'il lui aura fait*, pour me servir d'une des expressions de Molière, et que, s'il n'agit pas ainsi, il sera un malhonnête homme. Vous projetez pour lui un tout autre mariage avec la fille de votre ami Anselme, et, comme la Providence des fictions dramatiques ne viendra pas établir que la jeune ouvrière est justement la fille d'Anselme, enlevée jadis par des corsaires ou séparée de lui par un naufrage, vous désirez qu'il ait le droit de planter là la mère et l'enfant, et qu'il fasse souche, comme vous, par noces régulières et fructueuses. C'est pour ces raisons que vous trouvez que les auteurs de pièces comme le *Fils naturel* touchent à des choses défendues, que le théâtre ne doit pas servir à de pareilles peintures, que c'est donner un mauvais exemple que de développer de pareilles thèses, et que l'on doit, une fois que vous êtes assis dans votre stalle, vous montrer les vices de vos voisins, jamais les vôtres. Comme vos voisins font exactement le même raisonnement, jugez de notre embarras si nous voulions plaire à tout le monde. Mais moi, auteur dramatique, observateur, honnête homme, qui ai tout autant de droit de respecter mon art que le commerçant sa signature ou sa parole, moi qui me suis engagé, en vous réunissant là où je débite mes produits, à vous les livrer de la meilleure qualité possible, sans mélange ni sophistication, je me crois forcé de vous dire ce que j'estime être vrai et devoir servir au plus grand nombre.

Or il est utile qu'on vous répète, tant que vous ne le saurez pas ou ne le croirez pas, que l'enfant, même lorsqu'il est illégitime tout en étant de votre sang, est un être sacré, que lui donner le jour, dans n'importe quelles conditions, est un acte grave, malgré les gaillardises de la mise en train ; qu'il y a là une responsabilité morale et sociale que l'homme n'a pas le droit de rejeter, et que l'enfant qui aura à souffrir toute sa vie de votre incontinence et de votre égoïsme aura le droit de s'en prendre à vous de cette souffrance imméritée. C'est ce que fait Jacques quand il aime Hermine, quand sa naissance illégitime est un obstacle à son mariage avec elle, et quand son propre père lui dit, car c'était à cela qu'il fallait arriver pour faire mathématiquement et logiquement la preuve de ce monstrueux égoïsme social et bourgeois, quand son propre père lui dit : « Il est vrai que je suis votre père ; mais c'est justement à cause de cela que je ne puis pas vous donner ma nièce, puisque je ne vous ai pas reconnu, et que vous êtes un enfant naturel, avec lequel une famille régulière ne peut s'allier. » Conclusion : « J'ai été léger, j'ai été égoïste, j'ai été lâche : il faut que vous soyez malheureux. »

L'auteur ayant la prétention de faire une pièce *utile*, il n'a pas à négliger cette déduction implacable de la première faute du père. Maintenant, que va faire le fils ? Il a un exemple à donner. Il ne s'agit pas, bien que son père se déclare étranger à lui, de le mettre dans un sac ou de lui prendre sa cassette pour obtenir Hermine : il s'agit, devant un obstacle aussi grave que l'illégitimité, de trouver le moyen de mériter et de conquérir celle qu'il aime, et, d'ailleurs, de ne plus limiter sa vie à l'amour seul et de revenir aux premières ambitions de sa jeunesse que l'amour a fait envoler. Va-t-il, comme le héros de Kotzebue dans sa pièce l'*Enfant de l'amour*, pour donner du pain à sa mère, tendre d'abord la main aux passants qui ne lui répondent pas, puis, exaspéré par la dureté de leur cœur et par le besoin, va-t-il tirer son sabre de soldat et

demander la bourse ou la vie à un inconnu qui va
se trouver être à la fois son père et le magistrat qui
devra le juger? Non, Jacques n'a pas besoin d'argent, c'est même un des gros reproches que quelques critiques ont adressés à la pièce; ils eussent
voulu que le jeune homme eût encore à vaincre
l'obstacle de la misère. Je répondrai à cette critique
dans une autre note. Va-t-il comme le Dorval de
Diderot, dans la comédie à laquelle j'ai emprunté
son titre, la seule chose, entre nous, qu'il y eût à
lui emprunter, va-t-il être un fils naturel que toutes
les femmes aiment, à qui toutes les familles veulent
s'unir, et qui — c'est là qu'était la leçon que voulait donner Diderot — court un moment le risque,
ne connaissant pas son père, d'épouser sa propre
sœur? Enfin va-t-il, comme Antony, épris d'Adèle
d'Hervey, et donnant cours à cette passion unique,
répondre au préjugé social, par le viol, l'adultère et
le meurtre? Non, il va faire autre chose, sans quoi
ce ne serait pas la peine de traiter une fois de plus
ce sujet; il va faire ce qu'il faut conseiller de faire à
tout homme qui se trouvera dans les mêmes circonstances : il va travailler, et, puisqu'il n'a pas de
nom, il va s'en faire un, de façon que quand son
père, non pas par amour, non pas même par
repentir, mais par orgueil et par calcul, viendra lui
offrir enfin le sien, Jacques pourra lui répondre :
« Je vous remercie, monsieur, je n'en ai plus
besoin : je m'en suis fait un. » Après quoi, comme
il épousera la nièce de son père, il se contentera
d'appeler celui-ci : mon oncle, titre de parenté

purement collatérale et conventionnelle, qu'il tiendra non pas de son origine, mais de son alliance. Il reste ainsi dans la mesure que lui imposent les événements, les convenances, sa dignité, l'affection et l'estime qu'il a pour sa mère. La leçon et l'exemple sont donnés, et je renvoie mes spectateurs émus, agités, irrités peut-être, mais forcés de discuter avec moi et surtout avec eux-mêmes. C'est ce que j'appelle le théâtre utile, qui ne veut pas se contenter de faire rire et pleurer, qui veut faire réfléchir aux risques et périls de l'auteur, et qui va jusqu'à interroger la conscience et troubler la quiétude des gens qui, sur la foi d'idées reçues, de mœurs faciles, de lois incomplètes et insuffisantes, se déclarent et même se croient les plus honnêtes gens du monde.

J'entends encore cet excellent Montigny, très disposé aux hardiesses dramatiques, mais très désireux de les concilier avec les traditions de son public et ses intérêts pécuniaires, me disant, aux dernières répétitions :

— Alors, après tout cela, le père et le fils ne vont pas se jeter dans les bras l'un de l'autre?

— Non.

— Le spectateur serait si heureux de ce mouvement!

— Toute la donnée de ma pièce mène et doit mener à la solution contraire. Je ne l'ai faite que pour cette solution nouvelle.

— C'est bien dur!

— Ça doit être ainsi.

— Vous perdez vingt ou vingt-cinq représentations avec votre dénouement.

— Je les retrouverai peut-être plus tard.

Montigny avait raison, et moi aussi. La pièce, malgré les discussions qu'elle a soulevées, a eu un grand succès d'argent, moins grand certainement que si tout le monde s'était embrassé à la fin, mais assez grand encore pour entretenir la confiance que le directeur avait dans l'auteur. Celui-ci a donc pu continuer à dire sur la scène du Gymnase tout ce qu'il pensait sans nuire aux recettes de ce théâtre,

NOTE B

On m'a reproché de n'avoir été ici ni dans la vérité ni dans l'habileté. « Jacques, m'a-t-on dit, ne peut ignorer qu'il est enfant naturel, puisqu'il a passé vingt et un ans, *qu'il a dû tirer à la conscription, et, par conséquent, pour répondre à l'exigence de la loi, faire connaître son état civil sur lequel il se trouve ainsi forcément renseigné lui-même.* » Cette critique, qui date surtout de la reprise de la pièce au Théâtre-Français, ne paraît juste que parce qu'elle est faite par des personnes confondant la loi actuelle, qui rend le service obligatoire pour tous, ou qui exige au moins le volontariat d'un an, avec la loi qui avait cours à l'époque où mon action se passe. Quand on fait une pièce comme celle-ci qui affecte tant de prétentions à la vérité et à la leçon, comme on a pu le voir par la trop longue note qui précède, il n'y faut pas faire une seule faute de vraisemblance et de logique. Or, à l'époque où Jacques devait tirer à la conscription, en 1843 ou 1844 : 1° le remplacement militaire existait, 2° l'article 12 de la loi sur le recrutement militaire disait et dit encore du reste : « Chacun des jeunes gens, appelés dans l'ordre du tableau, prendra dans l'urne un numéro qui sera immédiatement proclamé et inscrit. *Les parents des absents ou, à leur défaut, le maire de leur commune, tireront à leur place.* »

Qu'a fait Clara Vignot, aidée de Fressard, de l'intelligent Fressard? Avant l'inscription et le tirage, elle a trouvé moyen de faire voyager son fils, lequel a été sans défiance, puisqu'elle l'avait élevé en lui disant qu'il était fils de femme veuve, et, par conséquent, exempt du service militaire. Elle a fait inscrire Jacques, à Paris, sous son vrai nom de Vignot, et elle a laissé le maire tirer pour lui. Si le maire a amené un bon numéro, le jeune homme a été libéré ; s'il en a amené un mauvais, la mère a acheté un homme à son fils ; et comme à cette époque, la patrie, pourvu qu'on lui donnât un homme valide et honorable en échange d'un numéro tiré, se déclarait satisfaite, Clara Vignot, quand son fils est revenu de voyage, n'a rien eu à lui dire, sinon qu'elle avait, en son absence, régularisé vis-à-vis du recrutement sa situation de fils de femme veuve.

NOTE C

On a encore reproché à l'auteur de n'avoir pas fait Jacques pauvre et de n'avoir pas montré les difficultés qu'il aurait eu à vaincre étant sans nom et sans ressources. Je répondrai d'abord que s'il eût été sans argent, il eût été élevé comme un ouvrier, et que les difficultés n'eussent été que celles de tous les pauvres enfants du peuple. Dans ce milieu, le préjugé n'existe pas, la faute de Clara Vignot y étant fréquente. Pour se tirer d'affaire, Jacques aurait dû donner, à un certain moment, des preuves de courage ou d'intelligence, et il serait rentré ainsi dans la donnée de ma pièce, car mes critiques n'entendent certainement pas que j'eusse dû passer cinq actes à peindre la lutte de mon héros, par suite de sa misère, avec la faim et le froid. Ce sujet, je crois pouvoir le dire, à coup sûr, ne sollicitera personne, ni les auteurs ni le public. Cependant un autre que moi peut essayer. Bonne chance.

A mon avis, l'intérêt du sujet se trouvait dans les sentiments et non dans les besoins. J'ai, au contraire et bien volontairement, dégagé tout de suite mon personnage des embarras vulgaires de la vie, pour le laisser tout entier à la lutte morale et sociale, où le cœur, l'honneur et la conscience sont en jeu contre l'égoïsme, le dédain et les préjugés non seulement du monde où ma combinaison plaçait Jacques, mais de sa propre famille, selon le sang.

Cette combinaison me fournissait un ressort qui me semblait indispensable et dont la misère de mon héros m'eût privé. Dans la situation des enfants comme Jacques, ce qu'il y a de plus poignant pour eux, ce n'est pas de ne pas avoir de nom, c'est d'avoir à soupçonner leur mère de galanterie ou de vénalité, et l'aisance dans laquelle Jacques a vécu jusqu'à ce qu'il apprenne la vérité lui met au cœur cet effroyable soupçon. Voilà qui est bien autrement dramatique, voilà qui touche bien autrement les cordes de l'âme que la nécessité de travailler pour gagner son pain de chaque jour. C'est cette combinaison qui permet à Jacques d'accuser l'être qu'il aime le plus et qu'il a le plus vénéré, et en même temps, en homme juste et ayant déjà la connaissance des autres hommes, de dire à son père : « Vous avez le droit de me parler comme vous le faites, puisque j'ai soupçonné ma mère de ce dont vous l'accusez. » L'assurance qu'il reçoit de l'innocence de sa mère lui donne la force, le courage et la philosophie nécessaires pour devenir un homme de travail et de valeur. Le secret désir de devoir le moins possible à sa fortune, si légitime qu'elle soit, mais soumise à des commentaires blessants, l'aiguillonne dans la carrière qu'il tente et où le succès, en le jetant en pleine lumière, le met finalement au-dessus de toutes les suppositions et de toutes les calomnies.

Enfin je voyais dans le don fait par ce jeune homme oisif et sans famille un hommage à la vaillance et à la dignité de cette mère qui, en refusant les dons du père de son enfant, avait acquis devant le public le droit de recevoir d'un mort un legs qu'elle n'avait ni sollicité ni prévu.

Les artistes qui ont joué dans cette pièce sont, pour la plupart, d'anciennes connaissances de mes lecteurs, dont je les ai déjà entretenus : Dupuis, Mesdames Rose Chéri, Delaporte, Mélanie, Marquet. Le rôle de Jacques était tenu avec beaucoup de fermeté et de tendresse par M. Lagrange, que la Russie a pris peu de temps après au Gymnase, et qu'elle vient de lui rendre muni de qualités nouvelles.

La Russie, en vérité, est pour nous comme un second Conservatoire. Elle ne nous fait pas des comédiens nouveaux, mais elle affine singulièrement ceux que nous lui prêtons et qui nous reviennent. Cela tient, je crois, au contact incessant des artistes dramatiques, dans ce pays, avec les hommes du monde, qui fréquentent beaucoup avec eux dans les coulisses et leur offrent continuellement des modèles d'élégance et de distinction qui leur manquent trop chez nous. Cela tient peut-être plus encore à ce public de dames russes, aussi captivées, aussi expansives au théâtre que nos dames françaises affectent d'y paraître distraites et guindées. Devant ces femmes que Prométhée a dû former d'un des blocs de la neige qu'il a trouvée sur le Caucase et d'un des rayons du soleil qu'il a dérobés à Jupiter, douées d'une finesse et d'une intuition supérieures qu'elles doivent à leur double nature d'Asiatiques et d'Européennes, à leurs curiosités cosmopolites et à leurs habitudes indolentes; devant ces créatures excentriques, parlant toutes les langues, visitant tous les pays, au courant de toutes les littératures, imposant les mœurs, dominant les lois, chassant l'ours, vivant de bonbons, riant au nez de tout homme qui ne sait pas être leur maître; devant ce féminin à voix musicale et rauque, superstitieux et sceptique, câlin et féroce, dont l'originalité de terroir est indélébile, qui se dérobe à toute analyse, qui défie toute imitation, le talent de nos meilleurs comédiens, de Bressant, de Berton père, de Dupuis, de Worms, de madame Allan, de madame Plessis, de madame Pasca, de Madeleine Brohan, a forcément acquis par la répercussion, pour ainsi dire, des notes nouvelles, d'une délicatesse et d'une variété infinies.

Dans la nouvelle génération, nous devons encore à la Russie le perfectionnement d'un comédien des plus originaux, de Dieudonné, qui a débuté, au Gymnase, dans le *Fils naturel*, par le petit rôle de Lucien, qui ne paraît qu'au prologue, et dont il a fait une figure des plus élégantes et des mieux dessinées. J'assistais à l'audition que Dieudonné avait demandée à Montigny. Il avait alors vingt et un ou vingt-deux ans; il se faisait entendre dans la *Dame aux Camélias*. Il y avait choisi le rôle d'Armand, qui n'allait qu'à son âge et pas du tout à sa nature. Montigny, à côté de qui j'étais, ne trouvait pas l'épreuve bonne et ne comptait pas engager le candidat. C'est moi qui lui conseillai de l'admettre, en lui disant : « Il s'est trompé de rôle, voilà tout. S'il eût choisi Gaston Rieux, de la même pièce, il y serait charmant. J'aurai dans le *Fils naturel* un bout de rôle où ce jeune homme sera parfait; prenez-le. » C'est ainsi que Dieudonné est entré au Gymnase. Si je raconte ce détail ici, c'est d'abord parce qu'il se rattache à la pièce dont il est question, ensuite parce que je veux que, dans l'exemplaire de cette édition qui lui est offert, Dieudonné trouve le témoignage imprimé de l'estime préventive et suivie où j'ai tenue et où je tiens son talent maintenant consacré par le public. Dieudonné, après Lucien du *Fils naturel*, a créé, dans le *Père prodigue*, le rôle de Naton, qu'il a repris il y a deux ans, c'est-à-dire vingt ans après, au théâtre du Vaudeville, sans donner au personnage une année de plus; il a créé aussi, dans l'*Ami des Femmes*, M. de Chantrin. Dernièrement, à la reprise de la *Princesse Georges*, dans le rôle du domestique Victor, si différent de tous ceux qu'il a joués, il a su montrer, une fois de plus, la souplesse de son talent. Dieudonné me paraît appelé à un très bel avenir. Parler ainsi d'un artiste qui a déjà quarante-trois ou quarante-quatre ans, cela ressemble à une plaisanterie et même à une mauvaise plaisanterie; mais à propos de Dieudonné il n'y a pas de malentendu possible. Avec beaucoup d'autres dons, la nature l'a gratifié d'un des plus précieux pour un comédien, d'une jeunesse de forme, de visage et de voix qui semble inaltérable. A la scène il a l'air d'avoir toujours vingt ans, à la ville il en paraît à peine trente.

On peut donc parler de l'avenir de cet artiste comme s'il débutait, le passé ne comptant pour lui que par les succès qu'il y a eus et qui en font présager de plus grands. Il aime et respecte son art, chose rare; chose plus rare et on ne peut plus appréciable par un auteur dramatique, il ne juge pas de la valeur des rôles qu'on lui confie par la longueur qu'ils ont. Il sait ce que bien peu de ses confrères savent : qu'il n'y a pas de petits rôles, qu'il n'y a que de petits comédiens. Cela tient à ce que, comme nous le disions tout à l'heure, il sait donner une physionomie au moindre personnage. Pour moi, Dieudonné est appelé comme Lafont et Dupuis à jouer magistralement, plus tard, dans le répertoire moderne, *les pères des fils qu'il aura été.*

Le rôle du marquis d'Orgebac, dans le *Fils naturel*, était tenu par M. Derval, âgé aujourd'hui de plus de quatre-vingts ans, et qui met, comme régisseur au service du théâtre du Gymnase, non seulement l'expérience que sa longue carrière lui a acquise, mais quelques-unes des qualités de son talent, la grâce, la bonne humeur, la distinction, la cordialité. A ces qualités qui font de M. Derval, dans la vie privée, un des hommes les plus sympathiques qui soient, la nature avait encore ajouté, pour faire de lui un comédien de race, une haute stature, une belle voix, bien vibrante, bien claire, faisant tout valoir sans aucun effort, un regard très fin, éclairant bien sa malicieuse simplicité. Quand je me rappelle comment M. Derval jouait le marquis d'Orgebac, le savant philosophe Leverdet, de l'*Ami des Femmes*, le père d'Armand Duval, dans la *Dame aux Camélias*, lors de la reprise au Gymnase, je me demande ce qui a manqué à M. Derval pour être un des premiers comédiens de ce temps-ci. Il lui a manqué ce que quelques-uns de ses camarades ont souvent en trop, l'excessive confiance en soi. Sa modestie l'a privé de quelques satisfactions d'amour-propre, mais il en préférait d'autres plus intimes et plus durables. Que Dieu les lui garde longtemps encore !

Quant au personnage de Fressard, il avait pour interprète un comédien exceptionnel, Geoffroy, le créateur de la *Poudre aux yeux*, du *Voyage de M. Perrichon*, de *Célimare le bien-aimé*, de la *Cagnotte*, du *Plus heureux des trois*, de ces désopilantes comédies de Labiche, à la fois d'une gaîté si franche et d'une observation si fine, où la France retrouvera le rire quand la politique le lui aura fait perdre.

La pièce a été reprise au Théâtre-Français ; mais je compte faire, plus loin, une étude sur ceux des comédiens de l'*Illustre Théâtre* à qui j'ai eu affaire dans le *Demi-Monde*, le *Fils naturel*, l'*Étrangère* et la *Princesse de Bagdad*. Si je faisais ici cette étude telle qu'elle doit être, le volume serait trop gros.

UN PÈRE PRODIGUE

NOTE A

Je viens de relire très attentivement cette préface; j'étais pris de scrupules, je me demandais si j'avais eu le droit de parler de M. Scribe comme je l'ai fait. En principe, je ne reconnais pas à ceux qui cultivent sérieusement un art le droit de s'ériger publiquement en juges de leurs confrères vivants. En aucun cas, nous ne devons nous permettre de donner au public notre opinion sur ceux qui combattent loyalement à côté de nous ou même contre nous, à moins que ce ne soit pour les défendre. En toute autre circonstance, le silence et la réserve sont un devoir pour ainsi dire professionnel. Aussi, un des signes auxquels on reconnaîtra les hommes supérieurs dans un art quelconque est-il le respect que, malgré la divergence des points de vue, ces hommes auront les uns pour les autres. Si, pour quelque raison que ce soit, il existe de l'animosité entre les individus, cela n'entamera pas ce sentiment de justice intérieure. Racine aura beau être brouillé avec Molière, quand un des flagorneurs imbéciles, que, sans être Molière ou Racine, on a plus ou moins autour de soi, quand un de ces flagorneurs, pour être agréable à l'auteur des *Plaideurs*, viendra lui dire que le *Misanthrope*, représenté la veille, est une œuvre médiocre, Racine, sans avoir vu la pièce, répondra : « Je n'en crois rien; Molière ne peut pas faire une mauvaise comédie. » Non seulement l'homme qui respecte son art respecte ses rivaux, mais il est toujours plus près d'admirer que de déprécier ceux-là même qui n'ont qu'une valeur contestable. L'enthousiasme fait partie de la vraie force. Défiez-vous de tout artiste célèbre qui n'admire jamais au-dessous de lui; examinez-le bien, vous vous apercevrez très vite qu'il n'a pas la valeur qu'on lui prête.

Est-ce à dire que les maîtres dans les arts sont dénués du sens critique et doivent être condamnés à ne l'exercer jamais? Au contraire, il faut qu'ils soient particulièrement pourvus de ce sens, puisqu'ils ne seront des maîtres qu'à la condition de l'exercer constamment sur eux-mêmes. S'ils ne faisaient pas préventivement la critique des moindres détails de leur conception, comment arriveraient-ils à l'ordonnance, à l'harmonie, à l'équilibre, à l'effet qui nous la font déclarer excellente, lorsqu'ils se décident à nous la livrer? Mais, si abondant que soit le sens critique chez l'artiste, celui-ci n'en aura jamais trop pour ses œuvres, et voilà pourquoi tout ce qu'il en distrairait en vue d'amoindrir les autres serait autant qu'il retrancherait de sa propre valeur.

Cependant ces mêmes confrères que nous ne nous reconnaissons pas le droit de discuter et de troubler de leur vivant, une fois la mort venue et la postérité commencée, nous appartiennent, et pour les enseignements que nous pouvons avoir à donner, et pour les opinions que nous pouvons avoir à émettre au profit de l'art qui nous a été commun. Ayant dit leur dernier mot, ils deviennent des sujets d'étude intéressants, des termes de comparaison fixes; l'examen de leur œuvre totale et de leur esthétique particulière est permis aux survivants. Par où cet artiste, mort maintenant, s'est-il approché de l'idéal rêvé par tous les grands artistes? Par où s'en est-il écarté? Qu'a-t-il eu de plus ou de moins que les autres? La mort autorise ces recherches, et celui qui, prenant son art au sérieux, entreprendra l'étude des hommes qui l'y ont précédé, y apportera, il faut bien le dire, des connaissances de métier, des intuitions de race, de parenté, de sang, que les amateurs les plus délicats, que les critiques de profession les plus attentifs et les plus sincères n'auront pas toujours.

Un soir, Rossini, sortant d'un salon, se croisa, dans l'antichambre, avec un jeune homme qui entrait. Le jeune homme, grand admirateur de l'auteur de *Guillaume Tell* et du *Barbier*, se trouvant face à face avec lui, bien qu'il ne lui eût jamais adressé la parole, ne put s'empêcher de lui prendre la main droite et de la baiser. Il était de la vieille race des enthousiastes qui tend de plus en plus à disparaître : « Je voulais, dit-il avec émotion, baiser la main qui a écrit tant de chefs-d'œuvre. » Rossini, ému à son tour par cette gentillesse, demande au jeune homme son nom, et l'invite à venir le voir. Celui-ci n'a garde d'y manquer. Il arrive chez Rossini, qui lui dit presque aussitôt :

— Voyons, m'estimez-vous vraiment autant que vous le dites?

— Pouvez-vous en douter, maître?

Et le jeune homme s'apprête à recommencer ses démonstrations.

— Et vous êtes musicien?

— Oui, maître.

— Et vous aimez vraiment la belle musique?

— Oui, maître.

— Eh bien! venez avec moi : je vais vous jouer du Mozart.

Voyez-vous d'ici l'auteur du *Barbier* faisant servir tout son génie à bien faire sentir à son admirateur tout le génie de Mozart? Je ne sais rien de plus noble et de plus touchant. Voilà comment les hommes supérieurs parlent des autres; ce qui ne les empêche pas, surtout quand ils sont doublés d'esprit comme l'était Rossini, de remettre à leur place, en quelques mots, les confrères inférieurs, irrespectueux, encombrants, dont le nombre s'augmente tous les jours, qui, flanqués d'une coterie tapageuse et parasite qui leur fait écho, crient, impriment et trouvent des sots pour le répéter, que personne n'a eu de talent avant eux et qu'ils apportent enfin au monde ou la musique, ou la peinture, ou la littérature de l'avenir. Un jour, un des amis du même Rossini arrive chez lui et le trouve au piano :

— Vous faisiez de la musique?
— Oui.
— De vous?
— Non.
— De qui?
— De Wagner.

L'ami s'approche et regarde la partition :
— Mais, dit-il, la partition est à l'envers.
— Oui, répond Rossini en affectant son accent le plus italien, j'ai essayé de l'autre côté, ça n'allait pas.

Et le grand artiste ne répond que par cette saillie fine à l'insolence de cet Allemand qui se déclare le maître de tout le monde. Mais, sous quelque forme que Rossini exprimât son admiration ou sa critique, soyez certain qu'il ne parlait qu'à bon escient, et que ce n'était qu'après avoir bien étudié les œuvres de ses confrères passés et présents qu'il les jugeait dans un sens ou dans un autre.

Cependant, le droit d'admiration et d'analyse n'appartient pas exclusivement à ceux qui ont, comme lui, le génie de leur art. Dans ces limites, ce droit serait trop restreint : il nous est concédé à tous, à quelque degré que nous soyons placés, aux conditions d'une grande attention et d'une grande équité. Quand je me suis permis un aperçu critique du théâtre de M. Scribe, je n'ai donc cédé à aucun mauvais sentiment. J'ai constaté tout de suite les merveilleuses qualités qu'il tenait de la nature et auxquelles je défie un véritable auteur dramatique de ne pas rendre hommage. L'ingéniosité, l'adresse, l'esprit, la clarté, la logique dans les événements et les faits, *sous le jour où il les présente,* sont, dans le théâtre de M. Scribe, hors de toute contestation, et quiconque voudra tenter la scène pourra en étudier l'économie et le mécanisme dans l'œuvre de M. Scribe : il y a toujours quelque chose à y apprendre. Pour ma part, et après une carrière de trente ans, chaque fois que je me sens tourmenté de l'idée d'une œuvre dramatique nouvelle, je relis au hasard quelqu'une des pièces, oubliées ou connues, de ce maître ouvrier, et il me redit une fois de plus comment il faut mathématiquement procéder, quant à la disposition des parties, au mouvement et à la progression. Mais chaque fois aussi que je renouvelle cette lecture, j'en rapporte une sorte de colère contre cet homme, qui mésusant des dons exceptionnels qu'il avait reçus, a pendant si longtemps détourné notre art de la route qu'il doit suivre et du but qu'il doit atteindre. Il faut être entré dans la carrière avec l'ambition de peindre la vie au plus près et de tirer de l'étude des hommes des observations qui puissent leur profiter, il faut, au nom de l'idéal qui a toujours été celui des maîtres, être venu devant le public, et surtout devant le public de l'ancien *Théâtre de Madame,* se heurter aux conventions séduisantes de M. Scribe pour se rendre compte des difficultés qu'il y avait à vaincre la résistance très convaincue et très compréhensible de ce public à tout ce qui le troublait dans les habitudes que lui avait fait prendre son auteur favori. Toutes les morales fondamentales lui étaient présentées à l'envers, accommodées à son égoïsme et à ses faiblesses : il ne voulait plus absolument qu'on les lui remit sous les yeux telles qu'elles sont réellement. Il s'était si bien fait à cette agréable déviation du vrai, que c'était le vrai qui lui paraissait faux. La conscience élastique de tous ces personnages fictifs, mais d'apparence humaine et placés dans des situations vraisemblables que nous traversons tous les jours ; les solutions conciliantes que l'auteur trouvait aux péripéties les plus délicates et aux cas les plus tragiques, présentés et dénoués avec un art infini, sans le moindre inconvénient pour personne, tout cela encourageait dans la facilité de ses mœurs un public qui venait en masse, en pleine lumière, au milieu des rires, recevoir de cet homme d'esprit et de talent l'absolution de ses turpitudes. Les duplicités de tout genre, les fraudes de toute espèce, la galanterie, l'adultère, la prostitution, le libertinage, le viol même, les trahisons les plus basses, les prévarications les plus condamnables, n'apparaissaient plus au spectateur, sous la baguette de ce magicien, que comme des peccadilles sans importance, ne suscitant aucun remords, ne méritant aucun châtiment, ne nécessitant pas même une leçon.

M. Scribe était-il donc étranger à tout sentiment de morale ? Était-il un corrupteur de parti pris ? Pas le moins du monde. Il était un fort honnête homme dans sa vie privée ; mais au théâtre il n'était plus *qu'un auteur dramatique*, et pénétré de ce principe faux que le théâtre ne doit servir qu'à l'amusement du spectateur, principe qui, comme celui des trois unités, vient d'Aristote, ne vous en déplaise, il ne voyait dans les infamies de l'âme humaine que des moyens de monter plus ou moins le diapason de son action, de lui donner plus ou moins de ressort et de relief devant la foule. Il lui était nécessaire, pour amener une situation émouvante ou amusante, pour enchevêtrer un imbroglio dont il savait pouvoir sortir par une surprise à effet, il lui était nécessaire qu'une femme eût trompé son mari, qu'une jeune fille eût été séduite, qu'un tuteur eût abusé de sa pupille, que cet homme trahît l'amitié, que cet autre trafiquât de l'amour ; il se servait de toutes ces données comme si elles étaient les choses les plus naturelles, les plus courantes ; il les posait, au début, tout bonnement comme les x d'un problème mathématique à résoudre, et tous ces coquins se tiraient d'affaire à la fin sans une flétrissure pour eux, sans un enseignement pour nous. La pièce amusait-elle? Avait-elle du succès? Faisait-elle de l'argent? Oui. Tout était là. Le but du théâtre comme le comprenait l'auteur était atteint; il ne supposait pas qu'on pût exiger autre chose. De solidarité entre la comédie et la nature, entre le spectateur et l'homme, aucune. Cette théorie a encore aujourd'hui, elle aura toujours de nombreux partisans, mais elle n'a jamais eu un représentant en même temps plus habile et plus naïf, un metteur en œuvre plus redoutable que M. Scribe. Qui voulait ramener le théâtre à la vérité sociale, morale, philosophique, avait donc à lutter contre les spectateurs, les directeurs, les journalistes et le plus grand nombre de ses confrères, ce procédé de théâtre étant plus attrayant, plus facile et plus productif que l'autre.

Puisque nous avons commencé cette étude et que nous sommes ici en famille, menons-la jusqu'au bout, et, pour nous faire mieux comprendre, pour bien établir la différence entre les deux écoles, celle qui n'a en vue que l'amusement du public et celle qui voudrait y ajouter l'enseignement et l'utilité, prenons par exemple *Une Chaîne*, représentée sur la première scène du monde, avec le plus grand succès, en 1841, et qui est de toutes les pièces de M. Scribe celle qui a la prétention de descendre le plus profondément dans les réalités de la vie.

Je vois dans cette pièce un jeune compositeur, Emmeric d'Albret, amant de madame de Saint-Géran, femme du contre-amiral du même nom. Au moment où l'action commence, Emmeric voudrait rompre avec sa maîtresse. A-t-il quelque reproche à lui adresser? Non. Elle est jeune, elle est belle, elle l'aime passionnément, elle n'a jamais aimé que lui. De plus, c'est à elle qu'il doit sa célébrité, son indépendance. La croix d'honneur, qu'il recevra à la fin, au moment où il signera le contrat de mariage qui brise le cœur et la vie de cette femme, c'est encore à elle qu'il la devra. Ce n'est pas tout : M. de Saint-Géran, le mari de Louise, le comte de Saint-

Géran, dont il serre la main tout en lui prenant sa femme, a été l'ami intime du père d'Emmeric. Le boulet qui, sur le bâtiment où ils servaient tous les deux leur pays, a tué M. d'Albret, a blessé M. de Saint-Géran. La passion qu'Emmeric a eue pour Louise a été tellement forte que ni ce souvenir sacré, ni l'amitié que M. de Saint-Géran lui a toujours témoignée, n'ont pu l'en faire triompher, et qu'il a trouvé tout naturel d'accepter les bienfaits de la femme dont il était l'amant, et du mari qu'il trompait; car le mari n'a pas manqué de joindre ses bienfaits à ceux de sa femme. La chose eût peut-être toujours duré ainsi, à la grande joie de l'épouse coupable et au grand avantage du musicien aimé, si celui-ci n'avait par hasard retrouvé sa petite cousine, mademoiselle Clérambeau, enjolivée de quelques millions. Eu égard à cette circonstance toujours de premier ordre dans la poétique de M. Scribe, Emmeric se prend pour la jeune fille, d'une passion aussi irrésistible que celle dont il a été pris pour Louise de Saint-Géran, alors que celle-ci pouvait lui faire obtenir un poème d'un jeune librettiste déjà célèbre qui doit être l'auteur même de la pièce dont nous nous occupons. A partir du moment où cette nouvelle passion s'est emparée de lui, il faut voir comme Emmeric parle de Louise! Quelle ingratitude! Quel égoïsme! Quelle lâcheté! Jusqu'à ce qu'enfin il s'écrie : « Je la déteste! » La seule raison qu'il ait de la détester est qu'elle est l'unique obstacle à son mariage, ou qu'elle n'est pas veuve; car, comme elle est riche, si elle était libre, il l'épouserait tout aussi bien que l'autre. Ce mot injuste et bas : « Je la déteste », répété à Louise par son mari même, qui ne sait pas que c'est d'elle qu'il s'agit, ce mot tue l'amour de cette femme, réveille sa dignité; elle rompt avec l'ingrat qui l'a prononcé, et celui-ci, immédiatement, sans un mot de pitié ou même de souvenir, signe, entre son ancienne maîtresse et sa future femme, le contrat sur lequel madame de Saint-Géran doit apposer sa signature, comme femme de M. de Saint-Géran, parrain et témoin de la mariée.

L'oncle d'Emmeric, le père d'Aline, le vertueux Clérambeau, l'honnête négociant dont la signature est saluée à la Banque, mêlé à toute cette intrigue, initié aux vilenies de son neveu, forcé, à un certain moment, de faire sortir en cachette madame de Saint-Géran de sa propre chambre où elle est venue poursuivre son amant, le Clérambeau hésite bien un peu à donner sa fille à ce monsieur; mais bast! ce ne sont là que fredaines de jeunesse! sa fille aime ce beau garçon, elle ignore tout; il fait de la musique à succès : on ira à l'Opéra-Comique pour rien; il va être décoré : on ne peut pas mieux trouver pour Bordeaux.

Tel est le héros de M. Scribe dans *Une Chaîne*. Si ce héros n'a pas un seul mouvement de repentir et de honte, l'auteur lui témoigne-t-il au moins, par la bouche d'un de ses personnages, le mépris qu'il a, que tout le monde doit avoir pour lui? Pas une fois : madame de Saint-Géran l'accable bien de reproches; mais madame de Saint-Géran est trop intéressée dans sa cause pour être acceptée comme arbitre infaillible. Cependant, en se voyant trahie lâchement, lâchement sacrifiée, elle dit à Emmeric : « *Moi qui croyais jusqu'ici que notre plus terrible punition était dans nos devoirs trahis; d'aujourd'hui, grâce à vous, je comprends un châtiment plus grand encore, c'est de rougir de celui pour qui on a tout méconnu, et mon seul regret maintenant est dans ce signe de l'honneur que j'ai mendié pour vous et que vous ne méritez pas.* » Quand madame de Saint-Géran parle ainsi, non seulement elle est dans son droit comme femme abandonnée, mais elle a raison au nom de la morale universelle, et elle dit à cet homme ce que le premier honnête homme venu mis au courant de sa conduite a le droit de penser de lui. Le mauvais français qu'elle parle ne peut même pas servir d'excuse à Emmeric. Que répond celui-ci? « *Ah! grâce au ciel! vous avez brisé vous-même ce lien que je n'osais rompre; vos outrages m'ont affranchi de mes chaînes et plus encore de mes remords. J'épouserai ma cousine.* » Et, resté seul, il s'écrie : « Libre! Enfin je suis libre! » Voilà tous les sentiments et toutes les réflexions que les reproches de madame de Saint-Géran éveillent dans la conscience d'Emmeric. Où est le personnage qui confirme ces reproches et qui les jette, au nom du public, à ce lâche amant, à ce malhonnête homme? Ce personnage manque. « Tant pis pour madame de Saint-Géran! me direz-vous : elle n'avait qu'à ne pas tromper son mari, Emmeric ne l'eût pas abandonnée. Elle a commis une faute, elle mérite un châtiment : elle l'a. C'est là qu'est la morale de la pièce. » Et Emmeric? Il n'a donc pas commis de faute, lui? Vous le trouvez suffisamment puni par la crainte qu'il témoigne de ne pas épouser sa cousine et par la peur qu'il a d'être tué par M. de Saint-Géran? Cette punition vous satisfait? Elle ne me satisfait pas. L'auteur me dit-il en quelque endroit que cette douleur qui frappe un des deux amants et cette bonne chance qui vient injustement en aide à l'autre, l'auteur me dit-il quelque part, avec tristesse, avec regret, que c'est malheureusement là le cours ordinaire de la vie? Déplore-t-il cette iniquité sociale dans une réflexion philosophique, dans un mot amer, dont je puisse conclure qu'il est le peintre et non le complice de toutes ces infamies des hommes et de toutes ces injustices du sort? Non. Au seul personnage qui pourrait châtier le coupable il met un bandeau sur les yeux ; à ceux qui sont au courant de ses fautes, il n'inspire que de la sympathie pour lui, et tout le mouvement qu'il se donne n'a d'autre but que de le tirer d'affaire. Quand la femme est bien malheureuse et bien compromise aux yeux de Balandard et de Clérambeau, l'auteur trouve tout naturel qu'Emmeric ait la croix d'honneur, une jolie femme, une bonne dot, de grands succès, beaucoup de considération, enfin un bonheur aussi complet qu'immérité. Maintenant, si à tous ces reproches d'ensemble nous en ajoutions d'autres de détail, si nous demandions encore à l'auteur, qui avait des collaborateurs comme Meyerbeer, Auber, Halévy, lesquels ne devaient certainement rien à la protection des femmes, si nous lui demandions pourquoi il a choisi dans le corps des musiciens le drôle qu'il avait à mettre en scène, pourquoi il a été prendre, pour le faire tromper par sa femme et le livrer comme un grotesque à la risée du public, un contre-amiral, un homme qui a servi son pays pendant trente ans, qui ne doit la croix qu'il porte qu'à son patriotisme et à son courage, pourquoi cet homme honorable, vaillant, utile, il le présente, dans le seul but de faire trembler un peu son spectateur, comme un spadassin, une sorte de Spavento du Val d'Enfer qui a déjà embroché trois hommes parce qu'ils s'étaient permis de faire la cour à sa femme, M. Scribe ne serait pas embarrassé par ces questions : il nous répondrait simplement que le théâtre est le théâtre ; que les personnages *purement de convention* dont on s'y sert ne sont là que pour concourir, chacun à son plan, à l'action unique mise en scène ; que lorsqu'on fait beaucoup de pièces, si l'on peut se servir souvent des mêmes moyens, il faut au moins varier les états des individus ; qu'il s'était déjà servi des peintres, des poètes, des avocats, des colonels pour ses amoureux ; des banquiers, des notaires, des généraux pour ses maris trompés, et que c'était maintenant le tour des musiciens dans le premier cas et des amiraux dans le second. Pourquoi, au point de vue social, moral, psychologique, philosophique, physiologique, un homme fait une chose plutôt qu'une autre, quelle influence exercent sur lui ses origines, sa profession, son éducation, son milieu, M. Scribe ne s'en souciait pas; il ne s'en doutait même pas. Comment il pouvait sortir heureusement d'une situation compliquée où il plaçait ses personnages, là était son affaire, et, pour lui, le théâtre n'allait pas, ne devait pas aller plus loin. Dans une liaison comme celle d'Emmeric et de madame de Saint-Géran, il croyait donner une leçon suffisante, avec ce sous-entendu : « Prenez garde à ces amours-là, jeunes gens; vous serez bien embarrassés pour en sortir quand vous voudrez vous marier. » Et alors, s'il arrive à ceux qui attribuent au théâtre des droits plus larges et des devoirs plus hauts, de prendre et de soumettre à l'analyse de la morale et de la vérité absolues l'amant, l'obligé de madame de Saint-Géran, le protégé du contre-amiral, le gendre de M. Clérambeau, le mari d'Aline, le compositeur de talent, le membre de la Légion d'honneur, celui qui, pour M. Scribe, n'est qu'un charmant garçon aimé des dames, à qui sa dernière liaison a causé bien des ennuis, mais qui, heureusement, après quelques péripéties, a pu épouser sa petite cousine; si ceux dont nous parlons examinent attentivement ce héros, ils constatent en lui un monsieur parfaitement méprisable, à qui un écrivain naturaliste appliquerait un nom emprunté à l'ichthyologie industrieuse. Si M. Scribe eût ambitionné d'être plus qu'un auteur dramatique, s'il eût voulu être un moraliste, au lieu de faire tranquillement et sans la moindre réprobation, passer son héros du canapé adultère de madame de Saint-Géran à la couche virginale d'Aline, il eût réveillé dans Clérambeau quelque chose de vital et d'éternel, non seulement au fond de sa probité de négociant, mais de sa dignité d'homme et de sa conscience de père, et celui-ci, à la fin de la pièce, eût dit à son neveu : « Maintenant, mon garçon, que tu es célèbre, décoré, que tu n'as plus à craindre ni les reproches de madame de Saint-Géran, qui part pour les Antilles, ni le pistolet de son mari, qui l'y accompagne, maintenant que j'ai contribué à t'éviter le scandale et peut-être la mort, écoute bien ceci : Un père qui aime et respecte sa fille ne la donne pas à un particulier sur lequel il a les renseignements que je viens d'avoir sur toi, et qui est à la fois assez vil, devant sa carrière à celle dont il est l'amant, pour la planter là dès qu'il se trouve un beau mariage à faire, et pour accepter d'elle et du mari qu'il trompe la croix d'honneur avec laquelle il se pavanera demain. Tout ce que je peux faire pour toi, c'est de ne pas dire à tout le monde que tu es un polisson. Là-dessus, file, et que je ne te revoie plus! » En concluant ainsi, l'auteur eût peut-être causé d'abord un grand étonnement à son public ordinaire; mais je suis convaincu qu'avec sa dextérité habituelle, il eût fait accepter ce dénouement moral et imprévu. Je me figure aussi que ce retour de conscience donnerait à cette pièce, dans notre art, une place qu'elle n'a pas, malgré les grandes qualités scéniques qu'elle contient.

Maintenant, pourquoi en est-il des trois cents autres pièces de M. Scribe, ayant presque toutes obtenu un très grand succès, comme de celle que nous venons d'analyser? Pourquoi l'auteur dramatique le plus fécond que nous ayons eu dans notre pays n'a-t-il pas laissé dans le répertoire l'équivalent de ce que, comme je le dis dans ma préface, nous y a laissé de Musset? Manque-t-il d'invention, d'originalité, d'observation même? Il en a autant que qui que ce soit. Est-ce alors parce que dans la plupart des pièces de M. Scribe, et surtout dans les plus importantes et les plus connues, la donnée est toujours la même, et que cette uniformité finit par appauvrir les sujets et fatiguer le public? Non. La donnée est, pour ainsi dire, sans importance au théâtre : plus elle affecte d'être originale, plus elle a chance d'être mal accueillie; plus elle est simple, banale, plus elle expose des situations conventionnelles, plus le public s'y prête et s'y plaît. Le public fait toujours crédit au point de départ, mais à la condition que les passions, les caractères mis en mouvement par cette donnée simple, seront présentés sous une nouvelle face et qu'il en sera tiré des conclusions nouvelles. Il est, en cela, semblable aux femmes qui, plus elles savent que l'amour est toujours la même chose au fond, plus elles exigent de variété dans la forme. Le public fait de même : il accepte qu'on lui répète, pour l'entrée en matière, ce qu'il sait déjà par cœur, mais il veut ensuite des émotions qu'il ne connaissait pas, des surprises variées et durables; sinon il vous échappe tôt ou tard, et passe à un plus éloquent. M. Scribe avait tout ce qu'il faut pour prendre le public, il lui manquait ce qu'il faut pour le garder.

Un jeune homme et une jeune fille sont amoureux

l'un de l'autre et veulent s'épouser, tandis qu'une seconde femme comme dans *Une Chaîne* ou la *Camaraderie*, ou deux autres femmes, comme dans le *Verre d'eau*, amoureuses aussi du jeune homme, mais mariées et ne pouvant agir que par ruse, mettent tous les obstacles possibles à un mariage qui finit cependant par avoir lieu. Telle était la donnée ordinaire de M. Scribe. Je ne la lui reproche pas. Non seulement cette donnée est suffisante, mais elle est classique; c'est presque constamment aussi celle de Molière : des Cléante qui veulent épouser des Mariane, des Agnès qui veulent épouser des Horace, et des pères ou des tuteurs qui s'y opposent. Ce point de départ suffira encore pour les deux chefs-d'œuvre de Beaumarchais, le *Barbier de Séville* et le *Mariage de Figaro*. Beaumarchais se contentera, dans cette dernière pièce, de remplacer le tuteur de Rosine par le maître de Figaro. Tout cela est encore moins original que les données de M. Scribe, lesquelles, ne riez pas, se rapprochent plutôt de celles de Racine. En effet, je vois toujours dans le maître tragique un nouveau développement de ce même sujet. C'est, chaque fois, ou un homme épris d'une femme éprise, elle, d'un autre homme, ou une femme éprise d'un homme épris, lui, d'une autre femme. Dans *Alexandre*, c'est Taxile épris d'Axiane, laquelle préfère Porus; dans *Bérénice*, c'est Antiochus épris de Bérénice, laquelle préfère Titus; dans *Bajazet*, c'est Roxane éprise de Bajazet, lequel préfère Atalide; dans *Phèdre*, c'est Phèdre éprise d'Hippolyte, lequel préfère Aricie; dans *Andromaque*,

c'est Hermione éprise de Pyrrhus, lequel préfère
Andromaque, et c'est Oreste épris d'Hermione,
laquelle préfère Pyrrhus; dans *Iphigénie*, c'est Ériphyle
éprise d'Achille, lequel préfère Iphigénie;
dans *Britannicus*, c'est Néron épris de Junie, laquelle
préfère Britannicus; dans *Mithridate*, c'est Mithridate
et Pharnace (ils sont deux cette fois), épris de
Monime, laquelle préfère Xipharès. Ce patron uniforme
du double amour sur lequel il découpe l'intrigue
de toutes ses pièces paraît tellement suffisant
et même tellement riche et varié à Racine, que
lorsqu'il aborde des sujets où il ne peut s'en servir,
il n'en trouve pas d'autre, et l'amour disparaît alors
de ses conceptions, comme dans *Esther* et *Athalie*.
Poussons-nous cette étude plus loin? Allons-nous
jusqu'à Corneille? Pourquoi pas, pendant que nous
y sommes? Vous retrouverez la même simplicité, la
même uniformité dans les points de départ des
poèmes dramatiques du grand romano-espagnol.
C'est un amour qui se heurte à un obstacle; seulement,
ici, l'obstacle ne sera plus dans un individu,
dans une raison matérielle, mais dans une abstraction,
dans une cause morale. C'est Chimène prise
entre Rodrigue, qu'elle aime, et son père, qu'elle
doit venger; qui, si elle aime l'un, trahit l'autre;
c'est Camille prise entre Curiace et son frère, qui,
si elle cède à son amour, trahit sa famille et sa
patrie; c'est Émilie prise, comme Chimène, entre
un amant et la mémoire de son père, qui, si elle
cède au premier, trahit le second; c'est Polyeucte
pris entre son amour et sa foi, qui, s'il ne renonce

à Pauline, trahit son Dieu; ce sont les deux fils de la Cléopâtre de Syrie, pris entre leur mutuelle amitié de frères et leur mutuel amour pour Rodogune, qui, s'ils cèdent à l'amour, trahissent l'amitié; c'est la reine Isabelle, prise entre son amour pour don Sanche, qu'elle croit être le fils d'un pêcheur, et sa situation de reine, qui, si elle cède à son amour, trahit son rang et sa dignité, c'est enfin, dans *Sertorius*, Pompée pris entre l'amour qu'il conserve toujours pour Aristie, malgré son divorce avec elle, et la crainte où il est que Sylla ne l'apprenne, qui, s'il revient à son premier amour, compromet sa vie et trahit son chef. Ainsi toujours la même donnée, la même fable. Qui s'en plaint? Qui s'en aperçoit même? Et qu'importe! puisque de cette uniformité sortent les accents les plus admirables de la passion, de l'héroïsme, de l'amour, de l'amitié, de la haine, de la colère, de la vengeance, de la crainte, du repentir, des remords, de la foi. Qu'elle reste éternelle cette même fable, si elle doit donner encore naissance à des types éternels comme Rodrigue, Chimène, Camille, Pauline, Polyeucte, Oreste, Phèdre, Andromaque, Hermione, Roxane, Arnolphe, Agnès, Mascarille, Sganarelle, Scapin, Trissotin, Vadius, Bélise, Harpagon, Tartufe, Alceste, Figaro, Suzanne, Bartholo, Basile, Chérubin! Que ce monde imaginaire reçoive le jour d'une même fable comme l'humanité tout entière reçoit la vie du même fait, je le veux bien; mais qu'à partir de ce moment la vie de ce monde imaginaire porte l'empreinte de la vie réelle, et que, quand j'y pénètre, j'y trouve

résumés dans une action et dans des caractères les
enseignements, la morale, les espérances, les consolations, la philosophie, l'idéal que, moi spectateur, je suis incapable de saisir, de préciser et
d'exprimer à travers tous les mouvements de l'humanité. Voilà ce qu'ont fait nos maîtres, ce qui les
a faits maîtres ; et si, avec son immense talent, sa
production immense et ses immenses succès,
M. Scribe n'a pas sa place à côté d'eux, c'est qu'il
lui a manqué le désir ardent d'être utile aux
hommes, qu'ils soient du présent ou de l'avenir ; il
lui a manqué l'ambition de vouloir leur apprendre
quelque chose et d'apporter un argument de plus à
la morale, une force de plus à la conscience ; il lui
a manqué d'avoir aimé le public comme un ami
véritable à qui l'on ouvre tout son cœur, au risque
de lui paraître ridicule, à qui l'on dit tout ce qu'on
pense, au risque de se brouiller avec lui ; il lui a
manqué enfin la passion du vrai, l'amour du beau,
le rêve du bien, la folie de son art! Mais en revanche, quelle pratique et triomphante démonstration
de la théorie de Fourier sur le travail attrayant!
Comme cet heureux esprit devait jouir avant tout le
monde de l'agrément qu'il préparait sans cesse
pour les autres! Quel plaisir il devait prendre, soit
devant sa table, sous le cercle lumineux de sa lampe,
soit en se promenant, en collaborant, en causant,
aux évolutions inattendues pour lui-même, de son
ingénieuse fécondité, une fois qu'il l'avait mise en
gestation sur un sujet nouveau! Remuant du bout
de sa plume agile, des passions, des mœurs et des

événements d'ordre moyen, dont il ne veut tirer que le rire qui dilate et les larmes qui soulagent, il n'a ni les hésitations du penseur, devant qui la nature se trouble, ni le désespoir de l'écrivain à qui le mot se dérobe. Il ne tente jamais de descendre dans l'âme humaine jusqu'aux profondeurs d'où les grands miasmes s'exhalent, ni de la gravir jusqu'aux sommets où l'infini commence ; il ne revient pas de quelque part où ceux qui l'écoutent ne sont jamais allés, en se demandant s'il doit leur dire tout ce qu'il a vu. Aussi sa langue incorrecte et pâle, qui est la leur, lui suffit-elle pour leur raconter les aventures de son petit monde bariolé, bruyant et soumis. Travail régulier et bienfaisant, qui fortifie tous les organes, qui dispose à l'appétit, à la gaîté, au sommeil ; carrière charmante où l'on peut se faire une fortune princière, des admirateurs faciles et de bonne foi, naïvement émerveillés que l'on sache si bien peindre ce qu'ils éprouvent tous les jours ; existence enviable à célébrité viagère, que les amis et les proches aident à croire durable, où l'on n'a pour ennemis que quelques confrères impuissants et besogneux que l'on désarme avec une collaboration fructueuse, et où l'on amuse des millions de ses semblables pendant la traversée que l'on fait avec eux. C'est beaucoup en somme, c'est peut-être assez. Bien fous alors seraient ceux qui s'épuisent à chercher autre chose et qui croient à la possibilité d'avoir action sur les hommes avec des paroles plus légères que le vent, débitées par de grandes marionnettes sur un fond de toile peinte !

NOTE B

Cette pièce a été arrêtée par la censure, comme la *Dame aux Camélias*, *Diane de Lys* et le *Fils naturel*, à cause de sa grande immoralité; seulement, cette fois, l'interdiction n'a été que de quelques jours, grâce à l'intervention de Camille Doucet, alors à la tête du département des théâtres au ministère des Beaux-Arts. Elle a obtenu un très grand succès à la première représentation, mais il lui est arrivé ce qui est arrivé du reste à presque toutes mes pièces; cette accusation d'immoralité, reprise ensuite par un certain public et certains journaux, lui a beaucoup nui devant la seconde et la troisième couches de spectateurs qui défraient les cinquante dernières représentations d'une comédie, qui a eu d'abord un succès à en promettre cent ou cent vingt. Ces couches sont formées par les petits bourgeois, les boutiquiers qui, le jour où ils vont au spectacle, dînent à six heures, par les gens de la campagne qui font la partie d'aller, un lendemain de noces, voir à Paris la pièce en vogue annoncée dans leur village au moyen de grandes affiches jaunes, par les provinciaux qui croient à ce que leur journal leur dit, qui discutent comme une affaire à quels théâtres ils iront pendant les quelques jours qu'ils doivent passer dans la capitale; tous gens qui veulent absolument mener leurs filles aux spectacles où ils vont, ne pouvant pas les laisser seules pendant qu'ils se rendront à la comédie. Il faut une littérature spéciale, un article tout particulier à cette masse qui contribue tant à certains succès prolongés et quelquefois incompréhensibles pour les premiers spectateurs. Je perdais aussi les étrangers qui traversent Paris en vue d'un négoce quelconque, qui n'ont qu'une ou deux soirées à consacrer au théâtre; je les perdais non parce que mon ouvrage était immoral, ils se soucient fort peu de cela, mais parce qu'ils ne veulent aller qu'aux pièces où l'on rit tout le temps, et que malheureusement il n'y avait pas tout le temps de quoi rire dans mes pièces. Ces différentes raisons arrêtaient toujours pour moi le grand succès d'argent vers la soixante-dixième ou la soixante-quinzième représentation et les vingt-cinq ou trente dernières mangeaient un peu du bénéfice réalisé par les autres. Montigny faisait bien les choses; il menait les représentations jusqu'à cent pour soutenir mes cours et ne pas déprécier un de ses auteurs favoris. Les promeneurs des boulevards, en regardant machinalement les colonnes où l'on appose les affiches, pouvaient croire alors à un succès à peu près égal à ceux qu'obtenaient les Folies-Dramatiques ou les Bouffes-Parisiens, et l'honneur était sauf.

En nos temps d'agiotage appliqué à tout, où chacun bat la caisse, comme à la foire, devant les phénomènes de sa baraque, un directeur qui se respectait comme Montigny, et qui n'appelait pas, du matin au soir, la réclame à son aide, qui faisait de son mieux, et qui ensuite laissait loyalement le public faire ce qu'il voulait, un pareil directeur ne pouvait quelquefois pas prétendre, malgré des œuvres distinguées, des succès très francs et une troupe hors ligne, aux gros résultats pécuniaires obtenus par d'autres scènes inférieures et habiles. Je dois donc faire, à la louange de Montigny, une déclaration que tous mes confrères dont les pièces ont été représentées sur son théâtre pourraient contresigner, c'est que si les succès obtenus au Gymnase étaient, grâce aux soins du directeur et au talent de la troupe, au-dessus de la valeur des ouvrages, ces succès n'ont jamais rien dû à la réclame qui était incompatible avec la dignité, on peut même dire avec l'orgueil de Montigny. Par un travail assidu, par une connaissance exceptionnelle de la mise en scène, à laquelle il a fait faire tant de progrès, par le respect qu'il avait des écrivains, des artistes, du public et de lui-même, par la véritable école des comédiens qu'il avait formés, qui s'appelaient Bressant, Dupuis, Berton père et fils, Geoffroy, Lesueur, Lafontaine, Landrol, Dieudonné, Rose Chéri, Mélanie, Delaporte, Victoria, Pierson, Chaumont, Pasca, Desclée ; en appelant à lui Augier, Balzac, Sandeau, Labiche, Barrière, George Sand, Feuillet, Sardou, Meilhac, Halévy, Pailleron,

Gondinet, d'autres encore, il avait fait de son théâtre le premier théâtre littéraire de Paris; et cela lui suffisait. Nous avons donc quelque raison de nous étonner quand nous apprenons que certains membres du gouvernement actuel, de la commission du budget et du conseil municipal reprochent très vivement à M. Perrin d'avoir pris, pour varier le répertoire de la Comédie-Française, quelques-unes des comédies représentées jadis sur la scène du Gymnase, telles que *Mercadet*, le *Gendre de M. Poirier*, *Philiberte*, le *Demi-Monde*, le *Fils naturel*. Je ne vois pas que cela doive donner lieu à tant de colère et cet honneur était bien dû au moins à Montigny. En ce qui me concerne, j'avoue, dussent les adversaires de M. Perrin se faire une arme de mon aveu, que personne n'a eu plus besoin que moi de cette admirable troupe du Gymnase pour faire accepter tout de suite des pièces dont la donnée, le développement et la conclusion inquiétaient toujours, indisposaient souvent un public qui, pour les raisons que j'ai données dans la note précédente, se tenait constamment avec moi sur la défensive, et qu'il fallait désarmer et conquérir scène par scène.

Pour *Un Père prodigue*, Montigny avait adjoint à sa troupe ordinaire le comédien qui était alors de ce type l'incarnation la plus complète que l'on pût rêver. Grand, svelte, la tête droite, l'air distingué, à la fois aimable et hautain, qui semble dire aux égaux : « Approchez-vous donc »; et aux inférieurs : « Restez où vous êtes »; d'allure vive en même temps que de tournure élégante et de mise irréprochable,

ayant avec le dandinement gracieux des hanches et
la marche ferme, un peu talonnante, de l'homme de
cheval, le geste sobre et juste de l'homme d'escrime,
sentant, d'une lieue, son gentilhomme des champs
de bataille et des petits levers; saluant comme ceux
de Fontenoy, grasseyant comme ceux de Coblentz;
l'œil brillant, le nez droit, les narines ouvertes, la
bouche en cœur, passant de temps en temps sa main
nerveuse et fine sur son visage bien rasé pour s'assurer que pas un poil blanc ne venait le trahir,
n'ayant ses soixante ans que la nuit, ou le matin,
tout seul, pouvant s'en donner cinquante le jour,
n'en paraissant que quarante le soir, tel était Lafont
en 1858. A cette époque, je montais beaucoup à
cheval et lui aussi. Nous nous rencontrions au bois
de Boulogne, nous faisions la promenade ensemble,
et chaque fois il me demandait ce qu'il devait heureusement demander encore à d'autres pendant plusieurs années, il me demandait de lui faire sa pièce
de retraite. C'est ainsi que, ayant depuis longtemps
dans la tête le sujet du *Père prodigue*, j'écrivis pour
lui le rôle du comte de la Rivonnière, où il obtint
un succès éclatant et mérité. Il lui arriva pour ce
personnage ce qui arrive à tous les véritables comédiens : quelques-uns de ses défauts lui servirent. Sa
manie de paraître toujours jeune, sa prétention à la
galanterie et aux bonnes fortunes, toutes superficielles d'ailleurs, car il avait la plus grande dévotion
à sa femme et le plus grand souci de sa santé, son
chapeau noir ou gris, selon la saison, posé coquettement de côté sur ses cheveux habilement teints,

séparés jusqu'au cou par une raie un peu élargie et ramenés avec adresse sur ses tempes légèrement déprimées, un bouton de rose en permanence à la boutonnière de sa redingote le plus souvent bleue, fermée et sans plis; cette résolution gouailleuse et désinvolte, comme dirait Saint-Simon, qu'il reprenait chaque jour, vers midi, d'éconduire le temps sans le payer, comme fait Don Juan de *Monsieur Dimanche*, tous ces traits, en passant des habitudes et de la nature même de l'homme dans le jeu du comédien, donnaient au personnage identique que celui-ci avait à produire une saveur incomparable, principalement pour les gens du monde à qui leur éducation et leurs relations accoutumées permettaient de saisir, jusqu'à la plus imperceptible, toutes les nuances dont bon nombre étaient perdues pour la masse du public. Lafont rappelait ainsi tout de suite aux spectateurs d'alors, selon leur âge, un type vivant d'aristocratie native, de frivolité séduisante, de désordre élégant et proverbial, qu'ils avaient connu ou qu'ils coudoyaient. Pour les plus âgés, c'était le baron de Poilly, le marquis de Mornay; pour les autres, le comte d'Orsay ou M. Laffitte.

Cependant l'auteur n'avait pas voulu peindre seulement un homme d'une classe à part, et s'il avait placé son personnage dans un certain monde, c'était parce que ce monde, par l'éducation malsaine et consacrée qu'on y reçoit, se prêtait, plus que tout autre, à la lutte avec les sentiments supérieurs qui devaient finalement triompher. Il ne faudrait donc pas croire que dans Lafont la conformation

particulière de l'homme fît tous les frais du rôle.
L'artiste, tout en utilisant le plus possible de lui-
même, apportait tout ce que l'art dans lequel il
était passé maître pouvait lui fournir de ressources.
Il comprenait très bien qu'à un certain moment
l'homme total, avec son vrai cœur et sa vraie âme,
devait se dégager violemment et à tout jamais de
l'homme de convention qui l'avait trop longtemps
recouvert et comprimé. Eh bien! ce moment venu,
pour tout dire, Lafont ne se dégageait pas assez : il
brisait sa coquille, mais il n'en sortait pas complètement, et il lui en restait toujours quelques par-
celles à la peau. Il s'attendrissait bien, il s'emportait bien, il pleurait bien, mais un peu trop encore
en homme du monde qui se figure que ses compagnons de plaisir, ses amis du club sont là qui
l'entendent ou le regardent, et à qui les traditions de sa naissance et de sa classe interdisent,
dans l'expression de la passion la plus violente,
de dépasser une certaine note, au-dessus de laquelle
il deviendrait pareil au premier bourgeois venu,
ce qui serait une tache ineffaçable. Quand Lafont
disait, à la fin du troisième acte : « Mon fils
ne m'aime plus! » à la fin du quatrième : « Il
l'aurait tué! » son émotion était sincère, mais il
y manquait quelque chose pour qu'elle fût conta-
gieuse. Quand il chassait son fils, il était vraiment
en colère, mais ce n'était encore ici qu'une colère
de gentilhomme révolté par une action indigne d'un
autre gentilhomme héritier de son nom. Sous son
apostrophe véhémente, on ne sentait pas, comme

un accompagnement de basse en sourdine, les sanglots mal contenus du père qui, dans la scène suivante, va spontanément risquer sa vie pour ce fils qu'il vient de chasser le traitant de laquais. Ce n'était pourtant pas la fibre paternelle qui manquait à Lafont, et si la réalité suffisait toujours à l'inspiration dramatique, il n'avait qu'à presser son propre cœur pour en faire jaillir les cris les plus émouvants. Ne devions-nous pas le voir, deux ou trois ans après la représentation de cette pièce, abîmé dans une douleur poignante, alors qu'il suivait jusqu'au cimetière le fils unique et adoré qu'une mort subite venait de lui prendre? Ce n'étaient donc ni le sentiment ni la science qui lui faisaient défaut, mais seulement les moyens physiques d'exécution. On n'a pas au théâtre les qualités exquises de surface dont Lafont était doué, sans en avoir, pour ainsi dire, les défauts correspondants. Il avait du goût, de la grâce, de la finesse, de la gaîté, de l'élégance, de la distinction, de la noblesse; il n'avait pas d'ampleur ni de puissance. Sa voix saccadée, toujours entre les dents, zézayante, à tic tac, rappelant par moments le chant de la caille, après avoir donné tant de personnalité aux choses purement spirituelles, devenait mince, sèche, sifflotante, quand la situation exigeait, dans le débit, de la chaleur et de la rapidité; elle s'embarrassait quelquefois alors jusqu'au bredouillement, ou devenait aigrelette et montait dans la tête jusqu'au fausset. Le public reconnaissait et applaudissait toujours le grand talent du comédien, mais ce n'était plus qu'un comédien, ne faisant plus corps avec le caractère, comme dans les autres parties du rôle. L'irrésistible vérité n'y était pas.

Néanmoins, tout compte fait, Lafont avait imprimé un tel cachet à ce personnage qu'il semblait l'avoir rendu, peut-être pour toujours, impossible à tout autre. Ce n'est en effet qu'après vingt et un ans que la pièce a pu être reprise au Vaudeville. Nous avons déjà dit quelques mots de cette reprise dans les notes du *Demi-Monde* à propos des comparaisons que le public se plaît à faire entre deux acteurs de talent se montrant à distance l'un de l'autre, dans le même rôle. Nous affirmions alors, malgré les assurances de ceux qui discutent, la difficulté, presque l'impossibilité qu'il y a de constater par le menu les valeurs différentielles des deux interprétations. Ici nous reconnaissons cette constatation on ne peut plus facile à faire, et nous la faisons nous-même. C'est que Lafont et Dupuis n'auront pas été seulement deux comédiens de premier ordre, mais deux personnes de tempérament et de complexion diamétralement opposés. Non seulement Dupuis, dans le rôle du *Père prodigue*, n'était pas servi, comme son prédécesseur, par un physique s'adaptant exactement aux exigences extérieures du type, mais il avait à lutter contre des dispositions toutes contraires. Nous avons essayé de dessiner de Lafont une silhouette où ses contemporains puissent le retrouver, tandis qu'elle peut offrir une idée de lui à ceux qui ne l'ont pas connu; mais les uns et les autres, parmi ceux qui me lisent, connaissent

Dupuis, et les conditions contradictoires où se trouvaient les deux interprètes les frapperont tout de suite. Ici, la préférence absolue pour l'un ou pour l'autre est incompréhensible, les oppositions étant bien tranchées. L'un était élancé, presque sec; l'autre est fort, disons le mot, d'apparence lourde. L'un était toujours recherché, jusque dans les plus petits détails de sa toilette; l'autre est simple et veut être maître de tous ses mouvements dans ses larges vêtements se prêtant bien à son allure puissante. Le premier avait les cheveux clairsemés, teints, soumis à un dessin réglementaire; l'autre a les cheveux touffus, en boule, du ton de l'argent, et il les ébouriffe encore par un geste de la main qui lui est familier. Dupuis avait donc à combattre, en succédant à Lafont, non seulement la tradition physiologique laissée par le créateur et qui semblait de première importance, mais tout ce que sa nature personnelle avait de réfractaire à cette tradition. Il savait très bien à quels souvenirs ineffaçables il allait se heurter; mais comme, en reprenant ce rôle, il faisait non acte d'orgueil, mais tentative d'art, et comme il est incapable d'imitation, il a pris un grand parti, celui qui convient à un grand artiste : il a bravement sacrifié le dehors du personnage et il est allé chercher le dedans. L'image de Lafont venant constamment se placer à côté de lui, surtout au commencement de la pièce, il n'a pas été et ne pouvait pas être, pour ceux qui avaient assisté à la création, ni pour les jeunes hommes du monde de la Rivonnière, le gentilhomme de race affinée dont le premier interprète avait donné la représentation si fidèle; mais comme il a autant que qui que ce soit l'intonation nette et juste, le regard à la fois plein de noblesse et de malice, le rire franc et naturel, la répartie acérée et rapide, comme à tout cela il joint une bonhomie, une rondeur, une aisance sans pareilles, comme sa voix peut prendre tout à coup des tons graves, profonds, mélancoliques, humains enfin, mouillés, dès qu'il veut, d'une émotion entraînante, il a mis dessus ce qui était dessous, il a transposé le rôle et l'a porté résolument sur ses qualités supérieures de simplicité, de tendresse et d'expansion. Sans s'inquiéter davantage à quel groupe social appartenait l'homme qu'il avait à représenter, il s'est efforcé de représenter devant des hommes et des femmes de toutes les classes l'homme de toutes les classes et de tous les temps, l'homme éternel, avec ses séductions, ses fautes, ses intermittences de bien et de mal, ses douleurs méritées mais touchantes, ses repentirs tardifs mais de bonne foi, son épuration graduelle et sa transfiguration subite et radieuse par un sentiment divin. Il n'a pas cessé une minute d'être homme, et comme les quinze cents âmes qui l'écoutaient tous les jours entendaient, tout le temps, dans sa gaîté, dans sa colère, dans son injustice et jusque dans ses dérèglements, palpiter l'âme d'un vrai père, il a jeté en pleine lumière et en plein effet toute la seconde partie de la pièce que Lafont, pour les raisons que nous avons dites, avait dû laisser un peu dans la demi-teinte.

Mes conclusions générales n'en restent pas moins ici ce qu'elles ont été pour la double exécution du *Demi-Monde*. Deux artistes hors ligne ont fait profiter le même rôle de deux natures et de deux compositions différentes. Lequel des deux a le mieux rendu le personnage? Ne comptez pas sur moi pour en décider. Si je suis le mieux placé pour raconter, je suis le plus mal placé pour choisir.

Le rôle de madame Godefroy, si parfaitement rendu par Mélanie au Gymnase, a été repris au Vaudeville par mademoiselle Reynold, qui, en pleine jeunesse, abordait franchement, avec une bonne grâce charmante et toutes les indications d'un talent original, l'emploi des femmes de quarante ans, qu'ordinairement les femmes de théâtre ne veulent accepter qu'après cinquante. Mademoiselle Reynold avait trente ans à peine. Il a fallu modifier quelques phrases qui pouvaient s'appliquer à l'âge de Mélanie, mais qui n'auraient plus eu aucun sens en face de cette appétissante personne à qui le comte de la Rivonnière n'avait plus à reprocher que ses origines et ses habitudes bourgeoises. « Dans cet emploi-là pris de bonne heure, disait gaîment mademoiselle Reynold, on ne me disputera pas les rôles, et ma carrière en sera plus longue. » Hélas! elle comptait sans la mort, qui ne l'a même pas laissée aller jusqu'au bout de nos représentations. Je n'évoque pas sans un grand sentiment de tristesse l'image à jamais glacée d'une de ces aimables filles dont le gazouillement et le rire sont le repos et le délassement du travail monotone des répéti-

tions. Elles n'ont pas le génie de leur art, ces jolies
rieuses, mais elles en ont la passion, une sorte de
rêve vaguement entrevu et poursuivi par soubresauts
à travers leur insurmontable frivolité. Ce qui m'a
toujours frappé en elles, c'est leur probité professionnelle. Pendant qu'elles sont sur les planches,
elles oublient tout ce qui les attend et va les ressaisir à la porte du théâtre. Quelle exactitude infatigable! Quel désir de bien faire! Quel bonheur
d'enfant à la moindre approbation! Comme elles se
mettent de tout cœur au service de l'œuvre, sur la
valeur de laquelle elles ne se trompent jamais,
parce qu'elles sont femmes! Quelle joie cordiale et
sincère elles témoignent à l'auteur quand il y a
succès! Quelles invectives originales adressées, derrière les décors, quand il y a hésitation, à ce public
imbécile qui ne veut pas comprendre! Qu'est-ce que
toute cette jeunesse et toute cette gaîté ont à
démêler avec la mort? Et cependant, tout à coup on
apprend qu'une camarade, une parente, un amant
vient d'en coucher une, noyée dans les dentelles
et couverte de fleurs, sur son dernier lit, celui où
on dort toujours seul. Y est-elle vraiment aussi
décharnée et repoussante que tous les autres morts?
Est-ce sous sa première forme ou sous la dernière
qu'elle traverse aujourd'hui la pensée de ceux qui
lui ont dit jadis qu'ils l'aimaient? Son nom retentit
encore de temps en temps dans quelque récit fait au
foyer pendant les entr'actes; on peut le lire aussi
en petits caractères, sur les vieilles affiches collées
derrière les décors, sur une brochure jaunie, feuil-

letée par le vent des quais, ou à moitié effacée sur une tombe solitaire et abandonnée, rencontrée par hasard, un jour d'enterrement. Puis les décors sont remplacés par d'autres, la brochure se déchire, les grandes herbes envahissent et cachent bientôt la tombe déserte, et il ne reste plus rien de la jolie fille, à moins qu'un poète ne se souvienne.

De Ligneraye était représenté par Landrol, qui m'avait déjà joué Richon dans le *Demi-Monde*, Cayolle dans la *Question d'argent*, et que nous retrouverons dans l'*Ami des femmes*, la *Visite de noces*, la *Princesse Georges* et la *Femme de Claude*. Je ne crois pas qu'il soit possible de savoir mieux son métier de comédien que ne le sait Landrol, passant des rôles les plus bouffons aux rôles les plus dramatiques avec une souplesse et une sûreté telles que le spectateur, dans le dernier personnage, ne retrouve jamais rien du premier, sauf le talent. Sur ce visage qui vous fait trembler aujourd'hui, rien, absolument rien ne vous rappelle la face qui vous a fait rire hier, et rire aux éclats. Pendant les vingt-trois ans que j'ai écrit pour le Gymnase, je suis resté tellement frappé de cette merveilleuse faculté de transformation, que, chaque fois que j'y apportais une œuvre nouvelle, il y avait toujours un rôle pour Landrol, et presque toujours le plus dificile et le plus dangereux, comme celui de Montègre dans l'*Ami des femmes*, de Cygneroi dans la *Visite de noces*, de Terremonde dans la *Princesse Georges*, de Ruper dans la *Femme de Claude*. J'étais sûr que Landrol imposerait le personnage, en lui conservant d'un bout à l'autre le caractère qu'il devait avoir, en serrant tellement son jeu, en engageant, pour ainsi dire, si étroitement le fer avec le public que la pièce ne pourrait pas être touchée, du moins à cet endroit-là. Il faut avoir fait répéter deux ou trois cents fois un comédien comme Landrol, pour se rendre compte de la confiance, de l'audace que peut donner à un auteur un artiste bien sûr de lui.

Il y avait autrefois, à Étretat, trois maîtres nageurs d'une force et d'une adresse miraculeuses. Sur ce rivage, la mer est tout de suite très profonde, et, au premier vent du large, elle grossit rapidement. Par les marées les plus dures, quand les lourdes lames dressaient leurs volutes énormes avant de retomber en cataractes, ces maîtres nageurs disaient à ceux de nous qu'ils savaient être d'une certaine force : « Vous pouvez vous baigner ; si vous avez de la peine à aborder, nous sommes là. » Nous nous jetions alors dans ce déluge et, en effet, lorsque nous voulions revenir, s'il nous semblait que la vague qui nous portait allait nous écraser en s'écroulant, nous faisions un signe de la main à l'un de ces hommes : il plongeait immédiatement dans le pied de cette vague, reparaissait derrière nous, nous saisissait par les côtes dans ses larges mains, et nous passait à un de ses camarades resté jusqu'à mi-corps dans l'eau, lequel nous déposait tranquillement à terre, aidé par le flot même qui nous menaçait. Tout cela était exécuté avec une simplicité, une grâce inconcevables, en moins de temps qu'il n'en faut pour le lire. Landrol me rappelait ces solides marins, dont il a, du reste, les traits énergiques et la robuste encolure, et chaque fois que je me jetais dans une scène dangereuse, je me disais : « J'en sortirai toujours : Landrol est là. »

Lesueur jouait excellemment Tournas, auquel Parade, dans la dernière reprise, a bien conservé, en lui appliquant sa personnalité, le caractère du gentilhomme dégénéré, pouvant réellement faire ses preuves de 1399, traînant un nom garanti par d'Hozier dans les tables d'hôte surveillées où le baccara l'aide à vivre ; dans les escaliers du cercle où ceux qui l'en ont expulsé lui mettent tout de même deux louis dans la main avec une réflexion ou un conseil qui s'arrête sur leurs lèvres, s'y reconnaissant inutile ; dans le cabinet du préfet de police, qui, par égard pour les familles auxquelles il appartient, lui promet que *l'affaire n'aura pas de suites*. Personnage véritablement fantastique qui, l'œil vitreux, la voix hésitante, le cerveau atrophié, le cœur éteint, la conscience vide, ne rend plus aucun des sons de l'âme n'importe où on le touche, comme s'il était bourré d'étoupe, et qui flotte, épave que personne ne réclamera, dans toutes les écumes de la corruption parisienne.

Le type d'Albertine, créé avec tant de talent par madame Rose Chéri, toujours au plus grand chagrin de Montigny, qui ne pouvait se faire à l'idée de voir sa femme dans la peau de celles qu'il appelait « mes drôlesses », a été magistralement et avec une grande autorité repris par mademoiselle Pierson, sur le talent de laquelle nous aurons à revenir à propos de la *Princesse Georges*, de la *Femme de Claude*, de *Monsieur Alphonse* et des reprises de la *Dame aux Camélias* et d'*Une Visite de noces*.

Septembre 1882.

L'AMI DES FEMMES

NOTE A

A Hippolyte Taine.

Mon cher ami,

Je restitue ici l'*Ami des Femmes* tel qu'il a été représenté la première fois, il y a près de vingt ans. Dans cette édition, dont vous avez bien voulu accepter un exemplaire, je tiens à ce que vous retrouviez le texte primitif qui a toutes vos préférences. Vous aimiez beaucoup cette pièce; les défauts qu'on lui reprochait, qu'on lui reproche encore, sont justement ce qui fait pour vous la saveur particulière de l'œuvre. Avec vos exceptionnelles et impitoyables facultés d'observation, d'analyse et de logique, vous vous êtes placé, pour juger ma comédie, au même point de vue où je m'étais placé pour l'écrire. Vous me donnez raison contre le public des premières représentations qui lui a fait un assez mauvais accueil, et l'acquiescement complet de ce même public à la version nouvelle n'a modifié en rien votre jugement. J'aurais dû, m'avez-vous dit souvent, tenir bon pour ma donnée première, qui, étant la vraie, devait rester la seule. Depuis nos conversations sur ce sujet, plusieurs critiques ont fait, dans le même sens que vous, une étude sur l'*Ami des Femmes*. Cette pièce, après avoir soulevé beaucoup de discussions pour ainsi dire instinctives parmi les spectateurs, a intéressé, préoccupé même quelques critiques sérieux, qui lui ont fait l'honneur de la considérer et de la désigner non pas seulement comme une évolution particulière dans l'œuvre de l'auteur, mais comme un symptôme à enregistrer dans le mouvement général du théâtre et par conséquent des mœurs [1]. M. de Montègre, madame de Simerose, M. de Ryons, se sont offerts à leur examen, comme *signes d'un temps*, et quelques-uns, comme vous, ont regretté que, dans la version nouvelle, l'auteur eût atténué, altéré même le caractère de ce dernier, jusqu'à l'amener au mariage, c'est-à-dire jusqu'à le réduire aux maigres proportions d'un vulgaire personnage des comédies où tout est bien qui finit bien. Modifier M. de Ryons dans une de ses bases et surtout marier un railleur, comme celui-là, si convaincu, si expérimenté, si amer, c'était comme un démenti subit à tout le caractère, un de ces accommodements avec la vérité comme ceux que Tartufe admet avec le ciel. Pourquoi ne m'en suis-je pas tenu à ma première conception,

---

1. M. Cartault, M. Albert Leroy (*Revue politique et littéraire*), M. Léopold Lacour, M. Paul Bourget (*Nouvelle Revue*).

qui avait l'assentiment de bons juges comme ceux devant qui j'en appelle aujourd'hui? Hé! mon cher ami, par cette simple raison que vous retrouverez plus développée dans la préface de l'*Étrangère*, que le théâtre est le théâtre. Lorsque, dans un médicament composé, qu'un médecin administre à un malade jeune ou vieux, il y a une substance que l'estomac du malade rejette obstinément, il faut la remplacer par une autre d'ingestion plus facile et d'assimilation plus sûre. Pourquoi faire perdre au patient les bénéfices d'une médication qu'on croit devoir lui être utile pour ne pas céder sur un point de théorie et même de conviction? Ne vaut-il pas mieux le guérir par l'empirisme que de le tuer ou le laisser mourir selon Hippocrate? Quand nous avons la prétention d'apprendre quelque chose à cet éternel malade qu'on appelle l'homme, à cet éternel enfant qu'on appelle le public, quand nous voulons l'éclairer, le consoler, le guérir de quelqu'une de ses maladies morales, nous nous servons, tout comme le médecin, de substances dont la combinaison et le maniement demandent beaucoup d'attention, de prudence et de tact. Nous faisons des mixtures de caractères, de passions, de vices, autrement dit nous jouons sur notre clientèle avec de véritables poisons qui, dosés et administrés dans d'exactes proportions et combinés avec de certains ingrédients chargés d'écarter l'irritation, peuvent, comme la strychnine et l'arsenic, devenir des éléments de guérison, à la condition que nous ne nous trompions pas d'un millionième de gramme. C'est sur lecture, vous et ceux dont je parlais tout à l'heure, que vous avez jugé ma pièce. Or, quand vous la lisez, vous la lisez en confrère initié à toutes les découvertes du laboratoire, au courant de toute la chimie psychique, vous n'êtes pas dans la salle — d'*hôpital* — où j'opère. Si vous y étiez, peut-être vous rendriez-vous compte immédiatement de la résistance irrésistible des intéressés, peut-être la partageriez-vous? Il résulte de toutes ces métaphores que, pensant absolument comme vous, en tant qu'observateur et moraliste, quand vous prenez fait et cause pour moi contre le public, je suis, en tant qu'auteur dramatique, forcé de prendre fait et cause pour le public contre vous. Nous pouvons en savoir plus long que lui, il est toujours plus nombreux et pendant un moment plus fort que nous. Or, c'est pendant ce moment très court qu'il nous faut le conquérir. Et puis il a toujours cet argument à nous opposer, que si nous, nous ne voulons pas nous soumettre à son jugement, il ne faut pas venir le lui demander. C'est à nous de choisir une autre forme littéraire sur laquelle son impression instantanée n'ait pas d'action collective, immédiate et presque toujours absolue.

La Rochefoucauld a dit : « Il y a deux choses que l'homme ne peut regarder en face, c'est le soleil et la mort ». Il aurait pu dire qu'il y en a trois, et ajouter : la vérité. Dans les affaires de l'esprit, de l'âme, de la conscience, l'homme a une instinctive et souvent une invincible horreur de l'absolu. Il lui préfère l'idéal qui est la forme la plus élevée de son ignorance. Il lui semble ainsi qu'il ne sera jamais responsable de ce qu'il ne savait pas, même lorsque c'est volontairement qu'il ne savait pas. Cela lui permet, en outre, l'accident venu, de s'en prendre à l'invisible et à l'insaisissable, en se plaignant de la Providence ou en maudissant la fatalité. Entre son ignorance et le châtiment qu'il en reçoit si souvent, il a inventé et placé ce qu'il appelle les circonstances, lesquelles sont, à ses yeux, des phénomènes à la fois spontanés, incompréhensibles et inévitables ; il voit en elles des manifestations matérielles du vide comme la chute des aérolithes ou les pluies de sauterelles. Il se déclare à chaque instant leur victime, c'est-à-dire la victime de ce que, quatre-vingt-dix-neuf fois sur cent, il pouvait prévoir, éviter, empêcher. Une des suites de son ignorance, après qu'il s'en est pris au destin, à la fatalité, aux circonstances, est d'amener l'homme à accuser les plus grands esprits et les plus grandes âmes de duplicité ou d'apostasie. Nous entendons, tous les jours, les êtres les plus vulgaires reprocher aux grands conducteurs religieux ou politiques des sociétés d'avoir manqué à leurs promesses, d'avoir transigé avec leurs doctrines. En effet, quand on compare les actes de ces chefs avec leurs engagements primitifs, on est en droit, à première vue, de les accuser de parjure et de défection. N'avaient-ils donc véritablement pas les convictions qu'ils professaient? Ont-ils renié leur foi? Non, la faute qu'ils ont commise est d'avoir trop présumé de l'humanité, en jugeant d'elle d'après eux-mêmes. Quand ils ont voulu passer de la conception à la mise en œuvre, ils se sont trouvés en face de cette tranquille et persistante ignorance qui ne veut pas être troublée et des préjugés et des routines qu'elle engendre. Ils ont compris bien vite qu'il n'y avait pas à essayer d'élever brusquement cette humanité jusqu'à eux, qu'il fallait s'abaisser jusqu'à elle, et ils sont entrés dans les temporisations, les compromis, les fables ingénieuses et les mythes séduisants. Là où leur droiture avait trouvé le chemin barré, leur subtilité découvrait bientôt une route. Plus ces hommes étaient sincères, plus ils souffraient de cette transaction ; mais il fallait, par tous les moyens possibles, que le mouvement nécessaire s'opérât, et l'imagination faisait passer par-dessus les montagnes que la foi ne transportait pas. Que de temps perdu! Que de détours! Que de fois il a fallu revenir sur ses pas par les chemins fleuris qu'on avait parcourus et qui n'avaient pas conduit à la terre promise! Tant pis pour l'humanité qui veut le résultat sans l'effort et le triomphe sans la lutte!

Eh bien! si les meneurs de peuples, religieux et politiques, sont astreints, pour accomplir leur œuvre, à de pareilles nécessités, à quoi ne serons-nous pas réduits, nous à qui, comme je l'ai déjà dit souvent, on ne reconnaît pas d'autre droit que celui d'amuser les foules? Il y a loin de la baguette avec laquelle Moïse frappe le rocher au bâton avec lequel Polichinelle bat le commissaire, et ce n'est que ce bâton-là que nous avons dans la main. Non seulement, — et je suis forcé de répéter ici, à propos de la *vérité* au théâtre, à peu près ce que j'ai déjà dit dans d'autres notes à propos de la *morale* dans ce même lieu, — non seulement les hommes ne viennent pas nous demander la vérité absolue, mais ils viennent nous demander la fiction, le rêve, le rire, tout ce qui les enlève au-dessus et au delà des réalités courantes. Les plus délicats, ceux qui nous méprisent le moins, vont jusqu'à nous demander une espérance ou une consolation. Je ne parle toujours ici que des spectateurs, c'est-à-dire du collectif, avec lequel il nous faut compter, depuis que des hommes comme Eschyle, Sophocle, Euripide, Shakespeare, Corneille, Racine, Molière, lui ont fait l'honneur de lui communiquer leurs pensées sous la forme dramatique. Ce collectif vient nous dire : « Arrachez-nous momentanément aux tristesses de ce monde; peignez-nous des vertus que nous ayons le désir d'imiter; si vous nous montrez le mal, que ce soit pour le flétrir et le châtier; c'est justement parce que nous savons que le mal a cours et triomphe souvent dans le monde réel, que nous voulons voir triompher le bien dans votre monde imaginaire; nous ne venons pas à vous pour nous retrouver tels que nous sommes; nous venons, au contraire, pour nous fuir, pour nous figurer un moment que nous sommes tels que nous voudrions être, que nous prétendons être, que vous voulez que nous soyons. Que de notre confiance en vous nous emportions une conception supérieure des choses et surtout l'apaisement, l'oubli, l'espoir. Dites-nous nos vérités, mais sans trop de rudesse; dites-nous la vérité, mais sans trop d'amertume; faites-nous de la morale, mais tout doucement et pas longtemps surtout. Flattez-nous un peu. Arrangez-vous aussi pour que cela finisse bien et pour que votre pièce se termine, comme un bon repas, par un mets agréable et sucré, par le vin le plus doux de votre cellier ou de votre vigne; sinon nous ne reviendrons pas vous voir et nous ne vous écouterons plus. » Tel est le raisonnement, telles sont les conditions que le public nous fait et auxquelles il nous faut nous subordonner dans une mesure qui ne compromette pas la dignité de notre art. C'est pour cela que, si Oreste a tué sa mère, les Euménides le poursuivent; c'est pour cela que, si Macbeth a assassiné Banquo, Macduff coupe la tête à Macbeth; c'est pour cela que, si Tartufe a trahi son Dieu et son hôte, il est chassé du temple et de la maison. C'est la justice immédiate mise immédiatement sous les yeux du public, bien que les auteurs et le public sachent parfaitement qu'il n'en va pas toujours ainsi, tant s'en faut. Jusqu'à présent, enfin, il ne nous est permis de dire ce qui est qu'à la condition que nous conclurons toujours par ce qui devrait être.

« *Par ma profession, j'ai été à même de voir de près les vices, les passions, les tendances des hommes. Ils sont dans le faux tant qu'ils sont en dehors de la famille, comme fils, comme époux, comme père. Le but de la nature est que l'homme ait beaucoup d'enfants, qu'il les élève bien pour qu'ils soient utiles et qu'il les aime bien pour qu'ils soient heureux. Se marier quand on est jeune et sain, choisir dans n'im-*

porte quelle classe une bonne fille honnête et saine, l'aimer de toute son âme et de toutes ses forces, en faire une compagne sûre et féconde, travailler pour élever ses enfants et leur laisser en mourant l'exemple de sa vie : voilà la vérité. Le reste n'est qu'erreur, crime ou folie. » Ainsi parlait Aristide Fressard dans le *Fils naturel*. L'*Ami des Femmes* n'est pas autre chose qu'un argument de plus, sous une forme nouvelle, de cette vérité qui, pour être si souvent oubliée, n'en reste pas moins élémentaire et irréfutable. Tous les personnages de l'*Ami des Femmes* ne s'agitent tant au nom de l'amour, que parce qu'ils sont dans ce qui n'est pas réellement l'amour, tout en empruntant son nom. Madame Leverdet et Des Targettes sont dans l'adultère, M. de Montègre est dans le tempérament, Balbine est dans la métamorphose et la curiosité; M. de Simerose, qui n'est arrivé au mariage, comme la plupart des hommes du monde, qu'après une série d'étapes dans la galanterie confinant au libertinage, ne s'est rendu compte ni des enchantements qu'il contient ni des délicatesses qu'il impose.

Une femme du monde d'un grand esprit m'écrivait un jour les lignes suivantes à propos d'un mariage mondain auquel elle venait d'assister :

Je me demande avec quel tremblement un homme qui comprend, doit pénétrer dans la chambre d'une vierge. Quel chemin son esprit et son cœur parcourent avant d'approcher ce lit, dont les voiles transparents sont aussi lourds à soulever que l'airain? Qui est le plus ému, de l'enfant qui croise ses mains sur son sein soulevé, ou de celui qui doit les dénouer, sans qu'un cri d'effroi déshonore ces lèvres que le baiser va clore ? J'ai souvent regretté de n'être pas un homme, mais je n'ai jamais pensé sans frémir à ce premier pas dans la possession, qui est imposé à l'homme, même quand la femme sait, même quand elle veut. Il y a là une minute terrible. L'esprit ne sert à rien qu'à nuire. Un mot de trop, une inflexion de voix, le charme est rompu, la femme voit sa chute et elle a honte. Ah ! si tout se passait entre deux bouches unies et si cette caresse, la seule prévue, achevait l'ivresse ! Mais il y a un réveil forcé qu'aucune précaution ne sauve, où la pudeur souffre, gémit, agonise, et qui, cependant, tant le sacrifice est la trame même de la vie, reste dans la mémoire comme le moment enchanté, cruel et doux, qu'une longue possession ne nous rend jamais.

Il n'est pas possible de mieux peindre la situation et de mieux prévoir le malentendu dont j'ai tiré ma pièce qui, à une autre époque, quand un sous-titre devait expliquer le sujet, aurait dû s'appeler : *les Malentendus de l'amour.* D'où vient le malentendu entre monsieur et madame de Simerose ? De ce que le premier entre dans le mariage comme un mâle et la seconde comme un ange. Là où il devait y avoir fusion, il y a choc, et ceux qui devaient s'aimer sont rejetés violemment loin l'un de l'autre. L'homme retourne à son instinct, la femme rentre dans son rêve. Et cet homme ignorant, instinctif, qui avait besoin de l'amour d'une vierge pour comprendre enfin le but de la vie, comment sera-t-il éclairé ? Et cette vierge innocente et attirée, qui avait besoin de l'amour d'un homme pour accomplir sa destinée de femme et pour faire sa fonction de mère, comment sera-t-elle mise en valeur? Et le troisième terme du mariage, celui au profit de qui le mariage est institué, l'être nouveau dont Dieu et la société ont besoin, l'enfant comment va-t-il naître à travers ce conflit? Ainsi montrer comment la brutalité de l'homme et l'idéal de la femme se rencontrant sur le plan de l'amour peuvent, même dans le mariage, produire les catastrophes les plus irréparables, surtout dans un milieu où nombre de gens ont intérêt, toujours au nom de l'amour, au maintien et au développement de ces catastrophes, montrer ensuite comment, au nom de l'éternel amour et de l'éternelle justice, qui doivent finalement triompher, comment ces deux égarés peuvent être ramenés à la vérité comme ils le méritent, puisqu'ils ont eu le pressentiment et la volonté du bien quand ils ont librement résolu de s'unir à tout jamais par le mariage, tel est le but, telle est la philosophie, telle est pour ainsi dire l'âme de ma pièce. C'est à cette étude, à ce développement, à cette solution, que je dois apporter toute ma logique et ma loyauté. Ici, je n'ai pas la moindre concession à faire au public, puisque je suis dans l'absolu et que je prends la parole au profit de ce que je crois être les intérêts supérieurs, méconnus souvent par les hommes, mais éternels, de l'humanité. Tout ce qui se meut autour de *ma thèse*, tout en devant contribuer à en rendre la solution évidente, est de moins grande importance et mon ingéniosité y est admise. Je suis autorisé à quelques subtilités, à quelques tours de mains dans

13.

certains détails si je les crois nécessaires à la parfaite démonstration de mon idée. C'est là que je tire avantage du lieu particulier où j'expose mon action : le théâtre. Je crée alors M. de Ryons, qui, à travers les détours de ce cas psychologique et les incidents qu'il va susciter, doit conduire le public à la solution que j'ai en vue. Mais M. de Ryons n'est pas le représentant d'une vérité fondamentale, d'une loi basique de l'âme humaine comme l'amour ou la justice. La réconciliation qu'il obtient entre le mari et la femme, par des moyens spéciaux, tirés de son observation des hommes, d'autres personnes, si nous étions en pleine réalité, auraient pu l'obtenir par des moyens bien plus simples. Le prêtre qui a dirigé l'âme de Jane, si elle lui eût soumis ce cas de conscience, eût, en souriant, ramené cette innocente brebis au bercail, après avoir recommandé au bélier de se faire aussi mouton que possible.

La mère de madame de Simerose, si elle eût reçu la confidence de sa fille, l'eût embrassée sur le front et lui eût fait comprendre qu'elle avait tort de se révolter contre un fait naturel et inévitable qui conduit à la maternité et qu'il faut qu'une femme subisse, en attendant qu'elle s'y plaise; enfin une des amies de Jane, si Jane lui eût fait le récit de l'événement, aurait raccommodé les choses en riant aux éclats, peut-être en lui enviant son mari et quitte à le lui prendre ensuite. Il n'y avait vraiment pas besoin de M. de Ryons. Mais l'auteur, qui avait surtout en vue une étude et une analyse particulières de la femme, au lieu du prêtre, qui n'est pas de son domaine, au lieu de la mère et de l'amie qui ont servi trop souvent, a présenté un personnage qui lui a paru être un des produits encore inconnus d'une société qui se décompose en attendant qu'elle se transforme. Ce personnage a été assez expliqué dans la préface de la pièce pour que je n'aie pas à y revenir, mais, si compréhensible qu'il soit pour vous et moi, le public ne le comprenait pas suffisamment, et j'ai dû, quand j'ai modifié certains passages, faire demander par madame Leverdet à ce personnage : « Voyons, expliquez-vous, qui êtes-vous? Lovelace ou Don Quichotte? » Vous verrez, dans les variantes, comment il répond, et, si vous n'avez rien de mieux à faire, relisez ensuite la première scène de la pièce dans le texte ancien[1] : vous reconnaîtrez que M. de Ryons y était, de parti pris, amer, gouailleur, quelquefois grossier, finalement obscur, et que l'explication qu'il donne était devenue nécessaire. Pourquoi, en effet, cet homme jeune, riche, intelligent, bien accueilli partout, raille-t-il et attaque-t-il ainsi les femmes! Cela lui serait permis s'il sortait d'un grand chagrin causé par une femme et s'il nous donnait tout de suite cette raison; mais, en somme, il n'a qu'à se louer des femmes qui le prennent pour confident, dont il se prétend l'ami et qui le laissent occuper dans leurs faiblesses et dans leurs souvenirs la seule place qu'il leur demande, confortable et capitonnée. Cela serait admissible s'il était le personnage en action, celui qui doit être étudié

---

1. Voir *Édition des Comédiens*.

de près et développé logiquement, au profit d'une conclusion mathématique, pour ainsi dire; mais, malgré son bavardage et l'importance qu'il se donne, à un certain moment, il n'est que secondaire et si c'est sur lui que la pièce tourne, ce n'est pas sur lui qu'elle porte. Il explique les choses, il dirige les événements, il en montre le mécanisme, il en provoque des résultats qui viennent justifier ses observations et son expérience, mais il reste tout à fait étranger à cette aventure. Il apparaît là comme la parabase dans la comédie antique : on sent le plus souvent que c'est l'auteur qui parle par sa bouche; voilà pourquoi l'auteur est responsable et, s'il ne se fait pas bien comprendre, doublement répréhensible. Le public du théâtre, aussi affamé de logique et de clarté que d'intérêt et d'émotion, veut toujours qu'on lui explique le *pourquoi* et le *comment* des choses qu'on lui montre. Il accepte et applaudit les boutades d'Alceste et les imprécations d'Hamlet, parce que la passion qui domine l'un et la fatalité qui presse l'autre sont les fondements mêmes de ces deux ouvrages. Mais ici, il ne voit rien de tout cela. De quoi se plaint cet Alceste qui a été l'amant irresponsable de toutes les Célimènes, le membre libre de toutes les cours d'amour? Que nous veut cet Hamlet qui n'a jamais aimé Ophélie et qui attend qu'elle ait un mari et un amant pour s'intéresser à elle? L'auteur va donner au quatrième acte la raison de toute cette amertume. Quand madame de Simerose se sera confessée à M. de Ryons, elle le verra devenir triste, et elle lui dira : « *A quoi pensez-vous?* » Il répondra : « *Je pense à ma mère qui m'a abandonné quand j'avais deux ans et à mon père qui en est mort. Voilà mon secret, à moi.* » Au quatrième acte! Quand, depuis trois actes et demi, on l'entend rire et se railler de tout! C'est trop tard et ce n'est plus à sa place. C'est au commencement qu'il fallait nous donner cette raison, en admettant qu'elle fût bonne. Si nous nous intéressons à quelqu'un maintenant, ce n'est plus à ce monsieur qui nous a agacés, irrités par ses ironies perpétuelles. Et puis, si votre mère vous a abandonné et si votre père en est mort, c'est une raison de plus pour ne pas aider d'autres femmes à se perdre, à abandonner leurs enfants, à faire mourir leurs maris de chagrin. Vous nous avez dit quelque part, je le sais bien, que vous ne méprisiez que les femmes méprisables, que vous respectiez celles qui se respectent, qu'il faut sauver celles qui vont se perdre, et vous venez d'en sauver une; mais il y a longtemps que vous avez posé ce principe au commencement de la pièce. C'était trop tôt, et nous ne nous en souvenons plus guère. A quoi tout cela mène-t-il? Quand Leverdet vous dit à la fin : « *Vous êtes décidément très fort, vous!* » vous répondez : « *Oui, mais je ne suis pas heureux!* » Et qu'est-ce que ça nous fait que vous ne le soyez pas? Essayez de l'être puisque vous avez de l'esprit et que vous prétendez avoir encore du cœur. Quand madame de Simerose se jette dans vos bras, vous ne voulez pas plus d'elle que vous ne voulez de mademoiselle Hackendorf quand elle vous offre sa main. Ni amant, ni mari? Qui êtes-vous? Je vous le demande à mon tour. La vengeance de Fulbert a-t-elle passé sur vous? Le feu de Sodome doit-il vous atteindre? Quelle est votre secte? Quel est votre sexe même? Tout cela est trop subtil, trop alambiqué. Nous ne nous y reconnaissons pas. Nous sommes venus ici pour nous distraire l'esprit, pour nous épanouir le cœur, non pour nous casser la tête. Nous sommes devant un théâtre, non devant un échiquier. Si vous tenez absolument à être malheureux, soyez malheureux, mais soyez clair. Cependant j'y songe : vous avez peut-être la prétention de représenter à vous tout seul cette génération particulière née tout à coup des révolutions, des controverses, des analyses de nos soixante dernières années. Êtes-vous ce jeune homme à l'œil fiévreux, aux joues creuses, au front dévasté, au teint pâle, à la bouche grimaçante, plein de contradictions étranges, d'inexplicables oppositions, sceptique jusqu'au sacrilège, croyant jusqu'à la niaiserie, se roulant dans la fange, se noyant dans l'azur, achetant le corps des vierges, tombant à genoux devant un enfant, défiant Dieu, maudissant le vice, pleurant au son de l'orgue, s'avilissant jusqu'au grabat des prostituées, leur fouillant les entrailles tout en se déchirant le cœur pour obtenir une sensation de plus, et, à travers les débauches qui touchent souvent au crime, à travers des blasphèmes qui aboutissent quelquefois à la folie ou au suicide, poursuivant, à son insu, l'amour, le bien, l'idéal que la créature peut nier, railler et maudire, mais dont elle ne peut décidément pas se dégager? Êtes-vous cet homme-là? Non, vous savez bien qu'il a dit son dernier mot dans le plus beau langage qu'on puisse entendre, qu'il a rendu le dernier soupir dans le cri le plus déchirant et le plus noble qu'ait jamais poussé cette âme nouvelle que nous avaient faite un moment des dieux nouveaux. Êtes-vous l'abandonné de la *Nuit d'octobre*? Êtes-vous le désenchanté de la *Confession d'un enfant du siècle*? Êtes-vous *Rolla*? Êtes-vous même *Hassan*? Non, car vous vous moquez autant des fatals que des naïfs, des désespérés que des enthousiastes, et vous savez bien que s'ils n'ont pas le génie de celui qui les a chantés, ils ne sont que des malades, de simples névropathes, aussi ennuyeux que ridicules, et d'ailleurs complètement démodés aujourd'hui. Cependant, en vous regardant bien, il n'y a pas à le nier, le poète de notre jeunesse a déteint sur vous, comme sur nous tous; vous êtes encore un peu barbouillé de l'imprécation à Voltaire et de la lettre à Tattet. Lavez-moi ça à grande eau et que nous voyions votre vrai visage. C'est cela; je vous reconnais parfaitement. Vous êtes un Parisien, un vrai; vous avez de l'esprit, beaucoup, trop quelquefois; mais vous êtes observateur, vous avez de la finesse, de l'induction et de la séduction; seulement vous avez été mal élevé, livré trop tôt à vous-même. Vous êtes allé trop jeune chez Ellénore qui vous a pris votre montre. Cette manifestation particulière de la femme dont vous n'aviez pas en vous la réfutation permanente par la *mère* ou la *sœur*, cette manifestation particulière vous a frappé, et vous vous êtes mis à étudier le mécanisme du féminin. Vous lui avez dérobé presque tous ses secrets; vous connaissez bien ce petit être; entre nous, ce n'est pas très difficile, mais c'est très amusant. Je ne vois pas qu'il y ait lieu là à grande tristesse et à grande amertume. Si vous êtes juste et de bonne foi, vous reconnaîtrez que cet être que vous qualifiez d'illogique, de subalterne et de malfaisant, est, tout compte fait, plus à plaindre qu'à blâmer. Et d'ailleurs n'est-ce pas l'homme qui réduit la femme à cet état? Et puis, du moment que vous êtes plus malin que les femmes, quelles raisons d'aigreur pouvez-vous avoir contre elles? Enfin, si vous êtes fort, prouvez-le sur vous-même. Qu'est-ce que c'est qu'une force dont on ne sait pas se faire un appui? Qu'est-ce que c'est qu'une science dont on ne sait pas se faire un bonheur? Leverdet vous le dit quelque part, ce Leverdet bien autrement fort que vous, parce qu'il est dans le travail, lui, dans la science universelle qui le met au-dessus de toutes les ruses des femmes et même des ruses de la sienne, Leverdet vous le dit : « L'expérience et la philosophie qui n'aboutissent pas à l'indulgence et à la charité pour le prochain sont deux acquisitions qui ne valent pas ce qu'elles coûtent. » Servez-vous donc de votre force et de votre science particulières pour nous montrer l'inanité, le danger des fausses amours; riez de l'adultère de Des Targettes et de madame Leverdet; dégoûtez-nous-en, si c'est possible; empêchez cette innocente Balbine, que la nubilité trouble, de donner toute sa vie à cet imbécile de Chantrin; arrachez madame de

Simerose des griffes de ce monomane de Montègre et rejetez-la dans les bras de son mari éclairé et repentant ; décomposez gaîment, spirituellement, nettement les non-valeurs sentimentales auxquelles tant de gens se laissent prendre, ramenez à leur taux les valeurs véritables momentanément dépréciées par l'ignorance ou la mauvaise foi, et quand vous aurez prouvé ainsi que vous êtes un bon et spirituel garçon, épousez cette jolie fille qui vous aime et qui vient, loyalement, droit à vous, avec l'instinct lumineux du féminin d'élite que vos observations ont dû vous faire connaître et qui va demander au masculin qu'il sent supérieur de le soumettre et de le rendre utile et fécond. S'il vous faut même avouer, en l'épousant, que toutes les femmes ne sont pas des êtres illogiques, subalternes et malfaisants, vous l'avouerez, et vous aurez raison, car c'est la vérité. Certes il est dur et cela pèse longtemps sur le cœur et l'esprit de n'avoir pas pu croire à la vertu de sa mère, et surtout de n'avoir pas été aimé d'elle ; mais ce n'est pas une raison pour nier la bonté, l'intelligence et la vertu de toutes les femmes. Tenez-vous-en donc à votre rôle d'observateur spirituel et sagace : c'est tout ce que nous vous demandons ; c'est tout ce que comporte le lieu où vous agissez. Enfin, si vous voulez absolument nous donner une bonne leçon, ajoutez-y un bon exemple, et, une fois marié, faites quelque chose, travaillez, vous êtes assez intelligent pour cela, et, après avoir sauvé les autres, sauvez-vous enfin vous-même.

Voilà, mon cher Taine, ou à peu près, ce que le

public pensait de ma pièce, et, pour vous en donner la preuve, je n'ai qu'à transcrire ici le jugement que M. Paul de Saint-Victor portait sur elle, le lendemain de la première représentation. Et M. de Saint-Victor n'exagérait rien ; il était plutôt bien disposé pour l'auteur ; mais il était l'interprète fidèle de l'impression générale. Si un esprit comme celui-là, en familiarité avec toutes les littératures, disposé à toutes les audaces, initié à toutes les psychologies, mêlé à tous les mondes, si le critique hebdomadaire tenu très justement pour un maître écrivain et un juge impartial, si celui qui devait résumer toutes ses idées sur l'art de la scène dans cette belle étude, qu'il nous a laissée avant de mourir : *les Deux Masques*, et qui comprend le théâtre depuis Eschyle jusqu'à Beaumarchais, si ce critique érudit, bienveillant disait de ma pièce ce que vous allez lire, que voulez-vous que pensât le public, surtout après avoir lu ce qu'il disait?

Or, voici comment il s'exprimait, après le compte rendu détaillé de l'ouvrage :

Telle est cette comédie étincelante et aride : on en sort le cœur altéré et l'esprit ébloui. Son vice organique est le personnage qui la mène. L'ami des femmes est l'ennemi de la pièce ; il la refroidit et il la dessèche, autour de lui les idées se fanent et les sentiments dépérissent. Je cherche vainement le sens de cet énigmatique personnage ; il garde dans son agitation la physionomie immobile d'un masque courant et intrigant à travers une foule. Son ironie imperturbable ne se dément pas ; il repousse la sympathie, il décourage l'affection ; son rire mordant n'épargne ni l'amitié, ni l'amour. Au troisième acte, mademoiselle Hackendorf, cette belle victime de la vie mondaine, lui offre sa main avec une humilité bien touchante; il la refuse sèchement.

Une larme tombe des yeux de la jeune fille, aussi précieuse dans cette comédie implacable que le serait un verre d'eau au milieu d'un brûlant désert. Vous croyez qu'elle va l'attendrir; il la raille d'un mot leste et dur : « La plus belle fille du monde ne peut donner que ce qu'elle a. » Son amertume n'a pas même l'excuse du ressentiment; la vie n'a rien fait à ce garçon florissant et riche. Il n'a jamais aimé, il n'a pas souffert; il est bronzé, sans être brisé. Une austérité stoïque pourrait encore expliquer sa misanthropie, mais l'ami des femmes est à l'occasion leur amant d'un jour. Il commence par essayer de perdre celle qu'il se décide à sauver. Le satyrique acerbe est doublé d'un libertin qui s'amuse. J'ai beau chercher, je ne trouve pas la moralité de ce moraliste. L'ami des femmes n'a qu'une excuse, c'est qu'il n'existe pas. L'invraisemblance excessive des situations où l'auteur le place, son intrusion fantastique dans la vie intime de tous et de toutes, ce droit de visite, aussi outrageant que le droit de jambage des temps féodaux, qu'il s'arroge sur le cœur des autres, font de lui un être de raison sans réalité, sans modèle, créé ou plutôt forgé dans les besoins de la pièce. M. de Ryons n'est que le moteur de la comédie, une machine à paradoxes qui l'inspire et la fait mouvoir, mais le mécanisme n'est pas suffisamment déguisé. On sent trop sous son habit noir le froid du métal, l'acier du ressort. La pièce se ressent de sa triste influence, elle se met au ton de ce dur railleur, les sentiments tendres n'osent guère s'y montrer. En revanche, les vérités crues, saignantes, exagérées et grossières comme des écorchés, s'y étalent. On se croirait par moments dans le laboratoire d'un anatomiste; il y a là des mots tranchants et coupants qui font à l'esprit les blessures spéciales des instruments de la chirurgie... Cette figure de la petite Balbine, spirituelle d'ailleurs, semble déplacée dans une comédie si scabreuse. Quand on parle physiologie, on envoie coucher les enfants. La jeune fille, à cet âge de puberté et de transition, n'est pas justiciable encore de l'observateur. On pourrait dire qu'elle n'est pas nubile pour la scène. Analyste cruel, épargnez la vie dans sa fleur. Les sensitives font mal à voir sur les cartons des herbiers.

Tel est, en 1864, le jugement de M. de Saint-Victor, *devant la pièce représentée*. Avais-je à n'en tenir aucun compte, quand ce jugement était celui du plus grand nombre? Pourquoi aurais-je eu tant d'orgueil et d'obstination? C'était peut-être moi qui avais tort? J'avais peut-être été trop loin? S'il ne faut, pour que tout ce que M. de Saint-Victor approuve, car il approuve beaucoup de choses, soit bien compris et bien mis en lumière, s'il ne faut que quelques explications et quelques ménagements, pourquoi ne pas les accorder? Serai-je donc le premier et le seul à faire ces sortes de concessions!

Mais voilà que, trois ans après la première représentation de l'*Ami des Femmes* et l'appréciation de Saint-Victor, appréciation que partageait presque toute la critique théâtrale, voilà que, lorsque cette pièce semble enterrée et oubliée à tout jamais, à mon grand regret, car moi aussi j'aimais ma pièce, qui, comme madame de Simerose, n'avait qu'un tort, celui de ne pas être semblable aux autres, voilà qu'en 1867 paraît votre livre *Thomas Graindorge*, et dans ce livre, de haute analyse et de bonne satire gauloise, je trouve, après une appréciation du colonel de *Maître Guérin* d'Augier, je trouve ce paragraphe à mon endroit :

Il restait à faire sortir du plan ce roué calculateur et à lui donner le premier rôle, un rôle sympathique. Rendre sympathique un homme qui maltraite ou combat les femmes, quelle difficulté! On y est arrivé, et M. de Jalin, M. de Ryons sont deux des personnages les mieux réussis et les plus instructifs du théâtre moderne. Pour les rendre supportables, l'auteur a mis le premier dans le demi-monde, parmi les femmes tachées, ce qui lui donne le droit de les renvoyer à leur chenil, et le second dans le monde, parmi des vertus douteuses ou des innocences agressives, ce qui excuse ses impertinences. Un jour d'ailleurs, rencontrant une vierge dans une femme, il est pris tout à coup d'un accès de chevalerie, ce qui le relève au rang des sauveurs. Mais comme tous les deux jouent savamment et froidement de la mécanique féminine! comme ils la mettent en expérience pour leur plaisir ou pour l'instruction d'autrui! comme ils touchent juste, avec des prévisions sûres, le ressort qui fera sortir à l'improviste de la jeune fille la lorette précoce et de la jeune femme la lorette experte!... Notez que ce théoricien n'est pas un mouton désintéressé, mais « un bélier qui continue à paître sur le pré communal » (le mot est d'Edmond About). Notez que cet épicuricien n'est pas un Lovelace, dominateur et brutal comme l'autre, qui se croit en règle « lorsqu'il a porté huit jours le deuil des chères créatures mortes en couches par son fait »; il est plutôt bienveillant et rend volontiers service aux femmes. Tout cela fait un caractère complet, parfaitement moderne, point haïssable, agréable même et supérieur.

C'était donc moi qui avais raison, car enfin, entre nous, mon cher Taine, le jugement de M. Taine a une bien autre autorité que celui de M. de Saint-

Victor. D'où vient cependant cette divergence complète d'opinions entre deux juges d'une valeur inégale, mais d'une égale bonne foi? Elle vient de la différence d'optique, toujours. Ici, le théâtre; là, le livre. Ici, une pièce débitée devant douze cents personnes, parmi lesquelles cinq ou six cents femmes intéressées dans la question, faciles à choquer, tendant toutes aux conclusions sentimentales et idéalistes, au triomphe final du féminin; là, une pièce lue par un homme, par un observateur, par un moraliste que le féminin ne saurait influencer, gardé qu'il est, dans sa lecture solitaire, d'un côté par ses souvenirs personnels, de l'autre par ses observations générales. Mais ce n'est pas tout, et dernièrement, dans un numéro de la *Nouvelle Revue* (15 avril 1883), c'est-à-dire dix-neuf ans après la première apparition de l'*Ami des Femmes*, j'en trouve une nouvelle étude très développée et une appréciation très flatteuse faite par un des analystes les plus précis et les plus autorisés de la nouvelle génération, M. Paul Bourget. Je lis entre autres choses, dans cette étude que je ne puis citer tout entière, — et je le regrette, car elle donnerait plus raison à ma première idée que tout ce que je pourrais dire moi-même, — je lis les lignes suivantes :

Comme tous les auteurs dramatiques, M. Dumas possède le don de mettre sur pied des êtres indépendants de lui-même, bien qu'ils soient plus ou moins inventés à son image. Seulement, il en est qu'il a dessinés du dehors et il en est qu'il a créés par le dedans. Ces derniers, desquels il peut dire, comme dans l'Écriture, qu'ils sont ses fils chéris et qu'il s'est complu en eux, sont particulièrement, dans la *Visite des noces*, Lebonnard; dans le *Demi-Monde*, Olivier de Jalin; dans l'*Ami des Femmes*, de Ryons. Ce dernier même est montré d'une façon si intense et avec un relief si vigoureux, qu'il résume tous les autres et les explique. C'est lui aussi que M. Dumas a chargé de dire le plus de ces mots inoubliables où tout un système de philosophie pratique se ramasse en une expression familière et définitive. Et remarquez bien que ces mots prononcés par de Ryons sortent des entrailles mêmes de son caractère. Il les produit, ces mots et les théories qu'ils représentent, par toute la logique de sa personne. Il n'est pas du tout le Desgenais des comédies de mœurs, chargé de débiter les tirades que l'auteur a composées en dehors de son personnage. Non, son esprit est tout à lui et tient à toute sa nature. M. Dumas l'a merveilleusement doué de ce côté-là, et il n'a pas épargné les autres mérites. De Ryons n'est pas seulement spirituel comme l'était Chamfort, il est observateur comme un médecin, brave comme un soldat, fin comme un diplomate et généreux comme un gentilhomme. Avec cela, des muscles de fer, une savante hygiène, la pratique du monde, un nom qui sonne bien, une opulente indépendance et de la séduction personnelle. « Vous êtes décidément très fort », lui dit Leverdet à la fin de la pièce, et TOUS LES LECTEURS le disent avec lui. « Oui, répond de Ryons, car il sait sa force, — mais je ne suis pas heureux... » Et cette formule, si simple qu'elle en est banale, revêt une signification d'affreuse mélancolie pour CE MÊME LECTEUR qui comprend que cet homme *ne peut pas aimer*. On entend bien qu'il n'y a pas là, comme dans l'*Armance* de Stendhal, un cas de défaillance physiologique. Non : de Ryons a eu et aura des maîtresses. Mais, en amour posséder n'est rien : c'est à se donner que consiste le bonheur, et de Ryons ne le peut pas. La claire vision de la duperie du sentiment est en lui pour toujours, et le condamne à un pessimisme qui peut satisfaire son intelligence et son orgueil; et son cœur? Et son cœur est malade... Avec de l'ironie on cache bien ces maladies-là, et avec de la sensualité on les trompe; elles ne guérissent jamais. — Et d'où cette maladie? La valeur de l'œuvre de M. Dumas réside justement dans l'indication très nette, quoique à peine appuyée, comme il convient au théâtre, de la genèse psychologique de cet état d'âme.

J'ai fait saillir en gros caractères dans les dernières lignes de cette citation les mots *tous les lecteurs* et *pour ce même lecteur* que M. Bourget a écrits tout naturellement parce que tout en faisant, à la fin, la part des nécessités du théâtre, il n'a été, lui, comme vous, que *lecteur*, et que ce n'est que sur la lecture qu'il juge ma pièce. Là est, encore une fois, l'explication de ces appréciations différentes sur une chose qui semble changer de forme en changeant de place. M. Bourget me traite bien plus en moraliste qu'en auteur dramatique, comme il le déclare au début de son article.

Et quelles sont les conclusions de M. Bourget?

A la manière dont de Ryons se masque d'ironie, — dit-il, — aux coups d'esprit qu'il porte de droite et de gauche, toujours en garde et toujours armé, à cette attitude de bretteur moral qui est la sienne en toute rencontre, qu'il aborde une femme ou un homme, une jeune fille ou un vieillard, il est aisé de voir que, pour ce misanthrope, la vie sociale a été trop dure. Il n'avoue pas ses froissements et il ne s'en plaint pas : il est trop fier. Mais le ton seul de chacune de ses phrases, ce ton persifleur et volontiers féroce, mais ce soin de dompter son interlocuteur dès les premiers mots et d'imposer sa supériorité, mais l'évidente défiance de chaque phrase et de chaque geste, tout cela est une sorte d'aveu et une sorte de plainte... Je l'aperçois aussi nettement que si je le voyais des yeux de ma tête, cet homme qui a eu ses vingt ans au commencement du second Empire, et à cette époque de triomphe indiscutable du Fait dont nous nous plaisons à reconnaître aujourd'hui les symboles dans l'action politique de M. de Morny, dans l'action philosophique de M. Taine, dans l'action littéraire de Gustave Flaubert. La famille ne s'est pas dressée entre de Ryons et la société pour lui adoucir les premiers coups. Ni son père ni sa mère n'ont veillé sur lui. Sa mère était loin; son père était mort. Mais sont-ils plus favorisés du sort, ceux dont le père existe et passe ses jours chez sa maîtresse ou au club? ceux dont la mère existe, mais songe uniquement à courir le monde et à se parer? Bref, de Ryons a grandi solitaire, comme presque tous les jeunes garçons de la haute société française que leurs parents envoient au collège sans se douter que c'est là une école par excellence de brutalité, de cynisme et de précoce dépravation. Après tout, le collège a cela de bon qu'il habitue l'enfant qui pense à considérer la malveillance et l'injustice, l'impudicité et la sottise, comme la manière d'être naturelle de l'animal humain. Dans l'entre-deux des cours, le collégien apprenait que les femmes dites de plaisir seraient, comme les camarades et les maîtres, des ennemies jurées de sa personne. « Je filais du collège, dit-il, pour aller voir Ellénore, et je vendais mes dictionnaires à la mère Mansut, rue Saint-Jacques, pour lui porter des bouquets de violettes. Je lui faisais des vers par-dessus le marché... elle m'a pris ma montre... » C'est sous cette forme désintéressée que lui est apparu l'amour. Il est sorti de ces premières épreuves avec la vague idée que l'homme est toujours, comme aux temps anciens, un loup pour l'homme, et la femme quelque chose de pire. Car, d'homme à homme, il est de certaines garanties, quand ce ne serait que l'honneur qui empêche que nos enne-

14

mis ne nous portent certains coups. Au regard de la fille qui exploite le mâle et vit de cette exploitation, ni l'honneur ni la probité n'existent, dans le sens où nous interprétons ces mots. De Ryons s'est donc habitué à se méfier. En d'autres temps, il aurait vécu la main sur la garde d'une épée. La vie moderne n'exige pas d'autres armes que l'esprit et la bravoure. De Ryons a fourbi son esprit et sa bravoure. Mais à cette défiance continuelle il a perdu l'habitude de s'abandonner, le don charmant de la sympathie ouverte, l'exquise facilité des épanchements intimes. Il est demeuré capable de pitié, c'est une vertu de combattant : il est incapable de tendresse. A ceux ou à celles qui lui demandent son amitié, il pourrait répondre, comme à M. de Montègre : « Un ami de la veille... mais nous avons l'avenir pour nous... » Chamfort disait : « Il faut convenir que, pour être heureux dans le monde, il y a des côtés de soi-même qu'il faut entièrement paralyser. » Hélas! ce sont ces côtés mêmes qui seuls nous rendraient capables de ressentir le bonheur...

Elles coulent, elles bouillonnent autour de nous et en nous-mêmes, ces trois sources de pessimisme sentimental, que M. Dumas a fait confluer et jaillir en gerbe dans l'âme de ce personnage, le plus profondément creusé de ses comédies. Et ces sources ne sont pas près d'être taries, car l'eau empoisonnée qui les alimente filtre de plus haut, et c'est un immense mouvement du terrain social qui, seul, pourrait empêcher cette infiltration et ses conséquences. Pour que l'esprit d'analyse cessât de dévorer la substance de nos cœurs, il faudrait que l'équilibre de la vie intérieure fût restauré, l'abus de la compréhension corrigé par le développement de la volonté, le sens de la certitude rétabli. Nous sommes malades d'un excès de pensée critique, malades de trop de littérature, malades de trop de science! — Pour que le libertinage cessât de fatiguer de ses secousses égoïstes les nerfs et le cœur de la majorité des hommes qui ont plus de quinze ans et moins de quarante, il faudrait que l'équilibre de la vie privée fût, lui aussi, restauré, que le mariage tardif fût l'exception et que le mariage avant vingt-cinq ans devînt la règle, que l'éducation de la femme fît vraiment d'elle la compagne de l'homme, que les relations entre les jeunes gens fussent tout autres, et que les garçons cessassent de se gâter les sens et l'imagination entre les murs des collèges, — sentines d'infection morale qu'aucune voix autorisée, sauf celle peut-être de M. Dumas lui-même dans les premières pages de l'*Affaire Clémenceau*, n'a dénoncées à la conscience publique! — Pour que l'âpreté de la concurrence autour des places et autour de la fortune s'adoucît un peu, il faudrait un retour à une vie moins artificielle et moins surchauffée, que l'homme s'attachât davantage à sa province, à sa terre natale, que le séjour à Paris ne fût pas l'objectif de toutes et de tous, que la mêlée démocratique se fît moins brutale. — Toutes conditions qui ne seront jamais réalisées, car, bien au contraire, c'est vers un affinement de plus en plus aigu des intelligences, c'est vers une séparation de plus en plus marquée des deux sexes, c'est vers une centralisation de plus en plus condensée que se dirige la France contemporaine. A mesure que les efforts dans cette triple voie s'exagéreront, les observateurs verront s'exagérer aussi quelques-unes des conséquences inévitables de semblables tendances, et le mot profond du socialiste continuera d'être vrai. Tandis que les classes pauvres souffriront du manque de pain, les classes riches souffriront du manque d'amour. Aussi les vérités indiquées sur la psychologie des générations nouvelles par M. Dumas continueront-elles de paraître exactes à ceux qui ont le sentiment de la vie morale. Il est à craindre seulement qu'elles ne soient bientôt trop douces! Les temps ne sont pas bien lointains où l'*Ami des femmes* sera donné comme un drame optimiste.

Si j'ai tant emprunté à l'article de M. Bourget, c'est qu'il explique admirablement, beaucoup mieux que je n'aurais pu le faire moi-même, le personnage que j'avais cru pouvoir mettre en scène; c'est qu'il réfute de haut les accusations portées contre l'invraisemblance de ce caractère, et dont M. Paul de Saint-Victor a été le premier interprète, le plus éloquent et le plus accrédité; c'est parce que cet article conclut par une chaude aspiration vers un idéal qui reste le mien, à travers toutes les formes diverses que je puis donner à ma pensée, idéal d'amour, de famille et de travail auquel il faut essayer de ramener les hommes par tous les moyens possibles, sans que la raison et la liberté y perdent rien; c'est enfin parce que M. Bourget, que je n'avais pas l'honneur de connaître, que je n'avais rencontré que deux ou trois fois dans le monde, sans me douter, sans qu'il m'eût dit qu'il préparait ce travail, prend spontanément et de son plein gré la défense d'une œuvre tant discutée, ce dont j'ai été très heureux et reste très reconnaissant. Rien n'est plus fortifiant dans un art de lutte comme celui du théâtre, que de se sentir compris et soutenu par quelques esprits indépendants et désintéressés qui, tout de suite ou plus tard, tiennent tête aux jugements spontanés et irréfléchis de la foule impressionnable et routinière. Enfin, si je m'étends si longuement dans ces notes sur le *pour* et le *contre* dont ma pièce a été l'objet et sur la divergence totale d'opinions des critiques qui en ont traité, c'est que j'avais à me justifier à la fois devant les uns et devant les autres, devant ceux qui, se plaçant au point de vue du théâtre, me reprochaient l'obscurité, le parti pris, le paradoxe, l'immoralité, l'impossible, et devant ceux qui, se plaçant au point de vue de l'observation, de la psychologie, de l'idée abstraite, se rangeaient complètement de mon côté. Ceux-ci, en voyant tout à coup les concessions que je faisais aux autres dans une version nouvelle, pouvaient se demander si j'étais bien convaincu, lors de la première manifestation de ma pensée; ils pouvaient croire, comme le dit M. de Saint-Victor, que je n'avais vu dans le personnage de M. de Ryons qu'un simple ressort dramatique que je modifiais du moment qu'il pouvait empêcher le succès, peut-être même le succès d'argent de la pièce; ils pouvaient enfin douter en même temps de ma compréhension, de ma bonne foi et de mon désintéressement. Non, je reste absolument, dans la pièce écrite, imprimée, destinée à être lue par ceux qui ne vont pas au théâtre, je reste absolument avec le de Ryons original, celui qui ne se mariera pas, même avec mademoiselle Hackendorf, « qui a pu garder son idéal, mais qui ne croit pas que cet idéal puisse jamais être habillé par le couturier à la mode, porter les chapeaux et les petits souliers de ses contemporaines, ni même s'incarner dans aucune femme, fille de la femme. Il a pu garder sa puissance nerveuse et même la raffiner étrangement, mais il a mesuré, avec une exactitude presque scientifique, au cours de ces observations, l'intensité du plaisir qu'il peut goûter. S'il continue à

14.

croire que ce plaisir est un des plus complets de ce monde, il sait aussi que ce n'est qu'une épilepsie de quelques secondes, qui se retrouve dans bien des conditions diverses, et voilà pourquoi ce cérébral préfère aux exaltations du cœur et aux spasmes passagers des sens les lucides bonheurs de la curiosité, ce qui ne l'empêchera pas de sauver madame de Simerose d'une façon toute chevaleresque, il peut et la respecter et la défendre et se battre pour elle et mourir, mais il ne pourrait aimer. »

Ainsi parle encore M. Bourget. Il est impossible de mieux comprendre et de mieux traduire la pensée de celui qu'on étudie et qu'on juge, de la mieux dégager des obscurités dont d'autres critiques la déclarent enveloppée. Qu'avais-je à faire, mon cher ami, pris que j'étais entre deux opinions aussi opposées que celle de M. de Saint-Victor, de toute la critique théâtrale et du public devant la représentation, et celle de la critique purement littéraire et philosophique devant le livre? J'avais à essayer de *contenter tout le monde et mon père*, en donnant aux spectateurs le de Ryons que le théâtre supporte, en laissant au lecteur le de Ryons que le livre permet. Du reste, entre nous, la concession que j'ai faite est bien petite et bien subtile; je me suis conduit en véritable casuiste, comme vous le verrez dans les variantes.

Cela suffit au public, qui s'en va convaincu que cette comédie finit comme toutes les comédies doivent finir et que M. de Ryons se mariera. Moi, qui connaît M. de Ryons, je suis sûr du contraire, et vous aussi, n'est-ce pas? Au dernier moment, après la pièce, quand les quinquets seront éteints, quand tout le monde sera couché, il trouvera un moyen à la fois ingénieux et poli de rester garçon. Il est trop expérimenté et trop honnête pour demander à cette jolie fille une révélation qu'il ne peut pas recevoir d'elle ni d'aucune de ses pareilles et pour lui promettre un bonheur qu'il sait ne pouvoir plus lui donner. Il ne sera jamais heureux, et il continuera sa route, de plus en plus ironique, de plus en plus triste, comme tous ceux qui ont cru pouvoir se passer de l'amour de la famille et du travail, c'est-à-dire des seules raisons d'être de l'homme sur la terre. Car la vérité, la voici, je le crois du moins : c'est sur l'amour de l'homme pour la femme et de la femme pour l'homme, que la vie de tous repose, mais ce n'est pas sur lui que repose la vie de chacun. Étant donnée une moyenne de soixante années d'existence, l'individu passe ses dix-huit ou vingt premières années sans avoir la pensée ni le besoin de cette sensation; et à peine a-t-il atteint quarante ans qu'elle commence à lui faire comprendre qu'il n'y a plus beaucoup à compter sur elle. Elle s'éloigne, elle revient, elle sourit encore de temps en temps; puis elle disparaît, pour ne plus jamais revenir, dans les brumes de ce qui n'est plus, laissant quelquefois dans l'âme de doux souvenirs, le plus souvent d'amers regrets, quelques conséquences qu'elle ait eues. L'homme n'en garde pas moins de cette irrévocable séparation une éternelle mélancolie. Cesser de donner la vie, n'est-ce pas commencer à mourir? Aussi nombre d'hommes veulent-ils retenir la fugitive au delà du terme naturel. Ils n'y gagnent que le ridicule, les mécomptes, les déchéances de toutes sortes et la mort plus rapide et plus ténébreuse. Mais un besoin, une faculté, un sentiment qui se révèlent si tard et qui s'épuisent si tôt, une action si courte, un plaisir si éphémère, un bonheur si douteux, peuvent-ils avoir la prétention d'occuper toute la vie? Non. Il faut évidemment autre chose aux vingt ans qui précèdent, aux vingt, aux trente, aux quarante ans peut-être qui vont suivre. Cet amour de l'homme pour la femme n'est donc qu'un mode, une *particularisation*, la plus séduisante, la plus poétique, des attractions universelles nécessaires au Créateur pour le mouvement et l'harmonie des mondes, mais il ne saurait être le but unique de la destinée humaine. Celui qui la réduit à cette proportion l'amoindrit et l'abaisse; il trahit les desseins de la nature même qui a besoin de l'évolution successive et progressive de toutes les facultés contenues dans l'homme; et il n'a plus à s'étonner du vide immense où il se trouve quand cette cause momentanée n'existe plus, puisqu'il a rompu le lien entre lui et le reste du monde. Si l'amour n'amène pas l'homme à la constitution de la famille et à la communion avec l'humanité tout entière, avec le principe et l'éternité des choses, il n'est qu'une commotion passagère et abrutissante, une déception à bref délai, un danger permanent pour l'individu et pour tout le monde. De là le mépris des religieux, des philosophes et des moralistes, pour les hommes qui ne voient à la vie d'autre emploi que l'amour sous cette forme définie. C'est cependant de ces hommes que la philosophie méprise, que, nous, dramaturges, nous faisons les héros de nos conceptions. Pourquoi? Parce que ce genre d'amour, l'action la plus commune, la plus poétique, la plus compréhensible de l'être humain, est le plan où les cœurs, les âmes, les sexes, se cherchent, s'étreignent, se fondent, se heurtent, et donnent à la fois la vie et la mort. Mais cela ne nous sépare qu'en apparence des religieux, des philosophes et des moralistes. Ces hommes uniquement possédés de l'amour, nous ne les représentons jamais que dans leur jeunesse, alors qu'en effet l'amour de l'homme pour la femme semble devoir occuper toute la vie. Quand nous peignons l'homme possédé, au delà d'un certain âge, de cet amour compatible seulement avec les jeunes années, nous le peignons ridicule comme l'Arnolphe de l'*École des Femmes*, ou malheureux comme le Danville de l'*École des Vieillards*. Si notre conclusion, dans la comédie, est toujours le mariage, est-ce donc que nous considérons la possession de la femme aimée comme l'unique but et l'unique idéal de la vie de l'homme? Non; mais le mariage, mettant fin aux péripéties amoureuses que nous avons retracées, est pour nous la conséquence morale, sociale, civilisatrice, de l'amour, l'admission des deux amants réunis aux dignités de la création, du devoir, de la famille, de la responsabilité. Nous les abandonnons au seuil du

Temple en faisant espérer qu'ils vont être heureux ; la suite ne nous regarde pas, pour le moment. Elle comporte un autre ordre d'idées, elle détermine un nouveau champ d'action. C'est au Drame à venir maintenant, s'il y a lieu, chercher ce jeune homme et cette jeune fille que nous avons mariés ; c'est au Drame de les étudier, de les interroger, de les examiner et de les mettre en scène. S'ils n'ont pas tenu les engagements sociaux et moraux que nous avons pris pour eux en récompensant leur amour, s'ils se sont soustraits par le parjure, l'adultère, les passions coupables, aux devoirs qui leur incombaient à partir de leur introduction dans la société régulière et dans la famille universelle, le Drame va les saisir et les conduire, à travers toutes sortes de catastrophes poignantes et méritées, au désespoir, à la honte, au châtiment. Quant à la Tragédie, elle procède encore plus simplement : elle déclare inaptes à vivre les héros qui ont mis l'amour au-dessus de tout dans la vie ; elle les tue tout de suite, la mort étant le seul moyen qu'elle ait de leur conserver l'éternelle jeunesse de l'amour. Vous voyez que nous pouvons ainsi toucher à toutes les phases et à toutes les émotions de la vie et de l'âme humaines, et que nos conclusions restent, sous une autre forme, exactement les mêmes que celles des religieux, des philosophes et des moralistes : un seul amour, la famille, le devoir, ou alors l'erreur, les désastres et la mort.

Et maintenant, mon cher ami, voici les variantes introduites dans la version nouvelle, celles du moins qui touchent au fond même de la pièce. Les autres ne sont que des changements de mots dans des scènes trop longues, des coupures qu'il n'est pas nécessaire de consigner ici. Bien à vous.

ACTE PREMIER

SCÈNE V

MADAME LEVERDET, DE RYONS

. . . .

DE RYONS

Adieu, chère madame.

MADAME LEVERDET

Non, restez.

DE RYONS

Vous me retenez : prenez garde.

MADAME LEVERDET

Je veux avoir votre dernier mot.

DE RYONS

Il est bien simple. Il y a deux sortes de femmes : celles qui sont honnêtes et celles qui ne le sont pas.

MADAME LEVERDET

Sans nuances?

DE RYONS

Sans nuances.

MADAME LEVERDET

Celles qui ne sont pas honnêtes?

DE RYONS

Il faut les consoler.

MADAME LEVERDET

Et celles qui le sont?

DE RYONS

Il faut les garantir.

MADAME LEVERDET

Voilà autre chose !

DE RYONS

Il faut toujours empêcher ou essayer d'empêcher une femme d'avoir un premier amant, parce que le premier amant d'une femme est toujours un imbécile ou un misérable.

MADAME LEVERDET

Nous allons peut-être nous entendre. Mais il est bien difficile d'empêcher une femme d'avoir un premier amant quand elle s'est mis en tête de faire cette folie.

DE RYONS

Parce qu'on s'y prend toujours maladroitement. On oppose à l'entraînement, à la passion, à la curiosité, des raisonnements rebattus, des phrases centenaires, des morales cacochymes. On lui parle de ses devoirs, de sa conscience, de l'opinion du monde. Elle se soucie bien de tout cela quand la folle est au logis ! Autant jeter du bois dans le feu pour l'éteindre. Il y a d'autres moyens bien plus simples, bien plus sûrs et bien plus amusants, dont elle ne se défie pas.

MADAME LEVERDET, avec curiosité.

Qui sont ?

DE RYONS

Qui sont... mon secret. Trouvons la femme d'abord, je montrerai mes moyens ensuite. Et puis il n'y a que moi qui sache m'en servir ; j'ai pris un brevet.

MADAME LEVERDET

Voyons, si nous jouons une charade, dites-le. Qui êtes-vous, Lovelace ou Don Quichotte ?

DE RYONS

Je ne suis ni l'un ni l'autre. Je suis un homme qui,

n'ayant rien à faire, s'est mis à étudier les femmes, comme un autre étudie les coléoptères ou les minéraux. Seulement, je crois mon étude plus intéressante et plus utile que celle de cet autre, puisque nous retrouvons la femme à chaque pas; c'est la mère, c'est la sœur, c'est la fille, c'est l'épouse, c'est l'amante : or, il est important d'être renseigné sur l'éternel compagnon de sa vie. Maintenant, je suis un homme de mon siècle, ballotté d'une théorie à l'autre, ne sachant plus guère à quoi il faut croire, ni bon ni mauvais, plutôt bon quand l'occasion se présente. Je respecte les femmes qui se respectent, et je profite de celles qui se méprisent. Je ne sais pas pourquoi je ferais plus de cas de celles-ci qu'elles n'en font elles-mêmes. Ce n'est pas moi qui ai créé le monde, je le prends comme il est; mais j'aime mieux en rire que d'en pleurer, et je me tire assez gaîment de la vie qui nous est faite, entre ma jeunesse qui a ses privilèges et ma loyauté qui a ses exigences. Le jour où je trouverai une jeune fille qui réunira ces quatre qualités, bonté, santé, honnêteté, gaîté, le carré de l'hypoténuse conjugale, je brûle mes états de service; comme le grand docteur Faust, je redeviens jeune et je me donne à elle. Je la cherche inutilement. Si la jeune fille que vous me proposez, *et que je connais aussi bien que vous*, réunit ces conditions, ce que je ne crois pas, mais ce que je verrai bien vite, je l'épouse demain, ce soir même. En attendant, comme je n'ai rien à faire, si vous avez une femme honnête à sauver ou une femme compromise à distraire, je me recommande à vous. . . . .
. . . .
. . . .

ACTE TROISIÈME

SCÈNE XII

JANE, seule après le départ de Montègre.

Elle va à la fenêtre et regarde Montègre s'éloigner. Elle fait un mouvement de tête qu'il peut croire affectueux. Il est visible cependant qu'elle ne pense pas à lui en ce moment. Elle revient à la table où sont les papiers que lui a remis le comte. Elle les parcourt machinalement et les laisse retomber. Elle réfléchit un instant, puis elle prend une résolution subite, marche vers la sonnette et sonne. La femme de chambre paraît.

SCÈNE XIII

JANE, LA FEMME DE CHAMBRE

JANE

Mon châle, mon chapeau. (La femme de chambre va chercher les objets demandés. Pendant ce temps, Jane prend les papiers du comte et les met dans sa poche.)

LA FEMME DE CHAMBRE

Madame ne sort pas en voiture?

JANE

Non.

LA FEMME DE CHAMBRE

Madame ne met pas de voile?

JANE

Si. (Montrant le voile de grenadine sur la table.) Donnez-moi celui-là. (A part.) M. de Ryons est prophète! (Elle sort.)

FIN DU TROISIÈME ACTE

MADEMOISELLE HACKENDORF

Et qu'est-ce que je lui dirai, quand il viendra, désireux de me plaire, sa barbe dans la main, réclamer son salaire?

DE RYONS

Vous lui direz que vous avez réfléchi et que vous voulez attendre que sa barbe soit repoussée pour comparer.

MADEMOISELLE HACKENDORF

Tout cela sera fait.

DE RYONS

Et vous ne me demandez pas pourquoi je vous dis de le faire?

MADEMOISELLE HACKENDORF

Vous me dites évidemment de le faire parce qu'il y a une raison pour que cela soit fait.

DE RYONS

Un bon point. Je commence à croire qu'on fera quelque chose de vous.

MADEMOISELLE HACKENDORF

Et moi aussi. (Jane entre.)

SCÈNE VI

LES MÊMES, JANE

JANE, à mademoiselle Hackendorf.

Vous avez l'air heureux, chère belle.

MADEMOISELLE HACKENDORF

Je suis très heureuse, en effet; mais vous, madame, vous paraissez toute triste.

JANE

Un petit ennui.

MADEMOISELLE HACKENDORF

Contez-le à M. de Ryons. Il a des remèdes pour tout, et c'est le meilleur des amis. (Elle sort.)

. . . .
. . . .

ACTE QUATRIÈME

SCÈNE V

DE RYONS, MADEMOISELLE HACKENDORF

. . . .
. . . .

MADEMOISELLE HACKENDORF

. . . . Sacrifiez-vous; épousez-moi.

DE RYONS, *après l'avoir regardée un moment.*

Vous êtes trop jolie.

MADEMOISELLE HACKENDORF

C'est si facile de vieillir!

DE RYONS

Vous êtes trop riche.

MADEMOISELLE HACKENDORF

C'est si facile de se ruiner!

DE RYONS

Quand M. de Chantrin doit-il demander votre main?

MADEMOISELLE HACKENDORF

Ce soir.

DE RYONS

On demande donc aussi le soir?

MADEMOISELLE HACKENDORF

Oui, on a été forcé.....

DE RYONS

De mettre une allonge.

MADEMOISELLE HACKENDORF

Justement.

DE RYONS

Eh bien, vous direz à M. de Chantrin que vous voulez d'abord savoir s'il vous aime; et pour cela, vous exigerez qu'il coupe sa barbe.

MADEMOISELLE HACKENDORF

Ah! Et s'il la coupe?

DE RYONS

C'est tout ce que je veux.

ACTE CINQUIÈME

SCÈNE VIII

. . . .

LEVERDET à de Ryons, en voyant sa fille rire aux éclats.

Qu'est-ce que c'est?

DE RYONS

Ne faites pas attention, c'est l'amour de votre fille qui s'envole!

. . . .

MADAME LEVERDET, à de Ryons.

Laissons les nouveaux époux ensemble. (Lui montrant le comte et la comtesse qui causent à voix basse.) Ce tableau ne vous décide pas à vous marier, mauvais sujet?

DE RYONS

Peut-être. Cette jeune fille dont vous m'avez parlé hier est-elle encore libre?

MADAME LEVERDET

C'est mademoiselle...

DE RYONS, l'interrompant.

Ne la nommez pas. Je veux tâcher de deviner.

. . . .

NOTE B

Neuf ans s'étaient écoulés depuis que j'avais donné *Diane de Lys* au Gymnase. L'excellente troupe de ce théâtre avait besoin de se renouveler. Parmi les comédiens dont nous avons déjà parlé, quelques-uns étaient morts, d'autres avaient passé sur d'autres scènes : Lafontaine, l'artiste qui, à mon avis, a le plus rappelé Frédérick Lemaître, et dont il eût, je crois, été l'héritier sur des scènes plus larges, Lafontaine était entré avec sa femme au Théâtre-Français, Geoffroy au Palais-Royal; Dupuis était parti pour la Russie, où mademoiselle Delaporte et Dieudonné devaient bientôt le rejoindre. C'était là de grandes pertes, qu'il était difficile de réparer, si difficile qu'elles sont restées irréparables. Personne ne le regrettait plus que moi. Les deux principaux rôles de l'*Ami des Femmes* avaient été écrits pour deux des transfuges, le rôle de Montègre pour Lafontaine, le rôle de Ryons pour Dupuis. A Landrol est échu le rôle de Lafontaine; il l'a rendu avec son habileté et son talent ordinaires, mais, dans certaines parties du rôle, écrites en vue de Lafontaine, il ne pouvait complètement se substituer à lui. Un jeune débutant, M. Paul Deshayes, a reçu le rôle de Dupuis, et ce rôle lui a, autant que je puis me le rappeler, servi de début au Gymnase. M. Deshayes avait de l'entrain, de la gaîté, de la rondeur, et je suis convaincu que si son tempérament ne l'avait pas ramené au théâtre de grand drame, d'où il sortait, il aurait fini par acquérir, entre les mains de Montigny, certaines souplesses et certaines nuances de diction qui lui manquaient encore, et qui étaient indispensables dans un rôle où il y avait tant à dire, et à dire tant de choses dangereuses. M. Deshayes n'en a pas moins tiré du personnage tout ce que sa personnalité comportait, et c'est bien à l'auteur, non à l'interprète, qu'il faut s'en prendre des résistances auxquelles le personnage s'est heurté. Le rôle de Des Targettes, que Lesueur n'avait pas trouvé digne de lui, m'a fourni l'occasion d'aider aux commencements d'un artiste de mérite, M. Francès, qui a imprimé à ce type une physionomie des plus divertissantes. Mademoiselle Hackendorf était représentée par mademoiselle Montaland, dont la grâce exquise, l'élégance princière, la rayonnante beauté, rendaient encore plus inexplicable le refus que M. de Ryons faisait de sa main. Il se sera passé pour cette pièce une chose assez curieuse : les très grandes qualités de certains artistes qui jouaient dedans ne lui auront certes pas été nuisibles, mais en auront modifié l'intention et déplacé le but. Ainsi, quand mademoiselle Delaporte, qui était alors dans tout l'épanouissement de son talent si délicat et si fin ; quand Pierre Berton, qui avait vingt ans à peine, et qui, joli garçon, élégant, passionné, promettait déjà l'*amoureux* qu'il est devenu, qu'il est toujours et qu'il sera longtemps encore, comme vient de le prouver la belle création qu'il a récemment faite dans la *Fœdora* de Sardou ; quand ces deux jeunes gens, l'un représentant Jane de Simerose, l'autre représentant son mari, se retrouvaient ensemble, au troisième acte ; quand on entendait ces deux voix chaudes et musicales, on se disait : « Qu'attendent-ils donc pour se jeter dans les bras l'un de l'autre? » La scène était si adorablement jouée que la raison et le développement de la pièce n'étaient plus justifiés, et que cet épisode, qui ne devait que nouer l'action au milieu, apparaissait tout à coup comme un dénouement imprévu après lequel les deux actes et demi qui allaient se dérouler semblaient immédiatement ne pouvoir plus servir à rien. A partir de ce moment, M. de Montègre et M. de Ryons avaient véritablement l'air de deux fâcheux, pour ne pas dire de deux intrus insupportables, en voulant imposer, l'un son amour, l'autre son amitié, à madame de Simerose qui semblait n'en avoir plus que faire. Il aurait fallu, pour l'économie générale de la pièce, que mademoiselle Montaland, tout en étant aussi belle, fût moins câline et moins séduisante, qu'elle ne dît pas ce : « Sacrifiez-vous, épousez-moi » avec cette jolie voix de bébé innocent ; il eût fallu que Berton fût moins jeune, moins tendre, moins distingué, qu'il n'eût pas immédiatement pour lui toutes les femmes qui se trouvaient dans la salle et qui ne comprenaient pas la résistance de celle qui était en scène; il aurait fallu que mademoiselle Delaporte n'eût pas, dans ses attitudes, ses yeux, sa voix, tant de pudeur et de décence; il aurait fallu qu'elle fût plus énigmatique, plus inquiétante, qu'elle eût plus de désinvolture et plus d'audace, qu'elle motivât davantage les médisances de madame Leverdet et les soupçons du public. Mais alors elle n'eût pas eu justement les qualités essentielles et fondamentales que je lui demandais et qui devaient faire corps, pour ainsi dire, avec mon personnage; elle n'aurait plus été mademoiselle Delaporte, cette comédienne si différente de la plupart des autres, que l'on pouvait, dans sa vie privée, l'appeler hardiment « mademoiselle », en donnant à ce mot la valeur sonnante que M. de Ryons lui donne à la fin du quatrième acte. La droiture, la candeur, la chasteté étaient tellement la nature même de mademoiselle Delaporte, que, malgré tout son talent, elle ne pouvait s'en dépouiller au théâtre et arriver à se faire soupçonner une minute. Tout en elle protestait contre la plus légère insinuation; la femme était caution de l'héroïne. J'avais eu cette fortune rare de rencontrer une personne exceptionnelle pour incarner mon personnage d'exception. Qui sait même si cette singulière personne ne l'avait pas inspiré à son insu? En voyant cette comédienne garder si obstinément et si simplement en elle l'idéal le plus élevé, dans le milieu le moins propre à l'entretenir et le plus disposé à le combattre, j'ai dû voir passer madame de Simerose. Ce qui est certain, c'est que la bonne renommée de l'interprète donnait à cette figure de Jane une vraisemblance et une noblesse que, à talent égal, une comédienne à ceinture d'or ne lui eût pas données.

Je sais bien qu'au théâtre le talent, chez la femme, supplée facilement à la vertu, et que le premier y est plus nécessaire et plus glorifié que la seconde. Le public a pris, depuis longtemps, son parti de la valeur morale des comédiennes, et comme il ne vient demander que du plaisir à cette classe spéciale, il trouve tout naturel qu'elle fasse du plaisir un des éléments de sa propre vie. Il y a là des privilèges particuliers, des immunités locales, et ce qu'on appelle autre part la honte y est véritablement inconnu.

La jeunesse, la beauté, le succès, le talent, le travail dissolvent aussitôt ce produit dans le mouvement et la lumière et l'emportent au delà des jugements ayant cours dans les autres classes de la société. Il est, pour ainsi dire, convenu qu'une femme de théâtre sera une femme indépendante, facile, qui pour peindre les passions doit nécessairement les éprouver. Cette dernière théorie est-elle bien vraie et l'observation attentive et froide ne reste-t-elle pas toujours mille fois supérieure à l'expérience la plus active? Il faudrait savoir du reste si les femmes de théâtre éprouvent la passion dans le véritable sens du mot? Je ne le pense pas. Outre qu'elles n'y ont guère de dispositions, elles n'en ont vraiment pas le temps. Seulement l'excitation continuelle dans laquelle elles vivent, jointe à la très grande liberté dont elles jouissent, dramatise souvent assez les aventures à la fois banales et diverses par lesquelles elles passent pour qu'elles en enregistrent une certaine impression, et, à l'occasion, en tirent de certains effets. Ce qu'il faut reconnaître comme absolument vrai, c'est que le travail fiévreux auquel elles sont soumises, la sollicitation incessante de la mémoire, la recherche de l'émotion à feindre et à communiquer aux autres, la soif de l'applaudissement, les joies du triomphe, les désespoirs de l'insuccès montent leur organisme à une température qu'elles ont un véritable besoin de maintenir au même degré dans la réalité, et, dès lors, tous les moyens leur paraissent bons. Elles vivent ainsi dans le feu comme les salamandres, au grand ébahissement des petits poissons rouges qui tournent vertueusement pendant ce temps-là dans un bocal rempli d'eau claire. Bien peu de comédiennes, même parmi les plus grandes, échappent à ce que j'appellerais volontiers la fatalité professionnelle. Il en est cependant quelques-unes dont le dieu de cet art difficile a, dès le premier baiser, brûlé l'âme tout entière et qui peuvent donner ce double exemple du plus grand talent comme artiste et de la plus grande dignité comme femme. Ainsi fut cette Isabelle de Mantoue qui vint avec son mari, Francesco Andreini, directeur de la troupe des Gelosi, donner des représentations à la cour de Henri IV. Armand Baschet, dans un de ses livres les plus intéressants : *les Comédiens italiens à la cour de*

France, s'exprime ainsi d'après des documents authentiques :

Il faut convenir qu'il n'y a pas eu d'expression magnifique dont ses contemporains ne se soient servis pour porter aux étoiles tous ses talents. L'applaudissement, la déclaration du triomphe venaient de tous. Le cardinal Aldobrandini lui faisait à Rome les plus grands honneurs de sa table et les poètes de son temps, le Tasse entre autres, les honneurs, plus grands encore, de leurs sonnets... C'était en France, à Lyon, au retour vers l'Italie, que ces glorieux destins devaient être brisés par une mort que rien n'aurait pu faire prévoir quelques jours auparavant. Isabella Andreini mourut à Lyon, le 11 juin de l'année 1604. Messieurs de la ville honorèrent ses funérailles par des honneurs que l'on peut dire avoir été rares pour une personne de la comédie... « Si elle eust vescu en Grece », dit Pierre Mathieu, l'historien contemporain de Henri IV, « au temps que la comédie » estoit en vogue, on lui eust donné des statues, et eust » reçu sur le théâtre autant de couronnes de fleurs, » comme les mauvais joueurs y recevoient de coups de » pierres ». La comédienne ainsi célébrée par le meilleur historien de son temps, ajoute Armand Baschet, n'eut pas de statue, mais elle eut un diminutif de statue : une médaille très belle fut frappée, portant son effigie, son prénom d'Isabelle, son nom d'Andreini, sa qualité de comédienne de la troupe des Gelosi avec ces mots qui sont comme un cri de gloire : *Æterna fama*.

Ce qui prouve que la galanterie n'est pas indispensable à la comédienne pour comprendre et interpréter l'âme humaine, et que, quoi qu'on dise, les honnêtes gens sont toujours prêts à honorer les honnêtes femmes en quelque lieu que leur honnêteté se montre. Le public ne demande pas mieux, quand la très rare occasion s'en présente, que de se donner la jouissance la plus délicate qui soit en cette matière, celle de voir un type de pureté comme Ophélie, Juliette ou Desdémone, figuré par une personne aussi digne de se l'approprier que capable de le comprendre. En voyant une telle actrice inspirer, ressentir, exprimer l'amour le plus pur et le plus élevé, l'esprit n'a pas le moindre effort, ni le moindre compromis à faire pour se convaincre ; il n'a rien à oublier, il n'a rien à reléguer dans l'hypothèse pour s'identifier tout de suite et complètement avec la création imaginaire. L'illusion ou plutôt la réalité est complète. Durant les quelques heures où cette âme féminine se met en communication avec nous, pas un nom, pas un fait ne vient démentir ce qu'elle dit, ni railler ce que nous éprouvons. Le spectacle fini, elle ne cesse pas, en redevenant elle-même, d'être celle avec qui nous venons de vivre dans un monde supérieur. Elle a été bien à nous et à nous seuls, parce qu'elle n'est qu'à elle-même. Il n'y a pas un gentilhomme de Vérone, pas un marchand de Venise qui attende notre Desdémone ou notre Juliette à la porte du théâtre, et qui la rabaisse et la diminue dans notre admiration et dans notre souvenir.

Mademoiselle Delaporte a été une de ces comédiennes rares. Si elle eût vécu du temps de Henri IV, le cardinal Aldobrandini eût pu lui faire les honneurs de sa table et le Tasse lui eût certainement adressé des sonnets. Il lui faudra se contenter de la dédicace de l'*Ami des Femmes*. Elle avait d'ailleurs sa légende dans ce théâtre du Gymnase où elle a passé dix ans : « Quant au rôle tout spécial de madame de Simerose, m'écrivait Montigny dans une lettre qui traitait de la distribution de la pièce, quant au rôle de madame de Simerose, il va tout naturellement à sainte Ninette. » Tel était le surnom que Montigny donnait à sa pensionnaire dans l'intimité. Ninette est le nom d'une des deux jeunes filles de la comédie de Musset : *A quoi rêvent les jeunes filles*, que j'avais conseillé à Montigny de faire jouer par mademoiselle Delaporte chargée du rôle de Ninon. Le public eût eu ainsi sous les yeux les véritables filles de Laërte, qui eût pu dire sincèrement en les lui montrant :

Mon Dieu, tu m'as béni : tu m'as donné deux filles ;
Autour de mon trésor, je n'ai jamais veillé ;
Tu me l'avais donné, je te l'ai confié ;
Je ne suis pas venu sur les barreaux des grilles
Briser les ailes d'or de leur virginité.

Du reste, le Gymnase semblait être le théâtre d'élection pour cette race particulière de comédiennes honnêtes filles, et celles de leurs camarades qui vivaient au dehors de toute autre façon n'en apportaient rien et n'en laissaient rien paraître dans ce lieu exclusivement consacré au travail. Ce n'était pas là une des moindres raisons non seulement de la prospérité matérielle de cette scène, prospérité à laquelle peuvent arriver les tréteaux les plus mal famés, mais de la supériorité littéraire et artistique qu'elle avait conquise. Rose Chéri, l'*Isabella Andreini* de cette troupe hors ligne, avait répandu autour d'elle une atmosphère à la fois lumineuse et saine dans laquelle tout son entourage avait pu, de la politesse et de la bienséance extérieures, garder ou prendre une habitude dont je n'ai jamais vu personne se départir, même lorsque cette femme distinguée n'était pas présente. Rose Chéri morte, la bonne tradition se continua, et l'on rendit à sa mémoire le même hommage qu'à sa personne. La maison était pour ainsi dire consacrée. Rien n'était plus facile, quand on y avait du penchant, que d'y rester une honnête personne. Seulement, il faut bien le dire, le théâtre n'est pas le cloître, et le vœu de virginité n'y a qu'une saison, un printemps, d'une transparence et d'une floraison incomparables, mais qui ne donnera pas de fruits à l'âge mûr. Si elle ne veut pas se soumettre aux transformations et aux développements naturels de la femme, la comédienne se limite, dans son action, à une des plus hautes et des plus poétiques expressions de l'âme qu'elle ne saurait tenter de prolonger sans s'exposer au ridicule et à une sorte de profanation. C'est ce que ne pouvait manquer de comprendre une nature aussi délicate et aussi fière que mademoiselle Delaporte, et nous l'avons vue, toute jeune femme encore, au milieu des succès les plus mérités et les plus séduisants, disparaître et se fondre, pour ainsi dire, dans les teintes grises d'une retraite ignorée, mais toujours laborieuse. Elle n'aura fait que traverser notre art ; mais elle nous y aura donné, dans les sourires, les cris et les larmes de ses chastes créations, les plus pures aspirations de sa jeunesse, ses tendresses infinies et contenues, peut-être une souffrance secrète et refoulée; c'est ce qui faisait l'étonnante limpidité d'un regard, le charme pénétrant d'une voix, que je n'ai encore retrouvés chez aucune autre.

En 1863, je faisais de la gymnastique chez Roux, rue Bayard, dans ce vaste bâtiment devenu depuis l'atelier de Gustave Doré. Un jour, Roux me dit tout bas, en me montrant une de ses élèves, âgée de quatorze à quinze ans, petite, grêle, pâle, maniant avec peine les haltères destinés à la développer : « Tenez, voilà une petite fille *qui a du vice!* » *Qui a du vice*, dans le langage de Roux, ancien athlète des arènes et des foires, signifiait qui a de l'intelligence et de la précocité d'esprit. « Elle joue la comédie aux Folies-Marigny, continua-t-il : allez l'entendre une fois; vous me direz ce que vous pensez d'elle. » Je me rendis au petit théâtre des Champs-Élysées, et je vis, dans une pièce en un acte, intitulée : *la Bonne à tout faire*, je vis l'élève de Roux qui jouait le principal rôle avec une crânerie, une finesse, une sûreté inouïes. Je parlai aussitôt d'elle à Montigny, et je lui conseillai de lui donner une audition particulière : il y consentit. Je m'enquis de l'adresse de la jeune fille et je me rendis chez elle.

— Mon enfant, lui dis-je, combien gagnez-vous aux Folies-Marigny?

— Soixante-quinze francs par mois, monsieur; mais on ne me les paie pas.

— Voulez-vous gagner le double et qu'on vous les paie?

— Je ne demande pas mieux.

Je lui annonçai alors que Montigny l'attendait; elle sauta de joie, elle mit son châle et son chapeau, et nous partîmes pour le Gymnase. Lorsque Montigny me vit entrer avec cette enfant, laquelle, il faut bien le dire, ne payait pas de mine, il me crut un peu fou, comme il lui arrivait quelquefois du reste, quand je lui racontais d'avance certaines pièces que je voulais faire. La petite, après avoir été présentée, grimpa sur le théâtre, ôta son châle et son chapeau pendant que nous prenions place à l'orchestre, et, s'avançant sur la rampe, elle nous dit : « Je vas vous jouer ce que je joue tous les soirs, n'est-ce pas? c'est ce qu'il y a de plus simple. » Alors, avec une volubilité en même temps qu'avec une clarté extraordinaire, elle nous raconta la pièce, elle nous expliqua le décor, elle planta des chaises pour simuler les portes et les meubles, et, se donnant la réplique à elle-même, car elle n'avait même pas apporté de brochure, elle enleva sa scène avec une verve, un aplomb, un imprévu qui rappelaient immédiatement Déjazet, sans qu'il y eût la moindre imitation de la célèbre artiste. Elle parlait plus du nez que de la bouche, elle riait avec de petits hoquets gutturaux qu'elle prolongeait ou qu'elle suspendait de la façon la plus comique; la physionomie, l'intonation, le regard, le geste, tout y était : Montigny riait aux éclats.

— Chantez-vous? lui dit-il.

— Si je chante? je le crois bien. Avez-vous un violon, là, pour m'accompagner?

— Non, tout l'orchestre est parti.

— Ça ne fait rien alors : je chanterai sans accompagnement.

Et la voilà chantant avec un filet de voix nasillarde, rappelant un peu les notes aiguës du mirliton, mais d'une finesse et d'un agrément singuliers. Quand elle eut fini de chanter, elle s'approcha de nouveau de la rampe, et, en véritable gamin de Paris :

— Voulez-vous que je danse maintenant? dit-elle.

Et elle accompagna cette proposition d'un entrechat et de ce rire narquois qui se communiquait si vite. Elle fut engagée séance tenante, et elle débuta dans le rôle de Balbine, où elle se montra tout à fait originale. Tels furent les commencements de cette comédienne excellente qu'on nomme Céline Chaumont.

Juillet 1883.

LES IDÉES
DE MADAME AUBRAY

Il y a au-dessus de Saint-Valéry-en-Caux, dans l'axe du port, un petit pays que l'on nomme Etennemare. Si l'on me demandait l'étymologie de ce nom, je l'établirais ainsi : *Æternum mare*, « éternelle mer ». En effet, de ces hauteurs, la mer, dont le rivage est caché par la petite ville de Saint-Valery, semble n'avoir ni flux ni reflux ; on la voit toujours au même niveau, tellement confondue avec l'horizon formant un immense demi-cercle, qu'elle semble bien l'éternelle mer. J'étais venu dans ce petit pays, il y a vingt-six ou vingt-sept ans, et j'y avais habité une maisonnette charmante, par sa position surtout, car elle était déjà si délabrée qu'elle devait s'écrouler quelques années plus tard, sans l'excuse du moindre tremblement de terre.

Te souvient-il encor des vers de Lamartine?
   Je sais sur la colline

> Une blanche maison :
> Un rocher la domine,
> Un buisson d'aubépine
> Est tout son horizon.
> Eh bien ! sur la verte colline,
> Près de Saint-Valery-en-Caux,
> J'ai trouvé, comme Lamartine,
> Une maison peinte à la chaux :
> Ce n'est qu'une bâtisse ancienne,
> Que l'on rafraîchit tous les ans :
> Pas de volet, pas de persienne,
> Maison ouverte à tous les vents.

C'est par une épître commençant ainsi, et dont je ne me rappelle heureusement que ces premiers vers, que j'annonçais ma découverte à mon excellent ami Louis Boulanger, pour le décider à venir me rejoindre. Cela le décida tout de suite. Le jardin de cette maisonnette encadrée de vignes vierges, de glycines et d'un énorme jasmin dont les branches faisaient irruption dans les chambres du premier étage, lorsqu'on en ouvrait les fenêtres,

> Inondant le parquet de leur neige embaumée,

le jardin n'était séparé que par une sente d'un petit bois de sept ou huit hectares au plus, propriété d'un habitant du pays qui en permettait l'entrée aux promeneurs. Ces promeneurs étaient rares. Les gens qui viennent passer l'été dans ces petites localités du bord de l'Océan ignorent presque toujours les environs. Ils viennent pour la mer, rien que pour la mer. Dès le matin, assis en plein soleil sur le galet, ou à l'ombre courte des cabines des baigneurs, ils emplissent leurs poumons de ce grand air salin, leurs yeux de ce grand espace, leurs oreilles de ce grand bruit. Vous avez vu, comme moi, tous ces Parisiens étendus sur le rivage, regardant pendant des journées entières, sans parler, les vagues aller et venir. J'ai cherché longtemps la raison de cette immobilité et de ce silence chez l'individu le plus agité et le plus bavard qui soit dans la vie ordinaire; j'ai fini par la trouver. Elle est dans un renversement local des habitudes de la nature. Au bord de la mer, c'est le paysage qui marche; alors l'homme s'arrête et regarde cette chose étrange. Les verdures et les arbres des terres voisines ne l'intéressent pas. Des arbres, il en voit partout. Les falaises et les vagues, la lumière sans ombre réfléchie par un miroir sans fond, la psalmodie éternelle des flots, d'un rythme si régulier qu'elle devient du silence, il ne les trouve que là. Les gens du pays ont, toute l'année, à leur disposition ce spectacle dont le citadin vient se repaître pendant deux ou trois mois; aussi, le dimanche venu, les gens du pays gagnent-ils la campagne pour voir des arbres et de l'herbe et ne plus entendre le vent de la mer « soufflant dans sa trompe ». Le bois d'Etennemarc était donc, le dimanche, inondé de petits bourgeois, d'ouvriers et de paysans; mais, le reste de la semaine, il était littéralement à moi seul. Les poètes du siècle dernier l'auraient appelé un bocage. Aucun lieu ne m'a jamais représenté comme celui-là le bois cher aux premiers ans du *Jeune Malade* de Millevoye. J'y cherchais involontairement la *pierre isolée* que la *feuille éphémère* devait cacher au *désespoir* maternel et laisser voir à *l'amante échevelée*, laquelle devait oublier d'y venir. Les arbres minces et grêles, bouleaux, trembles, peupliers de Virginie, faux ébéniers, se cherchant et s'entrelaçant comme pour se défendre contre les bourrasques de l'Océan, formaient des allées couvertes, tapissées d'une mousse épaisse qui aurait assourdi les *pas du pâtre* et même le piétinement de son troupeau, s'il les avait traversées pour gagner la vallée. Pas de retraite plus aimable, plus discrète, plus propre à la lecture, à la rêverie, à la méditation, à l'amour, un certain amour, celui de la première jeunesse, qui se croit pur et se rêve éternel. *Æternum mare! æternus amor!*

J'avais gardé un si charmant et si poétique souvenir d'Étennemare, où j'avais passé deux des mois les plus heureux de ma vie de garçon, que j'y retournai, en 1866, chercher le calme, la solitude et le recueillement dont j'avais besoin pour écrire les *Idées de madame Aubray*. J'étais à peu près aux deux tiers de mon travail quand le choléra se déclara très violemment à Saint-Valéry-en-Caux, c'est-à-dire au pied de la colline que nous habitions. Il mourait cinq, six, quelquefois dix personnes par jour. En vingt-quatre heures, tous les baigneurs disparurent. La ville devint déserte et morne. Le vent du large semblait ne plus servir qu'à y répandre partout l'infection et la mort. Cependant je ne voulais pas m'en aller sans avoir terminé ma pièce. Je n'étais pas sûr de pouvoir la reprendre et l'achever dans l'esprit où elle était conçue, à travers le tumulte de la vie parisienne que je redoutais pour mon travail, bien plus que le choléra que je voyais pour la troisième fois et dont je n'avais jamais eu peur. Ma famille ne le craignait pas plus que moi; nous restâmes. C'est au milieu de ce silence empesté, rayé tout à coup d'un convoi noir, que le dernier acte fut écrit, très vite, je dois le dire.

La donnée de cette pièce était si peu dans les coutumes du public parisien, qu'après m'être demandé pendant deux ans si je devais l'écrire, je me demandais maintenant si je devais la faire représenter. Après l'avoir lue, relue, corrigée, mise au point où elle est définitivement restée, j'en fis plusieurs communications à diverses personnes, ce qui n'était pas et ce qui n'est pas resté dans mes habitudes. A mon avis, ces lectures intimes ne servent qu'à égarer l'auteur, à lui inspirer trop de confiance ou trop de crainte. Il est trop près de son public. L'optique indispensable au théâtre n'y est pas. La politesse de ceux qui écoutent jointe à l'amour-propre de celui qui lit est on ne peut plus périlleuse. Cependant, cette fois, je me sentais dans la nécessité de me départir de ce principe et d'avoir recours à quelques bons juges. L'accueil fait à l'*Ami des femmes* me troublait encore après m'avoir tenu éloigné du théâtre pendant trois ans. Si les idées de l'*Ami des femmes* étaient aussi saugrenues que quelques-uns l'affirmaient, qu'allait-on dire de celles de madame Aubray, mariant, au nom de la morale et de la foi, son fils unique et adoré, avec une fille, mère d'un enfant sans père et sans nom. Je fis de ma pièce, chez madame Sand, une première lecture, à laquelle assistaient Edmond About et Henri Lavoix, que, depuis longtemps, j'entretenais de ce projet de comédie et qui en redoutait les difficultés. Le succès de cette première lecture fut très vif. Tout le monde pleurait, cette grande spiritualiste de madame Sand, tout comme ce faux sceptique d'About. Il y avait de quoi me donner confiance. Je n'en voulais pas moins tenter une autre épreuve. J'avais toujours promis à mon ami Joseph Autran d'aller passer quelques jours avec lui dans une grande propriété qu'il possédait près d'Aix en Provence. Je partis, emportant mon manuscrit. M. de Pontmartin se trouvait là. C'était justement ce qu'il me fallait; un critique sérieux, ironique, lettré, qui n'avait pas toujours été fort tendre pour moi, et qu'Autran voulait absolument me gagner. Un soir, après le dîner, la jeune fille qui est aujourd'hui la femme de mon jeune et spirituel confrère Jacques Normand, étant couchée, je commençai ma lecture devant madame Autran, Autran et M. de Pontmartin. Même succès de larmes. L'émotion d'Autran était si grande que les sanglots le prenaient à la gorge. Il faillit avoir une syncope; il fut forcé de venir se promener dans le jardin, où il m'embrassa avec toutes les effusions méridionales, mais sincères, de la grande tendresse qu'il avait toujours eue pour moi et qui datait de plus de vingt ans. Il était très nerveux, très impressionnable; sa sensibilité s'augmentait peut-être déjà de la maladie de cœur dont il devait mourir subitement un jour, au milieu d'un grand éclat de rire. Quelle belle mort, pour celui qui meurt! Ce serait la mort que choisiraient les dieux, si les hommes permettaient aux dieux de choisir leur mort. M. de Pontmartin, aussi enthousiaste au fond qu'il est froid en apparence, me complimenta fort, et de ce jour date la sympathie qu'il n'a cessé de me témoigner. Madame Autran, elle, avait tant pleuré qu'elle n'avait même pas besoin de me dire ce qu'elle pensait. Après ces deux expériences, je n'avais vraiment plus qu'à porter la pièce au juge en dernier ressort, au plus intéressé après moi, à Montigny; mais, cette fois, au lieu de la lui donner à lire comme j'avais coutume de le faire, je tins à la lui lire moi-même. Il l'écouta religieusement. De temps en temps ses yeux se mouillaient. La lecture achevée : « Très grand succès, me dit-il : occupons-nous tout de suite de la distribution. »

Cette distribution fut remarquable. Jamais peut-être la nature, le tempérament, la situation morale et sociale des interprètes ne furent, comme dans cette pièce, autant en rapport avec les sentiments des personnages mis en action. J'en excepterai un, M. Nertann, un très galant homme qui n'avait rien de commun avec ce rôle de Tellier. Il le représentait fort bien, mais seulement parce qu'il avait le talent nécessaire pour composer ce personnage antipathique. Drôle! antipathique! sont-ce bien les épithètes que mérite Tellier? Ce fils de propriétaire est-il aussi coupable qu'il le paraît, et n'est-ce pas plutôt le voisinage de madame Aubray qui le fait paraître tel? Prenez-le à part, isolez-le, regardez-le attentivement : en quoi a-t-il plus démérité que la plupart des hommes de son âge, de sa classe et de son éducation? Il a été l'amant, le premier amant d'une fille du peuple que la mère lui a à peu près vendue, et il a eu un enfant de cette fille. Il aurait pu faire avorter la mère; il n'y a pas songé. C'est très bien, cela. Il n'a pas reconnu cet enfant; mais pourquoi l'aurait-il reconnu? Il s'était rapproché de Jeannine pour s'amuser, non pour être père. Le cœur n'était pas en jeu là dedans, mais seulement ce qui est au-dessous du cœur, et cette fraction de l'homme est instinctive et inconsciente. Son cœur, ou du moins ce qu'il en avait, il le réservait, bien entendu, avec son estime et son nom, pour une femme et des enfants légitimes. Quant au petit Gaston, si, en venant au monde, il n'est pas apparu à son générateur comme un embarras et un souci, c'est qu'avec un peu d'argent le générateur savait pouvoir se libérer complètement. Non seulement cet enfant n'était pas un embarras, mais il était un avertissement. Il prévenait son père qu'il était temps de rompre avec cette fille féconde. Un second enfant serait devenu sinon un lien, du moins une complication un peu ridicule. En effet, on quitte une femme dont on a un enfant; mais quand on en a deux, cette récidive volontaire tourne un peu à l'engagement : ne trouvez-vous pas? Ce serait trop avouer qu'on n'a pas de cœur du tout que ne pas s'être attaché au moins à un enfant sur deux nés de la même femme. Tellier s'était tenu pour averti. Il

s'était donc marié, non sans avoir convenablement
assuré le sort de Jeannine et du petit qu'il aurait
pu parfaitement abandonner. Qu'est ce que le monde
peut avoir à reprocher à ce garçon? Ne faut-il pas
que jeunesse se passe et en même temps qu'on se
marie? Non seulement nous n'avons rien à reprocher à cet homme, mais nous aurions à le citer en
exemple, et le père Tellier a dû certainement, s'il a
connu l'aventure et la dépense, accuser son fils de
candeur et de prodigalité. Tellier se trouve ensuite
par hasard avec Jeannine chez madame Aubray. Il
conseille à celle-ci de ne plus la recevoir, il l'éclaire
sur le passé de cette nouvelle connaissance. Entre
nous, sa femme légitime peut-elle coudoyer, dans
la maison honorable où elle est reçue, l'ancienne
maîtresse et le bâtard de son mari? Quelle position
embarrassante, ridicule, immorale! Tellier ne peut
pas l'admettre une minute. Mettez-vous à sa place;
vous en feriez autant. Non? Qu'est-ce que vous
feriez? Vous ne diriez rien, et vous cesseriez tout
bonnement de venir dans une maison où se produit
une telle inversion des choses qu'on y reçoit ouvertement une fille mère. Soit; mais quelles raisons
donneriez-vous à votre femme pour expliquer la
rupture des relations? Vous lui raconteriez l'histoire
de Jeannine, sans lui dire le nom de l'homme : *un de
vos amis*. Tellier a été encore plus honnête, lui. Il
a cru de son devoir de prévenir madame Aubray.
Mais sa femme n'est pas là, l'air est vif et tonique.
Cette Jeannine si appréciée par madame Aubray
apparaît tout à coup sous une face nouvelle à cet

homme que le mariage n'a pas plus instruit que le plaisir. Hé! hé! Et puis il a versé une somme qu'il n'était pas forcé de donner; après tout, ça constitue bien quelques droits. Il offre une reprise momentanée du duo à Jeannine, qui refuse, et quand son enfant se trouve entre son désir et son but, il se fâche et le jette à toute volée sur un canapé. Que voulez-vous! la passion, état d'ivresse morale! Racontez cette histoire simplement, sans commentaires, abstraction faite de madame Aubray, vous verrez qu'elle ne suscitera aucune réprobation sérieuse, et que vous trouverez nombre de gens étonnés qu'on puisse imputer à crime des faits dont la plupart sont à l'honneur de Tellier. Ce n'est pas sa faute si madame Aubray est une hallucinée rêvant sur la terre je ne sais quel royaume de Dieu où tout le monde aura le cœur dans la main, la tête en bas et les pieds en l'air. Allons, *drôle* et *antipathique* ne sont décidément pas de mise ici. Je les retire, et je fais mes excuses à tous les Tellier que je rencontre tous les jours dans le monde, et qui doivent bien rire de ce Camille Aubray qui veut absolument épouser les maîtresses des autres et reconnaître leurs enfants. Voilà un bon monomane avec lequel il ne faut même pas discuter. On en sera quitte pour ne pas recevoir sa femme, qui, du reste, lui en fera voir de belles, ce n'est pas douteux.

Ce Camille Aubray était représenté par Pierre Berton, qui avait bien réellement la jeunesse, l'exaltation d'un jeune lévite, prenant au sérieux la foi et l'amour, et décidé à sauver les deux âmes que son Dieu lui envoie. Je n'ai pas la pensée de pénétrer la plume à la main, plus que je ne dois, dans la vie privée des artistes auxquels je consacre, çà et là, quelques lignes d'appréciation et de remerciement ; mais il m'est permis de dire, quand je vois maintenant Pierre Berton, toujours jeune, travaillant avec tant de persévérance, d'énergie et de talent pour la nombreuse famille qui est issue de lui, il m'est permis de dire que personne n'avait plus que lui ce qu'il fallait pour comprendre et faire comprendre aux autres ce personnage saisi de la folie du bien. Et mademoiselle Barataud, avec ses grands yeux candides, son nez mutin, ses cheveux frisés, sa bouche en cœur qui la faisaient ressembler à un dessin de Prud'hon, était-elle assez faite pour représenter Lucienne, cette ingénue, qui, sans se douter de ce qu'elle fait, force Bénédict, ce Tellier de basse-cour, à réparer ses torts envers Victoire ! Dupuis était parti pour Pétersbourg, Dieudonné l'avait suivi ; il nous fallait un jeune comédien de verve, d'esprit, de goût et déjà d'expérience pour tenir le rôle de cet autre fou de plaisir, qu'on appelait Valmoreau et que madame Aubray devait convertir à la fin. Heureusement Montigny avait déjà engagé Porel depuis quelque temps. Porel n'avait pas encore la situation qu'il a aujourd'hui. Cependant, après avoir joué à l'Odéon un certain nombre de mauvais rôles, il s'était révélé le comédien qu'il devait être, d'abord dans une pièce de Pailleron, le *Second Mouvement*, puis dans Marcel de la *Vie de Bohème*, puis dans la *Contagion* d'Augier, qui ne s'était pas trompé sur son compte et qui lui avait confié le principal rôle de sa pièce. C'est alors que Montigny l'avait vu et l'avait engagé, se disant avec raison que si un jeune homme était en état de prendre un jour la place de Dupuis au Gymnase, c'était celui-là. Dupuis est revenu en France ; il a retrouvé sa place, Porel pendant ce temps-là en ayant pris une autre. Il y a toujours une place libre pour un homme de talent. Je connaissais bien Porel, et je n'eus plus la moindre inquiétude sur l'exécution parfaite de mon personnage. Porel y fut élégant, aimable, fin, enthousiaste, bon enfant. Cependant, après trois ans et demi passés au Gymnase, il fut pris de la nostalgie de l'Odéon et il y retourna pour n'en plus sortir et pour y devenir, à très juste titre, l'acteur favori de ce public jeune, tapageur, mais intelligent et chaud. Je l'y ai retrouvé tout à fait consommé dans son art quand j'ai eu à mettre en scène la *Jeunesse de Louis XIV*, dans laquelle il jouait le grand Molière, dont il a le masque et qu'il a représenté dans douze pièces différentes. Il a été encore avec moi le Taldé gouailleur des *Danicheff* et le Richelieu de *Joseph Balsamo*. Je voudrais avoir plus d'espace dans ces notes pour parler plus longuement de ce comédien, à la fois si délicat et si précis, qui, n'ayant pas encore quarante ans, a créé plus de cent pièces rien que depuis cette guerre de 1870 où il s'est vaillamment battu, où il a été blessé d'un éclat d'obus, transporté à l'ambulance de l'Odéon et soigné par Sarah Bernhardt, laquelle s'était faite infirmière. Au contraire de cette grande tourmentée, Porel, infatigable comme elle, mais sédentaire, casanier même, tenant de La Thorillière, le comédien-gentilhomme, et de Mabillon, le bénédictin de Saint-Maur, Porel s'est pris de la plus touchante tendresse pour ce vénérable Odéon, qui, semblable au Philémon de la fable, renaît toujours plus jeune, au moment où l'on croit qu'il va mourir de vieillesse. Une fois le rideau baissé, transformant sa loge en cellule, Porel, à la lueur de sa lampe, entouré de documents recueillis à grand'peine, d'archives et de paperasses de toute sorte, Porel écrit, dans une langue nette et colorée, l'histoire de ce beau théâtre dont il s'efforce en même temps de refaire la fortune en lisant les manuscrits que les jeunes gens envoient, en donnant des avis excellents aux jeunes auteurs, des conseils de maître aux jeunes débutants, en jouant presque tous les soirs son double répertoire, ancien et moderne, devant son jeune public, qui le récompense de tant d'efforts par des applaudissements de bon aloi. Quand on a eu affaire à un artiste de ce mérite doublé d'un homme de ce caractère, on remercie l'un et on salue l'autre.

Montigny eut l'idée de confier le rôle de Barantin à Arnal. Au premier moment, cette idée me parut insensée. Barantin était un raisonneur, un philosophe. Je ne voyais pas dans ce rôle le créateur de l'*Humoriste*, de *Renaudin de Caen*, de l'*Homme blasé*, de *Riche d'amour*, du *Supplice de Tantale*, et de tout le théâtre à désopiler la rate de Duvert et Lausanne, trop abandonné aujourd'hui. Pourtant, à mesure que je réfléchissais, il me semblait que, d'insensée, l'idée de Montigny devenait originale, et finalement excellente. Mais Arnal, en véritable comédien, ne se laissait pas influencer par le plaisir d'avoir beaucoup à débiter, et, tout au contraire, en entrant au Gymnase, il avait mis pour condition de n'y représenter que des personnages épisodiques, bien sûr d'ailleurs de leur donner du relief, de la couleur et d'en faire des figures intéressantes. De cette façon il ne se fatiguait pas, il n'inquiétait pas ses camarades, et il conservait son action sur le public toujours épris de sa verve, de sa bonne humeur et, par-dessus le marché, lui sachant gré d'une modestie rare chez les comédiens vieillissant. Je craignais donc maintenant que ce rôle de Barantin, si différent de tous ceux qu'il avait joués, ne fût pas du goût d'Arnal, et pour rien au monde je n'aurais voulu lui être désagréable. J'allai lui porter le manuscrit, le priant de le lire le plus tôt possible et de me dire franchement s'il se chargerait du personnage avec autant de plaisir et de confiance que j'en avais à le lui offrir. Le lendemain matin, de bonne heure, Arnal était chez moi. « J'ai lu, j'ai lu deux fois votre pièce, me dit-il ; elle est très bien. Je l'ai fait lire aussi à une personne qui a du goût et qui a beaucoup pleuré. Le rôle est un peu fort pour moi, mais je le jouerai tout de même. Vous ne me connaissez pas beaucoup, ou du moins vous ne me connaissez qu'en scène ; je suis très sérieux au fond, disposé à la mélancolie. J'ai souvent des idées noires; je pense tous les jours à la mort; je lui ai même fait des *vers* à cette gaillarde-là. A charge de revanche, n'est-ce pas? Mais c'est moi qui aurai commencé. Je vous le jouerai, votre Barantin, et je vous le jouerai très bien, vous verrez. » Il le joua supérieurement, en effet, avec une aisance, une conviction, une bonhomie, une malice, une autorité magistrales. Pas une faute de goût. Quel Sganarelle! quel Dandin! quel Argan! quel Géronte! quel Chrysale! quel Philinte même il eût fait, si, à cette époque, la Comédie-Française eût été assez riche pour se l'adjoindre! Il y avait là un acteur de la grande race et de la grande école, connaissant son art à fond, le ruminant sans cesse, digne héritier de Potier, dont il avait reçu les conseils et dont il parlait avec une admiration et un respect faciles aux grands comédiens, surtout quand il s'agit de confrères morts. Arnal ne s'en tenait pourtant pas à ceux-là. L'épître où il a glorifié Bouffé le prouve et lui fait honneur. Avec cela, beaucoup d'esprit, une rapidité incomparable d'assimilation de l'idée, et cette qualité supérieure sans laquelle un comédien même célèbre n'est pas un vrai comédien : il écoutait en scène. Non seulement il écoutait, mais son attitude, son geste, ses yeux, ses lèvres entr'ouvertes et comme préparant la riposte, un imperceptible mouvement de la tête en arrière ou de côté, tout en lui, jusqu'aux plis de son vêtement adroitement disposés, écoutait, traduisait, expliquait pour les spectateurs tout ce que l'on disait autour de lui. Il écoutait de face, de profil, de dos.

Alors quel effet quand il reprenait la parole avec cette voix bizarre, moitié grognement, moitié reniflement, mangeant les deux tiers des mots dont pas une syllabe n'était perdue ! Rien n'était d'un comique plus gradué, plus communicatif, plus irrésistible que cette voix sortant de cette face placide aux expressions si variées, éclairée de cet œil à la fois étonné et malicieux qui, tout à coup, se fixait sur un seul spectateur que l'excellent artiste finissait par choisir dans l'orchestre, comme pour le faire personnellement juge et responsable de la situation. Alors il lui débitait avec son flegme imperturbable, avec des sourires et des changements de ton des plus heureux, les monologues, les *a parte*, les récits d'aventures les plus cocasses. Aussi, pendant les répétitions, ses fantaisies toujours ingénieuses, ses audaces toujours logiques, étaient-elles, pour les auteurs, un régal exquis en même temps qu'un enseignement continuel. On ne saurait croire combien d'idées nouvelles jaillissent dans l'esprit d'un auteur attentif, devant les mille formes que sa première pensée prend tour à tour dans l'esprit d'un interprète de cette originalité-là. D'autant plus qu'Arnal n'ajoutait jamais rien au texte et tirait tous ses effets de ce texte même. Si une plaisanterie lui venait aux lèvres, il ne se la permettait qu'après l'avoir soumise à l'auteur. Un jour il me proposa une phrase très amusante par elle-même, mais qui, à mon sens, n'était pas dans le ton général de la pièce. Je l'acceptai cependant pour ne pas le contrarier, le connaissant d'ailleurs assez fin pour s'apercevoir, de lui-même, de la dissonance. En effet, quelques jours après, il s'arrête à cette intercalation, et me dit tout haut devant tout le monde : « Je vous demande pardon de me mêler de ce qui ne me regarde pas; mais vous m'avez ajouté là, depuis la lecture, je ne sais pas pourquoi, quelque chose qui ne me paraît pas aller avec le reste : voulez-vous me permettre de le supprimer? » On ne pouvait s'en tirer plus spirituellement. Un autre détail montrera, une fois de plus, combien les vrais comédiens mettent de leur chair et de leur âme dans les personnages qu'ils représentent. Barantin, dans la quatrième scène du deuxième acte, avait à dire, en parlant de sa femme : « Je l'ai chassée, comme elle méritait de l'être, et vous avez vu dans quel état j'étais, car je l'adorais cette misérable! » En lisant la pièce aux artistes, j'avais donné à ce dernier membre de phrase : « car je l'adorais cette misérable », l'accent de la colère persistant chez le mari outragé. Lorsqu'il évoquait à haute voix le souvenir de la trahison de sa femme, trahison qui avait empoisonné toute une partie de sa vie, c'était ce sentiment-là qui, à mon avis, devait se produire chez Barantin. C'était aussi l'opinion d'Arnal, et il avait toujours dit la phrase avec une indignation d'un grand effet. Un matin, au lieu de la *donner* comme de coutume, il la prononce dans l'émotion, avec des larmes dans la voix, la main sur ses yeux, en coupant chaque syllabe d'un sanglot contenu. L'intonation était si inattendue et en même temps si vraie, si saisissante, si supérieure à la première, que madame Pasca s'arrêta, et que Montigny, elle et moi, nous criâmes bravo à l'acteur. Après l'acte, je m'approchai d'Arnal et je lui fis mon compliment.

— Oui, je crois que c'est mieux ainsi, me dit-il.

— Mais comment avez-vous eu l'idée de ce changement?

— Figurez-vous que j'avais depuis deux ans une petite gouvernante toute jeune et très gentille, à qui j'avais fait lire votre pièce, et à qui je m'étais bien autant attaché que Barantin à sa femme. Elle est partie hier, tout à coup, brutalement, sans me prévenir, avec je ne sais qui. Je suis arrivé au théâtre, sous l'impression que m'a causée ce départ, et la phrase de Barantin se présentant, les larmes m'ont, malgré moi, monté aux yeux. Alors le sentiment naturel, dans ce cas-là, m'a paru être plutôt la douleur que la colère, et j'ai dit comme ça m'est venu.

Montigny ne s'était donc pas trompé, et non seulement Arnal avait le talent nécessaire au rôle, mais l'état d'esprit et de conscience concordants. Nous aurons autre part, probablement, à propos de Desclée, l'occasion d'expliquer la nécessité où est l'auteur quelquefois, quand il prend son étude psychologique au sérieux, de pénétrer dans l'âme du comédien et surtout de la comédienne, jusqu'à faire pousser par l'*homme* ou par la *femme* le *cri* profond, douloureux, pour lui ou pour elle, par lequel le héros ou l'héroïne va pénétrer, à son tour, jusque dans l'âme du public. Pour le moment, contentons-nous de dire que, de même que Barantin trouvait tout à coup sous le comique Arnal un homme d'une âme tendre, d'un esprit porté aux réflexions sérieuses et même à la poésie et à la tristesse, de même Jeannine et Madame Aubray devaient trouver dans mademoiselle Delaporte et dans madame Paca non seulement deux interprètes supérieures, mais deux personnes qui, par leur caractère et leur situation morale et sociale, étaient le plus capables de comprendre et le plus dignes d'interpréter ces deux types de femme. Quand on propose au public et quand on veut faire triompher une thèse comme celle des *Idées de Madame Aubray*, si paradoxale au premier abord ; quand on se permet de venir sur les tréteaux de Tabarin et de Nicolet interpeller le for intérieur des spectateurs et des spectatrices ; quand on traite en pareil lieu enfin une question du domaine de la conscience et de la foi, le seul talent de la comédienne suffit-il ? Il faudra bien s'en contenter si l'on ne peut faire autrement, et ce sera l'occasion ou jamais d'invoquer les conditions particulières du théâtre ; mais si le hasard veut que l'on trouve dans les femmes chargées de rôles aussi spéciaux la dignité de la vie privée associée à un grand talent, quelle belle chance de plus, comme je le disais déjà dans la note précédente, on aura de se faire comprendre ! Les tréteaux seront momentanément oubliés, l'illusion et l'argument seront aussi complets que possible, et le public se laissera d'autant plus aller à l'idéal, qu'il se sentira en pleine réalité. Si intéressante que pût être Jeannine par elle-même, pour que le public admît son mariage avec Camille et ne doutât pas d'elle dans l'avenir, la bonne renommée de l'actrice qui l'incarnait n'était-elle pas d'un grand secours? Après ce que nous avons dit de mademoiselle Delaporte dans les notes de l'*Ami des Femmes*, nous pensons que ceux-là mêmes qui ne l'ont pas connue s'expliqueront le charme et la vraisemblance que Jeannine empruntait de la comédienne. Cette fille, passée à l'état de mère sans la consécration du mariage, sans l'excuse de l'amour, sans le remords de la faute, sans la participation même des sens, cette Agnès racontant qu'elle est devenue mère, avec la même naïveté que la pupille d'Arnolphe raconte que le petit chat est mort et qu'elle a fait la révérence à Horace, devenait bientôt aussi sympathique que la véritable Agnès chargée de la représenter. La femme réelle se substituait peu à peu au personnage d'imagination, et l'on pouvait se figurer à la fin que Camille épousait une vierge. Quant à madame Aubray, tout aussi excentrique dans son espèce que Jeannine dans la sienne, elle tirait aussi un avantage inappréciable de la situation et du caractère particuliers de madame Pasca.

Ce n'est pas moi qui ai découvert madame Pasca, mais c'est moi qui ai ouvert à ses débuts les portes du Gymnase. Le professeur Delsarte vint me trouver en 1862 ou 1863, et me demanda d'aller entendre chez lui *une dame* qui se destinait au théâtre, et à laquelle il reconnaissait les plus grandes dispositions. Je me rendis chez lui au jour dit, et je m'y trouvai en présence d'une des plus séduisantes personnes que l'on pût imaginer. Des cheveux noirs comme de l'ébène, un teint mat et ambré qu'un poète d'Orient aurait pu comparer à du miel nouveau, des yeux noirs, brûlants et tendres, tragiques et caressants, promettant des colères soudaines et des pardons durables, bien enchâssés dans leurs orbites, couronnés de grands sourcils noirs tout près de se rejoindre à la base d'un nez fin, aux narines légèrement soulevées, qu'on eût vainement cherché dans les figures de Phidias, mais qu'on eût retrouvé tout de suite dans celles de Germain Pilon, d'Houdon, de Clodion même; enfin, autour des yeux et sur les paupières, comme légèrement étendue avec le pouce par un de ces trois maîtres, cette teinte bistrée qui, dans la tradition astrologique, est une des *signatures* de Vénus : voilà ce qui attirait d'abord dans le visage. La *signature* de Vénus était ici certifiée plus exacte encore par les fossettes des joues et par une petite bouche aux lèvres rouges, aux coins relevés qui, en laissant voir des dents d'une blancheur éclatante, donnait passage à la voix la plus sympathique et la mieux timbrée, au rire le plus musical et le plus en cascades de perles que j'aie jamais entendus. Cette tête reposait sur un cou droit interrompu par le col d'une robe simple, de couleur sombre, qui n'avait eu pour être bien faite qu'à suivre jusqu'à terre les lignes des bras et de la taille. J'avais là, réunies en une seule personne, toutes les fermetés, toutes les souplesses, toutes les garanties, tous les contrastes de la nature la plus exubérante et de la sélection la plus pure, quelque chose comme une de ces déesses chantées par Virgile, fondue dans cette marquise au sein bruni chantée par Musset. Si jamais femme avait été faite pour le théâtre, c'était bien celle-là. Elle se tenait silencieuse, immobile, tout debout sur l'estrade où Delsarte faisait répéter ses élèves. Elle paraissait un peu émue par cette épreuve à subir devant un homme de l'impression duquel allait peut-être dépendre tout son avenir.

Je me suis plu à faire en détail le portrait de madame Pasca; d'abord parce qu'il y a plaisir à essayer de dépeindre une aussi belle personne pour ceux de l'avenir qui ne l'auront pas vue, ensuite parce que j'ai toujours été frappé non seulement de cette beauté florentine qui eût fait rêver Boccace et médire Brantôme, mais de la distinction qui la rehaussait. Delsarte avait raison, c'était *une dame*. Restait à l'entendre. Cela ne me préoccupait plus guère après les premières paroles échangées. Dans mes idées, la *comédienne*, c'est la *femme*; où il n'y a pas une *femme*, il n'y aura jamais une *comédienne*. C'est dans ce qu'un homme récite que je juge, quand j'y suis appelé, s'il est propre au théâtre; c'est dans ce qu'une femme me dit à tort et à travers, c'est dans la manière dont elle s'habille, dont elle marche, dont elle s'assied, dont elle regarde, dont elle entre et sort, c'est enfin dans des manifestations insignifiantes, en apparence, de la vie de tous, que je me suis toujours rendu compte si celle qui venait me demander conseil était apte ou non à monter sur les planches. Une fois cette aptitude reconnue, la femme n'aura besoin que du quart du travail néces-

saire à l'homme pour arriver au même résultat que
lui. Pour jouer la comédie, il faut que l'homme
raisonne, il faut que la femme sente; affaire de
cerveau chez l'un, affaire de sexe chez l'autre. Aussi,
sur vingt hommes qui aspirent au théâtre, si studieux qu'ils soient, à peine s'en trouve-t-il un dont
on puisse espérer faire vraiment quelque chose; sur
vingt femmes, même distraites et dissipées, il y en
a bien peu, trois ou quatre peut-être, dont on ne
pourra jamais tirer parti. La femme saisit plus tôt
et traduit plus vite. Elle apporte, dans cet art où
l'émotion domine, sa qualité maîtresse : l'intuition.
C'est à croire que le théâtre est la véritable vocation
de toutes les femmes. Elles sont rares, même parmi
les plus haut placées, celles qui, à un certain moment
de leur vie, n'auraient pas souhaité d'être de grandes
comédiennes. Il y a là une libre expansion de tout
l'être, une confidence à tous qui les tente. Elles
sentent que c'est le lieu où elles pourraient le plus
exercer leur action et imposer leur empire.
Madame Pasca aura été la preuve la plus incontestable de cette disposition latente de certaines femmes
vraiment *femmes* à devenir subitement des comédiennes de haut vol. Elle se fit d'abord entendre
dans une scène des *Pattes de mouche*, puis dans une
scène d'*Armide* : elle me donna ainsi tout de suite
un échantillon de ses qualités diverses, la vigueur
et la grâce. Elle avait, ce qu'il est si difficile de
trouver dans n'importe quel artiste, un tempérament. Je parlai d'elle à Montigny, qui l'entendit
quelques jours après, qui l'engagea immédiatement,

cela va sans dire, et qui la fit débuter dans une reprise du *Demi-Monde*. Ce n'était pas une petite affaire après les souvenirs que madame Rose Chéri avait laissés dans ce rôle. Madame Pasca n'en donna pas moins au personnage de madame d'Ange une note toute personnelle due à sa distinction native. Avec ses grands airs, cette nouvelle baronne d'Ange semblait vraiment avoir le droit de réclamer dans la haute société la place qu'elle voulait y usurper par des moyens inavouables. Elle produisait un moment cette illusion qu'en la faisant pénétrer dans le monde, M. de Nanjac eût aidé la Providence à réparer un oubli. Elle n'y aurait jamais fait tache quant à ce qu'on exige de l'extérieur. Cette distinction exceptionnelle et le talent que madame Pasca révélait du premier coup n'étaient pas le seul intérêt qu'elle offrit au public, captivé déjà par sa fière beauté. Elle était précédée d'une légende toute à sa louange. Elle avait été mariée très jeune à un homme bientôt reconnu indigne d'elle, et qui disparut dans des ténèbres que nous n'éclairerons pas. Elle nous arrivait à vingt-trois ou vingt-quatre ans, après des secousses et des chagrins de toutes sortes, après l'écroulement de la fortune, de toutes les combinaisons sociales, sans autres auxiliaires que la volonté et l'énergie pour élever un fils et une fille. La nécessité, quelques leçons de Delsarte développant très vite des dispositions extraordinaires, nous donnaient tout à coup cette artiste, dont le talent, quelquefois incorrect, paraît emprunter à cette incorrection même un charme de plus, fait à la fois de grâces naturelles et de spontanéités un peu sauvages. Tout cela bien vivant, bien féminin, bien à elle, et marquant d'un cachet particulier, à son effigie, Héloïse Paranquet, Fanny Lear, Fernande, Séraphine, Madame Aubray. C'est que madame Pasca croit à ce qu'elle dit; elle vit ses rôles, elle pleure, elle souffre, elle s'évanouit, dans les entr'actes, de crainte, de fatigue, de joie, et cette sincérité, cette conviction, cette émanation, pour ainsi dire, de toute sa personne, enveloppent peu à peu le public et l'amènent finalement au degré d'exaltation où la femme se trouve. Aussi a-t-elle, dans l'art dramatique contemporain, une physionomie très personnelle. Ses origines, sa grande distinction, la légende mystérieuse et dramatique de sa jeunesse, la décence de sa vie privée, lui ont fait, depuis ses débuts et surtout depuis son retour de Russie, une clientèle de femmes du monde qui ne l'abandonne jamais. Les femmes comme il faut, la tenant pour une des leurs, forcée de gagner sa vie et la gagnant brillamment et honorablement, l'ont placée immédiatement et maintenue quelquefois au-dessus de toutes les autres artistes, toujours à part. Il paraît tout simple aux plus grandes dames de la rencontrer et de lui serrer la main dans les salons où elles se trouvent, ne lui rappelant qu'elle était sur les planches une heure auparavant que pour lui en faire un mérite de plus. Égalité complète, et qui semble de droit naturel, tant la personne que l'on en fait jouir y montre d'aisance, de goût, de tact, de reconnaissance câline, sans empiètement comme sans humilité. Quand il est arrivé à madame Pasca d'avoir à jouer Madame Aubray, elle a jeté dans le moule d'où devait sortir cette création nouvelle tous les éléments divers qui constituent sa propre personnalité. C'est grâce à elle que Madame Aubray a eu la noblesse, l'éloquence, la persuasion que l'auteur avait voulu donner à cette figure singulière toute de tendresse, de dévouement, de foi, d'idéal, et dont le nom, dans le souvenir de ceux qui ont vu la pièce, est resté inséparable de celui de sa fière interprète.

En 1858, pendant les représentations du *Fils naturel*, je reçus un matin la visite d'un excellent ami de mon père, devenu le mien, que connaissent tous les grands esprits et tous les grands cœurs de notre temps. C'est le spiritualiste par excellence, un grand catholique selon saint Jean ! Il avait vu le *Fils naturel*; il aimait cet ouvrage. Au cours de notre conversation, il me prit la tête dans ses deux mains et, m'embrassant sur le front : « Je vous en prie, me dit-il, ne faites servir qu'au bien les dons que vous avez reçus de Dieu ». Rien de plus pur que son regard, rien de plus touchant que sa voix, dans cette scène tout intime, dont le souvenir a traversé presque tout ce que j'ai écrit depuis, sans me faire rejeter cependant tout ce qui est chez moi de conviction contraire. Il me gourmande quelquefois, il me plaint souvent, il m'aime toujours. Lorsque les *Idées de Madame Aubray* en furent aux répétitions générales, j'allai le trouver, et je lui dis : « Venez voir une pièce que j'ai écrite pour vous ». Je l'emmenai au Gymnase, je l'installai au fond d'une baignoire obscure, et je l'y laissai tout seul, dans la grande salle vide et sonore. Quand la répétition fut terminée, je vins le retrouver. Il m'embrassa profondément et silencieusement, en pleurant à chaudes larmes. « Et maintenant, me dit-il, permettez-moi une seule observation. Quand Madame Aubray a consenti au mariage de son fils avec Jeannine, vous lui faites dire cette phrase : « Je suis fière d'avoir été choisie pour tenter la réhabilitation de la femme. J'aurai la gloire d'avoir été la première. » Eh bien ! au lieu de *fière* mettez *heureuse*, et au lieu de *la gloire*, je vous demande de mettre *la joie*. Une chrétienne comme Madame Aubray ne se glorifie pas d'un sacrifice, elle s'en réjouit. »

Je ne crois pas qu'il soit possible de mieux concentrer dans un mot toute la grandeur d'une croyance.

Octobre 1883.

UNE
VISITE DE NOCES

Nous disions dans une dernière note :

« Nous aurons autre part, probablement, à propos de Desclée, l'occasion d'expliquer la nécessité où est parfois l'auteur, quand il prend son étude psychologique au sérieux, de pénétrer dans l'âme du comédien et surtout de la comédienne, jusqu'à faire pousser par l'*homme* ou par la *femme* le cri profond, naturel, douloureux, par lequel le héros ou l'héroïne va pénétrer, à son tour, jusque dans l'âme du public. »

En 1867, j'allai à Bruxelles pour y suivre, au théâtre du Parc, les répétitions de l'*Ami des Femmes*. J'étais curieux de voir, à la scène, l'effet de ma nouvelle version que l'on n'avait pas encore reprise à Paris. Le lendemain de mon arrivée, je reçus un mot de mademoiselle Desclée. Elle jouait *Diane de Lys* au théâtre des Galeries Saint-Hubert, et elle me demandait de venir l'entendre. Elle ajoutait, avec beaucoup de gentillesse : « On dit partout que j'ai fait des progrès, mais je ne commencerai à le croire que si vous me le dites à votre tour. » Je me rendis au théâtre des Galeries avec mon ami Narrey, qui avait bien voulu m'accompagner dans ce voyage, et nous nous mîmes au fond d'une baignoire, d'où nous pouvions bien voir la comédienne sans qu'elle nous vît. A parler franchement, je m'étais rendu à cette invitation par politesse, non par curiosité. J'avais gardé de mademoiselle Desclée un assez pauvre souvenir. En 1855, la grossesse de madame Rose Chéri l'ayant empêchée de reprendre le *Demi-Monde*, au mois de septembre, le rôle avait été donné à une jolie fille qui sortait du Conservatoire, avec un premier ou un second prix, et dont Scribe avait dit, sur le cahier où il consignait ses observations comme examinateur : *Fera une excellente amoureuse du Gymnase*. Ce pronostic devait se réaliser plus tard et bien au delà; mais, en attendant, la jolie fille avait été parfaitement incolore dans la personne de madame d'Ange. Il n'y avait eu là qu'une imitation, un pastiche servile de la créatrice. Qui eût fermé les yeux eût vraiment cru entendre madame Rose Chéri, sauf ces certains accents que les imitateurs des grands artistes, comédiens ou autres, ne parviennent jamais à reproduire. Mademoiselle Desclée avait ensuite quitté le Gymnase, passé au Vaudeville, joué des rôles à toilettes et à jambes, comme elle disait dans la suite; puis elle avait été en Russie. Après quoi elle était devenue, au dire des journaux italiens et belges, l'étoile des scènes de Florence, de Rome, de Naples et de Bruxelles. En France, nous ne croyons guère à ces grands talents incapables de se faire jour chez nous, et qui, les frontières passées, se mettent à briller d'un éclat sans pareil. J'étais donc, à l'endroit de mademoiselle Desclée, lorsqu'elle m'invita à venir l'entendre, dans un scepticisme préventif décidé à se traduire, après l'audition, par un compliment banal. Cependant elle avait pour elle la caution de Frédérix, le critique si sincère et si délicat de l'*Indépendance belge*. « Allez l'entendre, me disait-il, vous verrez. » Elle n'était pas en scène depuis cinq minutes que Narrey et moi nous nous regardions de la façon la plus significative. Il n'y avait pas à s'y tromper, nous avions devant nous une comédienne de premier ordre. Une voix bizarre, traînante, nasale, rappelant celle des chanteurs arabes, qui vous paraît d'abord rauque, dure, monotone, et qui, peu à peu, avec des demi-temps d'une délicatesse infinie, vous prend comme dans un cercle d'harmonie et vous grise. Jamais je n'avais entendu une pareille variété de chromatiques, une pareille succession de notes de cristal et d'or. Je ne dirai pas l'accent, mais le parler italien, avec ses différents dialectes, avait certainement influencé cette voix, et lui avait communiqué des oppositions de langueurs et de fermeté à travers lesquelles la virtuose faisait courir le plus habilement du monde les volubilités parisiennes. La ligne était élégante, l'allure hautaine et alerte, la taille d'une souplesse extraordinaire (elle ne portait pas de corset), le geste large et sobre, l'encadrant et l'isolant toujours bien; la tête petite, se jouant à l'aise sur un cou droit; de grands yeux noirs, des narines dilatées, soufflant chaudement la vie, des dents magnifiques, des lèvres faites pour le rire ironique ou douloureux, pour le frémissement de la colère et du baiser, un masque prenant brusquement les expressions les plus diverses, passant tout à coup de la tendresse à la violence, de la gaîté à l'attendrissement, du sarcasme à la pitié, des pommettes un peu saillantes, des joues légèrement creusées qui ne s'arrondiront plus et que, sous le fard même, on devinait éternellement pâlies par quelque souffrance intérieure, les épaules maigres, la poitrine presque plate, enfin une de ces femmes dont toutes les femmes disent qu'elle est laide et à côté de laquelle toutes les jolies femmes paraissent insignifiantes et passent inaperçues. Telle était celle qu'on appelait encore mademoiselle Desclée, et qui devait bientôt s'appeler Desclée tout court.

Après le troisième acte et après le cinquième, je montai dans sa loge, je lui adressai mes félicitations, sans lui dire cependant tout le bien que je pensais de son talent, sans lui communiquer surtout mon projet de la faire venir à Paris. Je craignais, en m'en ouvrant tout de suite avec elle, d'éveiller de trop grandes prétentions auxquelles Montigny refuserait peut-être d'accéder. Il est bon de prévoir, dans ces sortes de négociations, l'orgueil excessif de certains comédiens. Je me trompais sur ce point : comme tous les individus d'une véritable valeur,

Desclée n'avait aucun orgueil. Quand je fis part de ma découverte à Montigny, il n'en voulut rien croire. Il avait, comme moi, gardé de son ancienne pensionnaire une impression dont rien ne pouvait le faire revenir. J'avais beau insister, il n'en démordait pas. Il déclarait cette révélation subite de talent absolument imaginaire. Pour en finir avec mes insistances, et comptant bien être refusé, il m'offrit pour celle dont je lui parlais comme d'une Mars, d'une Dorval, d'une Rachel, il m'offrit un engagement dérisoire de deux ans à 6000 francs par an. Je savais parfaitement que, lorsqu'il l'aurait entendue, il reviendrait de ses répugnances. J'écrivis à mademoiselle Desclée pour lui demander si elle voudrait un engagement à Paris. Elle me répondit immédiatement : « Oui, si vous me promettez une pièce de vous. » Je promis. Mais alors je reçus une nouvelle lettre dans un tout autre sens : « Décidément, Paris lui faisait peur. Ma promesse était bien tentante, mais les pièces que j'écrirais pour une autre, elle les interpréterait tout de même à l'étranger, où elle était choyée, adorée, où elle jouait la comédie comme elle l'entendait, sans contrôle et sans observation, livrée à toute sa fantaisie, et faisant tout ce qui lui passait par la tête. Elle y était aussi libre que possible. Cette vie nomade, cette existence de bohème ne lui déplaisait pas. D'ailleurs elle avait encore dix-huit mois d'engagement hors de France ; et, dans dix-huit mois, elle serait encore plus vieille. Elle n'avait que trente ans, mais certaines années avaient compté double. Et puis elle se trouvait laide. Elle ne plairait pas aux Parisiens, elle ne serait jamais qu'une sotte, M. Montigny le lui avait bien dit autrefois. C'était vrai, etc., etc. » Tout cela avec un accent de sincérité auquel il n'y avait pas à se méprendre. Je lui répondis alors :

« Vous n'êtes ni vieille, ni laide, ni sotte : vous êtes femme, c'est-à-dire nerveuse, mobile et irrésolue. Dès que vous avez fait une chose, vous vous demandez si c'était bien celle-là qu'il fallait faire, et la curiosité vous reprend d'une sensation nouvelle qui aura, comme la précédente, le même résultat. Vous en êtes donc à vous demander si décidément vous devez entrer au Gymnase, et vous ne seriez pas fâchée peut-être qu'on vous fournît un prétexte pour vouloir autre chose que ce que vous aurez voulu d'abord. Ne comptez pas sur moi pour cela. Puisque nous en sommes aux confidences philosophiques, allons jusqu'au bout, et sachez pourquoi je m'intéresse à votre personne et à votre talent. Non seulement vous n'êtes ni trop vieille ni trop laide pour jouer mon rôle ou tout autre rôle, mais vous êtes juste au point où une femme qui est depuis dix ans sur les planches peut et doit enfin devenir une artiste. Ce qui vous rend triste de temps en temps, c'est que vous traversez cette phase de la vie où l'on regarde déjà plus en arrière qu'on n'ose regarder en avant, et vous vous demandez si vous n'étiez pas appelée par vos instincts, par vos goûts, par votre intelligence, par votre âme enfin, à faire autre chose que ce que vous avez fait. Être jolie femme, jouer la comédie ici ou là, avoir un ou plusieurs amants, être rappelée après le quatrième acte, prêter sa beauté en mettant toujours son cœur sous clef jusqu'au jour où l'on trouvera celui qui sera digne d'ouvrir la boîte, et qu'on ne trouve jamais, cela peut aller pendant quelque temps, faire illusion en remplaçant la vie réelle par le mouvement extérieur, mais cela ne peut pas durer toujours. Il vient un moment (vous y êtes) où l'on se retourne, où l'on se dit : « A quoi bon? » où l'on compte déjà bien des funérailles de toutes sortes sur sa route, où le harnais paraît lourd, où l'on regrette ce que l'on n'a pu qu'espérer et où le découragement vous crie : « Trop tard! » Eh bien, c'est juste à ce moment que les natures vraiment bien trempées se reconstituent, se transforment, renaissent : c'est la période de la métamorphose. Si l'on est dans les élus, on jette à la mer tout ce qui gêne la traversée, on déroule toutes les voiles et l'on prend tout le vent possible, autrement dit on utilise tout, même le mal que l'on a fait : on le met sur le compte de la passion, de l'inexpérience, de la jeunesse, des mauvais exemples, des nécessités, des entraînements inévitables dans un certain milieu ; on se débarrasse ainsi de ses regrets, de ses remords, de ses craintes. On regarde un seul point de l'avenir, et on se dit : « Voilà où je vais ». Alors, au lieu de rester une cabotine courant les théâtres interlopes de la province et de l'étranger et vivant de la desserte des théâtres parisiens, on se place sur un terrain fixe, on devient artiste intelligente et convaincue, et lorsqu'on tombe sur une œuvre où l'on retrouve ses impressions personnelles, ses sentiments intimes, on sort de la boîte ce cœur qui n'a pas servi, et on le donne à manger au public, qui, après, vous le rend intact pour une autre création. Ce n'est pas le bonheur que l'on avait rêvé au fond de sa conscience, ce n'est pas le bien absolu, mais ce n'est déjà plus le mal. On a action sur l'esprit, sur la sensibilité, sur les enthousiasmes, sur les aspirations nobles de l'âme humaine : on sert à quelque chose de momentané, d'insaisissable, mais qui a son effet ultérieur comme un rayon de soleil ou une goutte de pluie apparus quand il le faut. Si on aime, on sait ce qu'on veut, et si on est aimée, on sent que c'est pour autre chose que pour le plus ou moins de plaisir qu'un cadavre animé peut donner à un autre cadavre en velléité de reproduction. Vous ne vous attendiez pas à cette petite conférence. Je vous l'adresse, parce que je vous crois capable de la comprendre et digne de la recevoir. Vous êtes au point : profitez-en. Vous voilà dans une gare d'où partent plusieurs lignes, prenez la bonne : c'est celle que je vous indique. Vous·me remercierez quand vous serez vraiment vieille. »

Cette lettre la décide, et, de Florence, dans le courant de 1868, elle écrit à Montigny :

Il ne manque plus que votre consentement, Monsieur. M. Dumas dit oui; moi aussi, comme vous devez penser. Donc, si vous le voulez bien, c'est chose faite. Je suis votre pensionnaire à partir du 1er juin. Seulement je vous prie de ne me prendre que pour un *an. Je renonce à beaucoup de choses pour avoir l'honneur d'entrer au Gymnase. Pour ne pas les regretter, il faut que je vous convienne parfaitement, auquel cas je serai trop heureuse de rester chez vous; mais si je ne suis capable que de tenir une place secondaire, mon désir sera de retourner au plus vite dans mon village.*

Appointements : ce que vous jugerez convenable.

Recevez, Monsieur, je vous prie, l'expression de mes meilleurs sentiments.

A. DESCLÉE.

Dois-je tenir mon engagement secret? Je sais me taire, quoique femme.

J'annonce alors à mes chers confrères et amis Meilhac et Halévy, qui gardaient, depuis le départ de mademoiselle Delaporte, leur manuscrit de *Froufrou* dans un tiroir faute d'une femme pour en jouer le personnage principal, je leur annonce que je leur ai trouvé leur Froufrou, et, quand Desclée vient à Paris, je les mets en rapport avec elle.

— Qu'est-ce que cette femme que vous m'avez fait engager? me dit Montigny après la première visite qu'il reçut de sa nouvelle pensionnaire; elle est venue me trouver au théâtre, en plein jour, avec une robe de laine à carreaux verts et gris, un manteau à capuchon froncé, comme celui des paysannes normandes, seulement en soie noire, et, au lieu de chapeau, ce capuchon lui enveloppant la tête. Elle portait d'une main un sac contenant sa brochure, son mouchoir, ses clefs, sa bourse, sa boîte de poudre de riz, et, de l'autre main, elle tenait une laisse au bout de laquelle trottinait un affreux barbet qu'elle a remis en entrant à une vieille bonne dont elle était suivie, et à laquelle il ne manque qu'un tablier blanc pour être tout à fait compromettante. Dites donc! je commence à avoir peur. Jamais *Diane de Lys* et *Froufrou* ne sortiront de là dedans.

— Patience, patience, répondis-je à Montigny, que je voyais disposé à reprendre sous une autre forme ses premières préventions : vous changerez d'avis.

En effet, Desclée était ainsi, gardant toutes ses coquetteries et toutes ses élégances pour la rampe, qui la transfigurait, et ne se souciant aucunement des gens qui passaient dans les rues.

Ses débuts eurent lieu le mercredi 1er septembre 1869. Voici ce qu'elle m'écrivait pour m'engager à y assister, car j'avais été forcé de repartir après quelques répétitions :

On joue mercredi au Gymnase une bien jolie pièce; le ciel est couvert, c'est un vrai temps de théâtre. De plus, on annonce les débuts d'une petite actrice que les chroniques s'accordent à trouver très gentille. Il paraît qu'elle a une musique dans le gosier. Ceux qui l'ont entendue désirent revenir l'entendre. Est-ce vrai? Le monsieur qui va vous voir à Puits et vous porte cette lettre m'a promis de vous ramener, mais est-il sérieux dans ses promesses, ce monsieur-là? Monsieur Alexandre Dumas fils, je vous aime. — *Votre petite servante,*

AIMÉE DESCLÉE.

Il m'était impossible de venir à Paris pour cette représentation, dont le résultat d'ailleurs n'était pas douteux pour moi. La débutante m'en fit le compte rendu en ces termes :

C'est fini. Ouf! J'avais de belles robes de toutes les couleurs, une aigrette dans les cheveux qui me faisait ressembler à un petit chien savant. La salle archi-pleine. On m'a sifflée au premier acte, et on m'a fait une ovation au cinquième. Je me suis tâtée toute la soirée pour me trouver une pulsation de plus; rien, calme plat. Ni inquiétude, ni peur, ni joie; rien. Ainsi je n'aurai été qu'ébauchée, et déjà je suis finie. Pauvre moi! Enfin le directeur m'a dit : « C'est aussi » bien que Rose. » C'est gros, cela. Il voulait me faire signer une prolongation séance tenante. Et moi, je croyais et je crois encore que je déplais à ces gens-là, et je m'en moque, car j'ai fortement le respect de l'individu, mais je n'ai pas celui de la foule. Bref, M. Montigny doit vous écrire, parce que moi je ne sais rien au juste, excepté pourtant que j'ai un plaisir infini à causer avec vous, mon doux confesseur. Je vous envoie toutes mes tendresses.

AIMÉE.

J'étais, en effet, devenu un peu le confesseur de cette pauvre créature, une des plus tourmentées que j'aie connues, et, maintenant qu'elle est morte, je puis divulguer de sa confession ce qui servira à expliquer son talent si particulier, son action si complète sur le public. Je n'aurai qu'à citer çà et là quelques passages de ses lettres, et ceux qui les liront comprendront tout de suite à quel foyer elle a puisé les accents de *Diane de Lys*, de la *Dame aux Camélias*, du *Demi-Monde*, de *Froufrou*, d'*Une Visite de noces*, de la *Princesse Georges*, de la *Femme de Claude*. Après ses débuts, elle m'écrivait :

Je ne puis rien pour vous prouver ma profonde gratitude, mais je vous promets de consoler à mon tour tous ceux que je verrai souffrir autour de moi. Je vous aime tant et depuis si longtemps, depuis cinq ans. Jeune fille, je me suis trouvée dans la position de Jeannine, des Idées de Madame Aubray, *avec la nature de Jane, de l'*Ami des femmes. *On m'a fait beaucoup souffrir. Après je suis devenue Suzanne; puis cela m'a écœurée : j'ai voulu entrer au couvent. Un prêtre qui ne connaissait apparemment pas la parabole de la brebis égarée m'a repoussée en me disant que je n'étais pas digne d'entrer dans la maison du Seigneur. Alors un correspondant de théâtre m'a envoyée à Naples. Votre père m'a ouvert ses bras, son cœur, sa maison. J'ai présenté aux Napolitains toutes les adorables femmes que vous avez créées : on m'a portée aux nues. Nous parlions de vous souvent, et moi, dans le fond de mon cœur, je vous remerciais de tout ce qui m'arrivait d'heureux. C'est que je vous comprends très bien, je vous assure, et les autres, je ne sais pas toujours au juste ce qu'ils ont voulu dire. Voilà pourquoi je veux être à vous; vous me prêterez quand il le faudra absolument, mais je serai à vous.*

Je ne devrais pas vous envoyer cette lettre, au moins inutile, peut-être indiscrète, mais je suis si fière quand je mets l'adresse. Voulez-vous bien me pardonner cette fois encore?

Un jour que j'étais allé la voir et que je ne la trouvai point, je reçus la lettre suivante :

Il est certain que si le ciel s'en mêle!... Je ne sors jamais. Une petite sotte de femme est venue tout à l'heure; elle a tant insisté, et j'étais gaie aujourd'hui! J'aurais voulu vous faire voir ça, moi qui ne vous appelle jamais que pour me consoler. Pourquoi? je ne sais. Mes ondulations avaient réussi ce matin. Mon nœud de velours posé sur le côté avait un petit air crâne. J'étais assez satisfaite de l'ensemble : il n'en faut pas davantage à une alouette, comme vous avez dit un jour. Mais je suis si contrariée de vous avoir manqué! Je devais deviner que vous viendriez, puisque vous avez tout mon cœur et qu'il m'est permis de vous le donner sans faire mal. Quel bonheur qu'on ait arrangé toutes choses ainsi! Je n'aurais aucune joie à vous offrir ma pauvre guenille de vieille femme, et j'ai un immense bonheur à vous aimer de toute mon âme.

Une autre fois elle m'écrivait de Bruxelles, au mois de juin 1870 :

Mais, mon Dieu, pourquoi ne suis-je pas heureuse ou seulement contente? N'y arriverai-je jamais?

Excepté pendant ces années de douleurs dont le souvenir me poursuit, dont je parle sans cesse, ce qui fait que je finis par rabâcher, depuis cette époque où j'étais fille de joie avec les apparences d'une fille bien gardée, depuis que je me suis échappée de cette galère, je n'ai à me plaindre de rien et de personne. Que de femmes béniraient le ciel! Je me porte bien, la salle est comble, chaque soir des fleurs et des triomphes à rassasier tous les minotaures du théâtre : eh bien! ça m'est égal. Seulement, entre le quatrième et le cinquième acte, le caissier m'apporte régulièrement la moitié de la recette, et... c'est horrible... j'éprouve un moment de joie. C'est que les costumes de Froufrou avaient coûté les yeux de la tête, et j'envoie chaque matin ma recette de la veille à la couturière. Ce qui me restera, je le mettrai de côté pour renouveler ces mêmes costumes quand on reprendra la pièce. Quoi qu'il en soit, ce bonheur relatif, cette absence de toute inquiétude, cette situation indépendante enfin c'est à vous que je la dois, vous qui vous êtes donné la peine de lutter pendant deux ans contre tous et contre moi-même : aussi, que vous y teniez ou non, il me semble que vous êtes ce que j'aime le mieux et le plus au monde.

Là-dessus propositions d'un nouvel engagement de la part de Montigny, voulant se l'attacher à tout jamais. Il avait déchiré les premières conventions comme je l'avais prévu, et elle jouait sur parole. Elle aurait pu s'en aller du jour au lendemain, il n'aurait rien pu lui dire. Mais elle était *homme* d'honneur. Cependant on la rappelait de plus en plus à l'étranger, et quelquefois elle tournait les yeux du côté de l'horizon, là où les citrons mûrissent :

Les Parisiens m'ennuient (m'écrivait-elle), *car je connais ces maîtres du monde : ils ne sont ni plus ni moins bêtes que d'autres. Et je ne vous vois plus, c'est le bouquet! Je ne signerai que si vous me l'ordonnez absolument, et encore vous faudra-t-il me tenir la main. Je finirai par entrer au couvent, voyez-vous, cela est sûr. C'est une idée fixe, une monomanie. Que fais-je? Pourquoi ce mouvement, ces combinaisons, ce métier de saltimbanque, cette existence tout à la fois vide, monotone et bruyante? Historier ce pauvre visage qui demande grâce, faire tomber des mèches sur son nez, comprimer certaines parties de son corps, en développer certaines autres, frotter ses ongles que la nature a voulus ternes et que nous voulons luisants, puis, avec une sorte de conviction étudiée, réciter de certaines choses desquelles on ne pense pas un mot, mentir enfin, tromper les yeux et les oreilles d'une quantité plus ou moins considérable de gens, pour arriver à les amuser pendant quelques heures; rétributions à la fin du mois de quoi payer ses faux chignons : voyons, franchement, où est le but? Et dire que toutes ces choses me paraîtraient adorables si je les faisais pour un seul!*

Ceux qui me connaissent savent à quel sentiment j'obéis en reproduisant ces lettres, si intimes qu'elles soient. J'en cite le plus que je peux, d'abord parce qu'elles sont écrites dans la forme la plus originale, ensuite parce que je voudrais, dans cette étude, *affronter*, comme on dit en blason, la femme et l'artiste, et bien montrer l'influence directe de l'une sur l'autre. Je n'ai aucune intention de donner à entendre quoi que ce soit dont ma vanité pourrait secrètement tirer profit. Pour le dire en passant, je n'ai jamais compris ce qu'on décore du nom d'amour entre auteur et comédienne, et j'aurai parcouru toute ma carrière sans tomber dans cette erreur psychologique et sans lever cet impôt banal. Que les biographes à venir, s'ils croient devoir s'occuper de moi après ma mort, ne cherchent donc pas de ce côté, ils ne trouveraient rien. Il y a, au théâtre, des honnêtes femmes, comme dans toutes les classes de la société, et je n'ai pas manqué, dans ces études, de citer et d'honorer celles que j'ai connues. Il y a aussi *les autres*, plus nombreuses que les premières. Je ne parle en ce moment que des *autres*, et je déclare n'avoir jamais cru à l'amour de celles-là, du moins pour les auteurs dramatiques, car je les crois capables de s'éprendre d'un militaire, d'un financier, d'un membre du Jockey, d'un athlète, d'un prince, d'un journaliste, d'un comédien; mais entre l'auteur dramatique et la comédienne, je n'ai jamais vu ce grand amour. Il doit y avoir là une incompatibilité professionnelle. J'imagine que le gros intérêt que certaines de ces dames peuvent avoir, en des circonstances données, à nous laisser croire qu'elles nous aiment, les détournerait précisément de nous aimer si elles en avaient la fantaisie. L'idée que nous pouvons tout pour leur renommée, pour leur fortune artistique doit les empêcher de discerner elles-mêmes si c'est une combinaison de leur esprit ou un mouvement de leur cœur qui les pousse dans nos bras. Quant à nous qui leur faisons répéter tant de scènes d'amour fictif, qui leur donnons tant d'intonations qu'elles ne trouvent pas toujours toutes seules, qui les voyons se jeter avec tant de passion au col d'un *jeune premier* qu'elles ont quelquefois en horreur dans les coulisses, mais qu'elles doivent adorer sur la scène; quant à nous, enfin, qui les entendons souvent plaisanter tout bas avec leurs camarades pendant que la salle entière fond en larmes devant leurs sanglots étouffés ou leurs cris déchirants, nous serions de bien pauvres observateurs du cœur humain si nous nous laissions prendre, dans l'intimité, à des expansions que nous avons si souvent notées avec elles devant le trou du souffleur. Nous retrouverions et remâcherions sur leurs lèvres les restes de nos vieilles phrases, dont nous devons leur laisser l'usufruit pour les naïfs du dehors. Ce que nous avons à exalter dans les comédiennes, ce n'est pas le cœur, c'est l'esprit; et alors, du moment que nous ne faisons appel qu'à leur passion artistique, toujours très grande, elles peuvent nous donner ce qu'elles ne donnent à personne. Ces femmes, qui n'auraient livré qu'une partie d'elles-mêmes dans l'amour, se livrent tout entières dans ce commerce purement intellectuel, avec une confiance sans limites, avec une simplicité, une *innocence* que rien ne faisait prévoir. On dispose d'elles moralement comme un prêtre dispose de sa pénitente, et voilà pourquoi tout à l'heure Desclée m'appelait son doux confesseur. Comme ces femmes ne doivent de comptes à aucun groupe social, comme elles jouissent d'une liberté absolue, une fois la question du stupide amour mise de côté entre elles et nous, n'étant plus exposées à aucune méprise ni condamnées à aucune hypocrisie, ayant de plus tout bénéfice à bien connaitre leurs sensations, puisqu'elles les utilisent tous les soirs et que c'est le fond de leur art, elles nous les communiquent, nous demandent de les leur expliquer, de les aider à les traduire, et, au lieu de la clef de leur appartement qu'elles seraient forcées de nous reprendre un jour ou l'autre, elles nous donnent la clef de leur *second* cœur, de celui que la plupart des femmes gardent tacitement pour elles, et nous nous y promenons, disposant de tout ce qui peut nous servir et y faisant sans cesse des découvertes nouvelles. Ce qu'il y a d'admirable dans la femme, c'est que, si haut qu'elle soit placée, ou si bas qu'elle tombe, il y a toujours un coin de sa personne intime où l'idéal n'a pas été complètement satisfait si elle est en haut, que la souillure n'a pas complètement envahi si elle est en bas. C'est dans ce coin, qu'elle n'ouvre volontairement à personne, qu'il faut pénétrer si l'on veut avoir des révélations et des étonnements auprès desquels les transports du soi-disant amour n'offrent que monotonie, redites et dégoût. Ainsi s'établit sur certaines femmes la puissance du prêtre, « le seul homme, me disait une d'elles, qui donne toujours sans jamais rien demander ». Quand un prêtre intolérant ou maladroit a tout d'abord rebuté une de ces femmes, comme il était arrivé à Desclée, elle emporte de cette méconnaissance une blessure qui saigne longtemps, quelquefois toujours. Puisque celui qu'elle considérait, au milieu de ses ténèbres, comme l'envoyé de Dieu, lui a refusé la lumière, qui la lui apportera? La créature égarée passe de l'erreur à la révolte, au vice, au blasphème, et meurt en maudissant parce qu'elle se croit maudite. Il y avait de tout cela dans celle qui fut Desclée, et dont la foule acclamait le talent, sans se douter à quelles émotions douloureuses, à quels souvenirs poignants et tenaces elle demandait cette chaleur, cette grâce, cette poésie, ce charme troublant, puis, tout à coup, ces élans, ces cris, ces audaces farouches, ce je ne sais quoi qui ne s'apprend jamais, qui l'a constituée dans son art une personne qui ne ressemblait à rien de ce qu'on avait vu, de ce qu'on voyait, de ce que nous voyons. Dès que nous avions commencé à causer ensemble, à son premier voyage à Paris, après mon séjour à Bruxelles, j'avais reconnu en Desclée une de ces *damnées* que j'ai rencontrées quelquefois, mais plus intéressante que ses compagnes d'enfer, parce que de toutes ses souffrances elle avait fait résolument du génie. Comme elle avait cru se retrouver dans quelques-unes de mes héroïnes, aussitôt que le hasard nous avait mis en rapport, elle s'était prise d'une aveugle confiance en moi. De là cette correspondance où je la revois tout entière aujourd'hui, et qui l'explique mieux que tous les renseignements biographiques. Aussi, avec la curiosité sauvage, presque cruelle, qui fait, il faut bien le dire, le fond du véritable auteur dramatique, j'entrepris l'étude et le *démontage* de cette âme qui s'abandonnait à moi et m'initiait à ses mouvements les plus secrets. Mais elle n'aurait pas été femme, et la femme qu'elle était surtout, si elle n'avait laissé son imagination errer et rêver sur le sentiment que j'avais pour elle et sur celui qu'elle devait avoir pour moi. Son grand talent, qui pouvait se passer de mon patronage, écartant toute supposition de calcul de sa part, elle se composa un roman tiré de notre rencontre fortuite, de mon intervention imprévue dans sa destinée, de l'influence que j'avais exercée jadis et de loin sur sa vie d'artiste, tandis que, moi, je ne voyais en elle qu'une très grande comédienne à développer autant que possible, en utilisant de mon mieux ce que je surprendrais de la *femme*.

A mon avis, dans l'ordre psychologique, il n'y a pas de rang, il n'y a pas de situation, il n'y a pas d'âge, il n'y a pas de sexe, il y a les êtres qui valent quelque chose et il y a ceux qui ne valent rien. N'importe où l'on trouve un être de valeur, il faut s'intéresser à lui, et, s'il a besoin d'aide, lui venir en aide, sans tenir compte des antécédents ni du milieu. J'estime infiniment la vertu, je m'incline devant elle plus bas que personne, quand par hasard je la rencontre; mais elle n'éveille pas toujours en moi un intérêt actif égal à mon respect. D'abord, la vertu peut se suffire à elle-même; elle n'a besoin de moi ni de personne, puisqu'elle est la vertu, c'est-à-dire la force par excellence. Ajoutez à cela qu'elle est toujours heureuse, car ou les gens sont vertueux parce qu'ils ont trouvé le bonheur dans la vie et que la vertu leur a été facile, et, dans ce cas, je ne leur sais aucun gré de leur vertu, ou ils n'ont été vertueux qu'après beaucoup d'efforts, de luttes avec eux-mêmes, et alors ils éprouvent une telle satisfaction du triomphe et ils en ont acquis une telle puissance que je ne vois ni en quoi je pourrais leur être utile, ni ce qu'ils seraient en droit d'exiger de plus que l'admiration et le respect. En résumé, si j'ai une grande estime pour les gens vertueux, j'ai une certaine partialité, je l'avoue, pour les faibles et les coupables. Je sens que je puis leur servir à un moment donné, et ma valeur à moi, du moins celle que je me sens disposé à me reconnaître, s'en augmente à mes yeux. Et puis les raisons qu'ils donnent, les excuses qu'ils cherchent à leurs fautes, les châtiments qu'ils en reçoivent, les étonnements qu'ils en ressentent, les remords qui les accablent, les serments qu'ils font de ne plus retomber, presque toujours suivis de rechutes immédiates, tout cela les rend on ne peut plus intéressants, sans compter qu'ils peuvent se dire les préférés de Dieu; puisqu'ils sont les plus nombreux sur la terre. D'où il résulte que, lorsque j'ai eu rencontré cette véritable valeur qu'on nommait Desclée, je me suis attaché à elle, d'autant plus qu'elle avait beaucoup failli, qu'elle en avait beaucoup souffert, et que de ces défaillances et de ces douleurs on pouvait faire maintenant une valeur plus grande à son profit comme au profit du public. Voilà pourquoi, lorsqu'elle a eu confiance en moi, lorsqu'elle m'a demandé de la conseiller et de la soutenir non seulement comme artiste, mais comme femme, je lui ai fait l'honneur de lui tenir le langage sincère et sérieux que j'aurais tenu à un homme. A ceux qui nous demandent la route à suivre dans la vie, il faut indiquer celle que l'on croit être la bonne; il faut leur dire : « Voilà ce que je crois être la raison, le bon sens, la vérité »; s'ils ne veulent pas vous croire, tant pis pour eux : la raison, le bon sens, la vérité n'en restent pas moins ce qu'ils sont, prêts à servir à d'autres. Desclée m'a écouté aussi longtemps qu'une femme, dans sa condition, pouvait écouter et croire les choses un peu nouvelles que je lui disais. Ainsi, à une lettre que je lui écrivais de Corfou, pour la féliciter de son grand succès dans *Froufrou*, auquel je n'avais pas assisté, elle me répondait :

Il faisait bon vivre là où vous étiez. Vos yeux étaient charmés par les belles choses qui vous entouraient; un besoin d'épanchement vous est venu au cœur, et c'est à moi que vous avez pensé. Ce que peut contenir une petite enveloppe de papier bleu pâle est incalculable. Rayons et parfums, tout m'est arrivé dans un parfait état de conservation. Vous m'en trouverez encore illuminée le jour de votre retour. Savez-vous bien tout ce que je vous dois, ma chère Providence ? D'abord, vous m'avez inventée; puis, vous avez été mon soutien pendant mes nombreux découragements, vous m'avez rendu la dignité, l'estime de moi-même. Après avoir payé le passage, pauvre Marie l'Égyptienne, je tâtonnais, je cherchais ma route : vous me l'avez montrée, vous m'avez indiqué le but, et, grâce à vous, je viens de l'atteindre. Plusieurs personnes, vous-même, m'avez parlé de ma fortune. Je ne sais d'où peut venir cette fable. Moi riche! ce serait illogique. Est-ce qu'une femme comme moi se fait riche? Il n'y a pas d'hommes qui donnent, il y a des femmes qui savent se faire donner. Je suis pauvre et je m'en vante. Mais M. Montigny vient de m'envoyer un troisième engagement avec des conditions superbes. Aussi, plus de spleen, plus de couvent! Je gagne ma vie! aussi je vous aime! et, je vous en prie, laissez-vous aimer, car si le pain de chaque jour est assuré, si l'estomac peut dormir tranquille, son voisin, ce pauvre cœur, traverse une crise terrible. Ce grand travail, cette dépense de chaque soir, loin de le fatiguer, le surexcite au contraire. Des bouffées d'amour me montent au cerveau, me grisent, et quelquefois s'arrêtent aux lèvres. J'ai un besoin de tendresse, de caresses, qui m'épouvante. Ce petit corps maigre contient d'inépuisables richesses qui m'étouffent. A qui les donner? Qui les veut? Elles ne seraient pas appréciées. « Ils ne sont pas dignes de vous », m'avez-vous dit souvent : je l'ai cru. Puis je m'accusais d'orgueil, de présomption, et je m'efforçais de descendre à un lui quelconque. Mais je m'en revenais tout de suite, en me rappelant à temps tout ce que vous m'aviez dit. Enfin je vous reverrai bientôt, et vous me soutien-

drez, car je suis et veux rester digne de ce que vous me donnez.

Un jour que j'avais surpris dans ses paroles je ne sais quel désir de reprendre sa vie errante et décousue, je l'avais, en riant, appelée « vagabonde ».

Vagabonde (m'écrit-elle le soir même), *vous m'avez appelée vagabonde! Ce mot me poursuit. Quand vous parlez, je vous écoute de toutes mes forces, et c'est ce que j'ai de mieux à faire. Je vous regarde quelquefois avec un sourire bête. C'est à ce moment-là que vous me faites le plus de mal. Pourquoi vagabonde? Vous m'avez fait croire en la comédienne, et vous me faites douter de la femme, vraiment, vous bouleversez toutes mes idées. Je me figurais que, même dans une position irrégulière, on pouvait être une honnête femme et pas une vagabonde. La vertu est de convention, c'est une chose raisonnée, mais l'honnêteté est instinctive. Alors les femmes qu'on n'épouse pas doivent toutes rester vierges? Oui, j'avais l'honnêteté instinctive : je n'étais que chasteté. Ce qu'on m'a fait souffrir depuis ma première robe décolletée jusqu'au reste! Je suis maintenant de l'autre côté du ruisseau, flétrie, meurtrie, souillée, mais immuable. Ceux qui auront subi la torture seront-ils moins bien reçus là-haut parce qu'ils seront couverts de plaies et de cicatrices? J'ai subi la torture, voilà tout. La preuve? La preuve, c'est mon cinquième étage et mon piano d'occasion. — Maintenant, je vous l'ai avoué; j'arri-*

vais à Naples, un pays nouveau; j'avais déposé ma robe empoisonnée à la frontière; il me semblait que je renaissais; mes premiers succès m'enivraient. Il était beau, il avait l'air si doux! Je n'avais été que vendue : me donner avait comme un attrait pour moi. Et puis, pourquoi le regretter? C'est le seul souvenir gracieux de ma vie. Il est là tout seul, dans une triste compagnie. Ne me le reprochez pas. Moi je voudrais que vous me donniez la main, non comme à une grande comédienne, — que m'importe d'être conscrit ou capitaine dans cette immense armée de saltimbanques? — mais comme à une nature saine. Je veux que vous me disiez que je ne suis point une vagabonde, que vous me disiez que les misérables qui m'ont violée, profanée, ne valent pas la poussière que fait ma traîne.

Au milieu de tout cela, elle avait créé Froufrou comme nous l'avons vu; mais l'immense succès de la pièce avait été interrompu par l'été. C'est alors qu'elle était partie pour jouer cette pièce avec tout son répertoire ancien devant les Bruxellois, ravis de la revoir; c'est alors qu'elle m'avait écrit une des lettres citées plus haut. Puis le repos était venu, la vie sédentaire et solitaire à la campagne, entre le toutou, les oiseaux en cage et la vieille bonne Césarine. Le temps avait paru long, les journées tristes, le cerveau de la comédienne n'avait rien à dévorer, le cœur de la femme y faisait irruption, et elle m'écrivait, hésitant encore à signer le troisième engagement que Montigny lui offrait :

L'autre jour je vous ai écrit — parce qu'on m'avait conseillé de le faire : j'étais un peu gênée. Il me semble qu'on devrait se soumettre à vos décisions sans réflexions; il me semble qu'une infime petite femme comme moi ne devrait se permettre d'écrire à un homme comme vous que lorsqu'elle a une supplique à lui adresser. Je suis très triste, je souffre, cela m'arrive souvent; quelquefois je ne sais pourquoi. Je suis si seule et il se fait tant de bruit autour de moi. Je suis oppressée; il me semble que j'étouffe. Si vous saviez comme cela fait mal de souffrir ainsi! Peut-être le savez-vous! Je suis très pauvre comme sensations, mais riche comme sentiments, je le crois du moins. J'ai un ardent besoin d'aimer, de m'attacher, de me donner. Si j'avais un petit enfant, peut-être cela me suffirait-il : je placerais sur sa mignonne tête cette immense tendresse dont je ne sais que faire. Mais, hélas! je suis une femme de luxe, je ne produis pas. Et seule ainsi je souffre affreusement, et je crains le passant. Si c'est une maladie, je l'ignore, mais en ce moment les conséquences sont désastreuses. Je ne travaille plus, tout me devient indifférent : quelques paroles de vous, je l'ai éprouvé déjà, me rendront la force et la volonté. Voulez-vous bien me les dire? Ce que vous voudrez. Grondez-moi, ou consolez-moi, ou expliquez-moi. L'effet sera immédiat et immense. L'honneur que vous me faites en me lisant avec patience et en daignant me répondre me fait croire en moi, me rend la confiance. Je ne connais pas l'étymologie du mot Évangile, mais je crois comprendre qu'il signifie quelque chose de bon, de juste, de clément, qui

*donne du courage, qui fait espérer; quelque chose de
fort enfin, sur quoi les faibles comme moi peuvent
s'appuyer. Eh bien! c'est tout à fait cela. Vos lettres
sont mes évangiles. Est-ce que c'est bien sot ce que je
dis là?*

Je lui répondis :

« Vous me demandez tout simplement un miracle,
et personne n'en a jamais fait, par la bonne raison
qu'il est inutile d'en faire. Ce que les ignorants ou
les exaltés prennent pour un miracle n'est qu'une
vérité qui leur est subitement révélée. Chacun de
nous a en soi de quoi faire ce miracle-là, et le
moyen s'appelle la volonté. Vous subissez aujourd'hui les conséquences, fatales, logiques, de votre
condition de femme indépendante, la plus misérable
des conditions pour une femme. La femme est née
pour la subordination et l'obéissance aux parents
d'abord, à l'époux ensuite, à l'enfant plus tard, au
devoir toujours. Quand, par ses propres entraînements ou par les mauvaises influences de son entourage, elle s'est mise ou a été mise hors de sa fonction naturelle, quand elle a fait acte de liberté, si
elle était née vicieuse, elle va se dégradant de plus
en plus ou elle périt faute d'organes capables de
supporter la débauche. Si elle n'a été qu'entraînée,
si elle n'était que faible, il arrive un moment où
elle sent qu'elle avait une autre mission à remplir,
où elle a peur du fond du gouffre qu'elle entrevoit
dans sa chute progressive, où elle appelle au se-

cours. Elle veut remonter à la lumière. C'est pour celles-là que le repentir paraît bien sombre et bien aride. Le repentir tout seul dans un coin, c'est dur. Est-ce qu'il n'y aurait pas moyen de le combiner avec l'amour? « Je suis encore jeune, je suis toujours belle, j'ai beau fouiller dans mon cœur et dans ma mémoire, je n'ai jamais aimé. J'ai donné mon corps, je ne savais pas ce que je faisais : mon âme est restée vierge. Où est l'homme qui me comprendra? Où est le Dieu qui me ressuscitera de mes ruines? Je me sens capable et digne d'être aimée comme une enfant de seize ans. Le passé, c'est le passé, c'est une personne tombée de moi, ayant mon visage et ma forme, qui a mal fait... ce n'est pas moi; je la renie, je la maudis, je la chasse. Elle est morte, d'ailleurs... Prenez-moi, me voilà; ouvrez-moi, fécondez-moi, apprenez-moi, à moi-même ce que je suis; montrez-moi le but, soutenez-moi : je vous bénirai, je vous adorerai, je serai votre fille, votre amie, votre sœur, votre chose; j'ai des trésors dans mon sein; je ne sais pas même ce que c'est que le plaisir, parce que je n'ai jamais su ce que c'était que l'amour. Je suis comme une femme qui aurait été violée par des inconnus au coin d'un bois; on m'a tachée de sang et de boue, mais ce n'est pas moi qui me suis donnée : on m'a prise, on ne m'a pas possédée. » Ainsi pensent et parlent les femmes au point où vous en êtes, et, pourvu qu'elles voient à portée de leur main ou de leur regard un homme qui ne ressemble pas tout à fait aux autres, et que leur imagination grandit encore en raison même de l'excitation fiévreuse où elles se trouvent, elles s'écrient : « Le voilà! c'est lui, le sauveur, le messie. Sauvez-moi! sauvez-moi! »

» Qu'arrive-t-il alors? Ou l'homme est un homme ordinaire qui ne paraissait grand que par un effet d'optique et de perspective, et il s'arrête à cette femme; il se livre à elle en voulant la racheter; et non seulement il ne la sauve pas, mais il se perd. Pour ceux qui le regardent faire et pour la femme elle-même, il n'est qu'un imbécile qui a voulu faire acte de Dieu et qui n'avait pour cela ni les forces ni l'autorité nécessaires. Elle retombe plus bas après cette tentative, parce qu'elle retombe de plus haut, avec une désillusion de plus. Ou cet homme est un homme supérieur, et il ne s'arrête qu'un instant, comme Jésus avec la Samaritaine. C'est à elle, pendant le temps qu'il lui donne, de recueillir ses paroles et d'en faire son profit, car, étant divin, il ne peut se limiter à une seule personne, il se doit à tous, et il faut qu'il continue son chemin et son œuvre. Je ne suis ni un imbécile ni un Dieu; je ne puis donc être ni votre amant ni votre rédempteur. Vous voudriez un enfant. Heureusement vous ne pouvez pas l'avoir; car ce serait une bien courte distraction pour vous et ce serait un bien grand malheur pour lui. Les enfants deviennent des hommes, ce à quoi les femmes ne pensent jamais quand elles les désirent, ni même quand elles les font. Les hommes, même lorsqu'ils sont nés dans les conditions les plus régulières et les plus fortunées, ne sont pas tellement heureux, qu'il soit besoin d'augmenter le nombre des êtres dans les conditions les plus contraires au bonheur possible. Vous êtes stérile, tant mieux. Vous ne donnerez le jour ni à un pervers, ni à un malheureux; vous n'aurez personne sorti de vous pour assister à votre mort, soit; mais vous n'aurez personne non plus qui la redoute ou qui la désire. Un enfant n'est pas seulement un petit animal qu'on fait habiller à l'*Éclair* et à la *Petite Fadette,* c'est un être moral, pensant, ayant un cœur, une âme, un cerveau, des droits et des devoirs, contenant une parcelle de l'élément divin, ayant quelque chose à accomplir, pouvant faire le bien et le mal. Est-ce vous qui mettriez cette force en valeur et qui l'initieriez à sa destinée sur la terre, vous qui n'êtes pas capable, avec votre expérience, vos regrets, je ne dis pas vos remords, c'est un mot vide de sens, pour les femmes du moins? est-ce vous qui le dirigeriez, vous qui, avec tout ce que la vie vous a appris, n'êtes pas en état de vous diriger vous-même? Serait-ce son père? Son père lui donnerait peut-être de quoi vivre après lui avoir donné la vie, et puis il se croirait quitte avec lui comme avec vous. Tout est donc pour le mieux de ce côté-là. Dès lors, que vous reste-t-il à faire? Il vous reste, comme je vous l'ai déjà dit, à prendre l'avantage de la vie que vous vous êtes faite. Vous êtes jeune encore, vous êtes jolie, vous avez de grandes forces vitales à votre disposition; vous êtes fine, très fine, pas pour les gens comme moi, qui vous sais par cœur, mais pour la moyenne des hommes; vous avez la voix séduisante, vous avez beaucoup d'esprit ; soyez coquette, extrêmement coquette, ce sera votre distraction, votre sauvegarde, votre vengeance, et comme vous avez un vrai talent, jetez-vous dans le travail à corps perdu ; exploitez votre idéal puisque vous ne pouvez pas le réaliser. Enfin, et surtout, profitez de votre indépendance pour ne jamais vous vendre, et tâchez de ne plus vous donner. Vous pouvez tirer un grand parti de vous-même, si vous savez entrer dans la politique des esprits supérieurs, qui consiste à s'imposer à son milieu sans le subir jamais.

» Pour conclure, ma chère enfant, on ne se transforme pas quand on ne peut pas changer son champ d'action, mais on s'utilise. Utilisez donc toutes vos qualités et tous vos défauts même ; supprimez tout ce qui ne rapporte rien intellectuellement et moralement. Soyez une grande artiste, c'est-à-dire un être qui a mis son cœur dans sa tête, son âme dans sa voix, et qui joue de l'humanité comme d'un instrument. Restez enfin une femme de luxe, selon votre expression, en vous affirmant de plus en plus dans le commerce des gens intelligents au milieu desquels vous pouvez vivre. Bref, n'essayez pas de devenir Lucrèce ou Magdeleine. Contentez-vous d'être Ninon dans le jour et Rachel le soir. C'est déjà bien joli. »

Le programme que je traçais à cette femme pour la direction de sa vie était trop froid, trop sec, trop au-dessus du lieu où elle se mouvait ; en un mot, trop exigeant pour elle. Tout ce que j'ai demandé à la comédienne, je l'ai obtenu, elle l'a compris, elle l'a traduit avec un talent incomparable ; ce que j'ai conseillé à la femme l'a bientôt lassée. Il y a eu résolution sincère, effort sérieux, puis découragements et défaillances. Et alors, comme il arrive souvent à ces natures exaltées, elle a brusquement passé de l'enthousiasme le plus haut aux écarts les plus tristes ; et tout à coup j'ai reçu une lettre qui commençait ainsi :

Voilà comment c'est arrivé. J'avais un serin, un modeste serin : je l'appelais Tamberlick. Je le trimbalais de ville en ville, de pays en pays, et cela m'amusait beaucoup de regarder cette petite créature qui ne s'arrêtait de manger que pour chanter et de chanter que pour manger : ces deux occupations entremêlées de petits mouvements aussi gracieux qu'inutiles. Un jour on avait oublié de bien fermer la mangeoire, et le petit imbécile est parti. Que lui manquait-il, cependant? Je lui avais tout prodigué, des graines, de la distraction, des voyages, ma tendresse; enfin que lui manquait-il? La liberté, me répondront ces messieurs. Eh bien! il l'a maintenant; qu'en font-ils, eux et lui? Lui aura été dévoré par les gros oiseaux, à moins qu'il n'ait eu la chance d'entrer chez un nouveau maître par une fenêtre ouverte. Où est la fenêtre ouverte, mon Dieu, qui nous sauvera des gros oiseaux? Pendant deux jours je suis restée seule, triste; la maison était silencieuse. Alors je me suis mise en campagne. J'ai été acheter une grande cage. J'y ai mis d'abord un beau canari tout en or, avec un beau jabot, haut sur pattes, un peu bossu, enfin le grand cachet, de quoi faire enrager l'autre s'il revenait. Puis un bel oiseau bleu, cela s'appelle un ministre. Puis deux beaux petits gris avec le ventre et le bec rouges. Puis deux toutes petites perruches vertes, complètement vertes; on dirait deux feuilles qui vous regardent. Puis une amarante, puis un bouton-d'or, puis un mozambique, etc. Dans le premier temps il y avait des querelles, et j'ai dû en séparer quelques-uns. Dame! je me mettais à leur place. Cela m'ennuierait tant d'être enfermée avec un oiseau qui me déplairait. Enfin, je courais les quais, les boulevards, pour compléter ma volière quand je rencontre M..., qui me dit : « Vous êtes toujours seule, vous devez vous ennuyer à mourir : venez donc dîner avec moi, en camarade, sans façon. » J'accepte, je m'ennuie tant! M... n'était pas seul. Après dîner, on m'a menée au spectacle. Enfin, mon doux confesseur, je ne suis plus un ange.

Et aussitôt elle prend plaisir à se dégrader tant qu'elle peut, elle se traîne dans la boue comme si elle voulait me punir de l'avoir estimée et placée trop haut. Elle ajoute :

Il est magnifique, par exemple, grand comme vous, blond, barbe légère, fort, vigoureux. Peut-être n'a-t-il rien inventé, mais on ne lui en a peut-être pas laissé le temps. Il est de ce monde qu'on appelle le meilleur; il sait le nom de toutes les femmes de chambre de ces dames. Nous sortons toujours d'une boîte, nous sommes pommadé, parfumé, astiqué dès l'aurore. Voici mon dernier mot : « *Mais vous me parlez toujours comme à une drôlesse, vous avez l'air d'un homme du monde qui rougit de sa liaison avec une fille.* » *Pauvre cher! s'il se figure que je lui pardonnerai jamais mon infamie! Maintenant je crois que la chasteté est incompatible avec ma profession. Et puis, vrai, j'étais trop maigre. A force de vouloir m'éthérer, je devenais diaphane. J'aurais fini par être impalpable... Mais il y a un moyen, un seul, d'en finir avec toutes ces choses burlesques et navrantes. Pas de demi-mesures, pas de transactions, liquidation complète. Donnez-moi l'adresse du refuge Sainte-Anne, et j'y accepte l'emploi le plus infime. Ce n'est pas une boutade; essayez. J'y vais demain sans fièvre, sans tristesse et sans regrets. Si! celui de ne pas interpréter la petite merveille qu'on m'a fait lire dernièrement, mais celle-là est assez forte pour se passer de mon aide.*

« Ah! pauvre âme, comme tu te débats, et quels efforts tu fais pour ériger en principes et pour proclamer nécessaires et fatales les dernières fantaisies des anciennes habitudes! Comme tu as plus envie de pleurer que de rire, et comme tu sais bien que tout cela est faux! Mais aussi quels besoins de sensations! Et voilà que, croyant ne pouvoir monter jusqu'au plus haut, tu te précipites jusqu'au plus bas. Tu ne t'y feras pas de sang, tu ne t'y feras pas de joies, et tu y perdras les premières plumes de tes ailes, qui commençaient à repousser. Et voilà ensuite que tu veux très sérieusement entrer dans un couvent! A quoi bon? Tu n'y resterais pas. D'ailleurs, le couvent est partout pour qui sait vouloir. Le véritable couvent, c'est le respect de soi-même. Là nul besoin de grilles, de verrous, de confessionnal et de prêtre. Tu n'aimes pas l'homme auquel tu te donnes, et tu crois l'excuser en te moquant de lui! Aime-le au moins, sinon les odeurs de ton lit, parfums quand on aime, miasmes quand on n'aime pas, te donneront le vertige, et, un beau matin, au réveil, ne sachant plus comment sortir de toute cette fange, tu écriras une belle lettre, où tu mettras tout ton idéal inassouvi, et tu te tueras, ce qui sera une fin, — ou un commencement peut-être... »

Telle fut la dernière lettre ayant trait à sa personne privée que j'écrivis à Desclée. A partir de ce moment, j'abandonnai complètement *la femme* à ses fantaisies, et je me contentai de tirer parti de tout ce que j'en connaissais au profit de son talent et de mon œuvre.

Ce qu'elle appelait une petite merveille était justement la pièce à laquelle cette note succède. C'est la première pièce inédite de moi qu'elle ait créée à Paris. C'est alors que je pus vraiment apprécier et sa merveilleuse intuition des sentiments et sa profonde science du métier; ils étaient aussi complets l'un que l'autre. Impossible à l'œil le plus exercé de trouver l'endroit où commençait l'art, où finissait la nature, où commençait la nature, où finissait l'art. Art et nature étaient si bien enchevêtrés ensemble qu'elle-même, je crois, eût été incapable d'établir la ligne de démarcation. Seulement, ce dont on pouvait être sûr, bien qu'elle eût à sa disposition, comme nous venons de le dire, toutes les ressources du métier, ce dont on pouvait être sûr, c'était de ne la voir jamais s'en tenir aux effets que le métier donne et auxquels nous voyons le public et quelquefois les critiques les plus experts se laisser prendre avec une inconcevable candeur. Quand elle cherchait, elle ne passait jamais par les chemins des autres. Elle laissait de côté l'expression prévue, celle qui se présente la première à l'esprit et aux lèvres, et elle se jetait dans son rôle véritablement comme un chien de chasse dans un taillis. Elle *quêtait*, le nez en avant, au milieu des pierres, des épines et des ronces, revenant vingt fois sur ses pas, s'arrêtant, reprenant le vent, repartant et ne donnant de la voix que lorsqu'il n'y avait plus de doute que le gibier était là. Rien n'était plus intéressant que de la suivre composant ainsi son personnage. Quelquefois, malgré tout son talent, malgré son flair admirable, elle ne trouvait pas; alors elle me disait : « Je ne trouve pas; dites-moi comment il faut faire. » Je le lui disais, et elle exécutait aussitôt. Quelquefois aussi, pour ménager ses forces, elle ne voulait pas donner aux répétitions tout ce qu'elle comptait pouvoir donner à la première représentation. Moi, qui la connaissais, je sentais bien quand elle ne livrait que ses surfaces, et comme je voulais que tous les effets fussent bien réglés d'avance, j'insistais jusqu'à ce qu'elle eût été chercher au fond

de ses entrailles le sentiment, l'intonation, le cri
dont j'avais besoin. Il y avait là pour elle non seulement une grande dépense, mais un ébranlement
physiologique. Un jour que la *comédienne* seule était
en mouvement, et que la *femme* restait en dehors,
nous eûmes une véritable lutte. Elle redoutait l'état
où elle serait tout le reste du jour après avoir donné
l'accent que j'exigeais d'elle, et elle s'y dérobait par
toutes sortes de ruses. Je ne cédai point, et elle finit
par aller arracher, où je savais bien qu'il devait
être, ce cri qui m'était nécessaire. « Tenez, le voilà,
votre cri, me dit-elle d'une voix épuisée : vous savez
d'où il vient, n'est-ce pas? Mais vous me tuerez,
vous. — Qu'est-ce que ça fait, lui répondis-je,
pourvu que la pièce réussisse? » Alors elle s'assit,
prête à défaillir, et tenant son cœur entre ses deux
mains : « Il a raison, reprit-elle quelques instants
après : voilà comment il faut me traiter; sans ça je
ne serais bonne à rien. » Ce cri auquel je l'avais
contrainte était celui qui, dans *Une Visite de noces*,
au moment où Cygneroi sort, devait accompagner
le mouvement du mouchoir et précéder ce : « Pouah! »
qui, le soir de la première représentation, lui valut,
avec trois salves d'applaudissements, d'être rappelée
par toute la salle après sa sortie, au beau milieu de
la pièce. En me disant : « Tenez, le voilà, votre cri :
vous savez d'où il vient, n'est-ce pas? » elle savait
bien ce qu'elle disait, et elle disait vrai. Elle faisait
allusion aux deux dernières lettres que nous avions
échangées et que j'ai citées tout à l'heure.

Et c'était bien son passé, son âme, ses amertumes

et ses hontes qu'elle livrait au public dans cette soirée du 10 octobre 1871. De là ce regard étrange, regard de morte, momentanément ressuscitée, de somnambule marchant dans la nuit sous la pensée qui la domine comme lady Macbeth traînée hors de son lit par le souvenir du meurtre de Banquo; regard indéfinissable qui interpellait chaque spectateur en se fixant sur tous, comme pour faire tous ceux qui se trouvaient là responsables des fautes commises. Je n'ai jamais vu le regard d'une femme brisée, de celle qui se dit de *l'autre côté du ruisseau*, pénétrer aussi avant dans la conscience troublée de l'homme et la remuer aussi profondément. Jamais comédienne n'a donné l'expression plus saisissante et plus douloureuse d'une âme flétrie s'en prenant aux autres de ses flétrissures, et s'y débattant sans pouvoir s'en dépouiller. Lorsqu'elle arrivait au récit de son voyage au Havre, elle devenait immobile comme une statue, de grosses larmes coulaient silencieusement sans que rien les arrêtât sur ses joues creusées et pâlies, et *cette musique qu'elle avait dans le gosier* psalmodiait comme une prière des morts l'évocation de son passé d'amour. Elle voyait certainement alors passer à travers la foule attentive l'ombre de celui qu'elle avait aimé, du seul qu'elle eût aimé dans sa vie, sous le beau ciel de Naples, à l'ombre parfumée des orangers de Sorrente et d'Amalfi, au bruit harmonieux de cette mer qui berce le tombeau de Virgile. Sans doute elle se rappelait alors quelques-unes des phrases qu'elle lui avait jadis écrites et qui ne l'avaient pas ramené à elle :

Un soir, j'étais près de toi, bien près, et je ne sais quelle idée, quel souvenir m'avaient fait monter quelques paroles un peu amères du cœur jusqu'aux lèvres. Au lieu de me consoler ou de chercher à m'expliquer ce qui se passait en moi, tu m'as simplement fait voir que si je continuais, je finirais par t'impatienter. Ah! la vilaine race que les hommes! Moi qui les détestais, tiens, je te déteste. Le croiras-tu? Non! Eh bien, tu as tort, c'est très vrai. Tu ne me rends pas la millième partie de ce que je te donne. Pour toi, moi je ferais tout au monde; pour me faire plaisir traverserais-tu la rue avec un paquet sous le bras? Non. Tu aurais peur d'être ridicule. J'ai de l'amertume plein le cœur, ce soir; mon pauvre ami, il faut me pardonner. Laisse-moi verser sur toi le trop-plein de mon cœur et laisse-moi te dire ce que cette soirée a d'horrible pour moi. G... m'a menée au théâtre, à l'Opéra; on jouait Lucie. *J'ai d'abord horriblement souffert en entendant ces airs charmants, ces pleurs d'amour que j'avais entendus avec toi, il y a à peine quinze jours. Je me reportais à........ D... était près de moi; j'avais des marguerites bleues dans les cheveux. Pendant un instant, l'illusion était complète. Quand je suis retombée dans la réalité, je me suis senti le cœur serré comme dans un étau; l'air me manquait, j'étouffais, et j'aurais donné joyeusement dix ans de ma vie pour être transportée près de toi. Nous étions dans l'avant-scène des lions de la ville. Ces messieurs sont arrivés l'un après l'autre; on me présentait à eux, on me les représentait; puis ils se couchaient sur les fauteuils, se vautraient sur les divans et se moquaient de tous* ces pauvres artistes. Une tenue indécente, des propos obscènes, des façons grossières, me détaillant, cherchant à voir ma taille, mon pied, comme pour un cheval à vendre. J'ai souffert le martyre, quelle honte! quel dégoût! Ta petite femme, celle que tu avais purifiée avec ton amour, salie, souillée, humiliée, insultée! Mais maintenant je suis seule, mes nerfs se détendent, je puis pleurer, et j'en profite.

Était-ce cette lettre qui traversait sa pensée? Ou bien celle-ci, écrite quelques semaines avant la représentation à celui qui avait déjà reçu l'autre et dont le mariage récent avait peut-être hâté la dernière défaillance de son ancienne amie :

J'apprends à l'instant que vous vous mariez, mon cher enfant : vous avez raison. Plus je vieillis, plus je vois que décidément il faut être deux; ce fardeau de la vie est trop lourd à porter seul. Soyez heureux, mon bien cher ami; c'est le vœu le plus sincère que j'aurai formé! Vous le serez, car vous êtes bon, et elle doit être intelligente! Mais c'est une vie nouvelle : il vous faut effacer tout ce qui est derrière vous. Vous ne pouvez garder notre correspondance. Ce serait un crime de la relire seul; vous ne pouvez la lui montrer : qu'en ferez-vous? Voulez-vous me renvoyer toutes ces choses d'autrefois, qui resteront sacrées pour moi? Vous allez avoir de beaux petits enfants que vous adorerez, un intérieur, des affections de toutes sortes : ce petit roman de notre première jeunesse sera vite oublié. Moi, pauvre vieille, pauvre sal-

timbanque, obligée quand même de faire rire les autres, j'aurai un bonheur infini à relire tout cela. Je vous le demande, au besoin je vous en prie, renvoyez-moi toutes ces lettres. N'en ouvrez aucune, vous hésiteriez, et dans la situation actuelle ce serait mal. Puis, si vous y consentez, nous nous imaginerons avoir fait la guerre ensemble, et, de temps en temps, on se donnera de ses nouvelles comme de vieux camarades. Est-ce dit? Je vous serre les deux mains vigoureusement comme un homme!

AIMÉE.

Rien de plus frais, de plus élégant, de plus sincère, de plus touchant quelquefois que la correspondance à laquelle j'emprunte ces deux derniers morceaux. Et c'était ce joli petit roman si promptement interrompu, le seul rayon de soleil qui eût traversé sa vie, qu'elle rêvait toujours de commencer et d'achever avec un autre! Mais rien de ce qu'on croit être le bonheur ne s'achève en ce monde, et surtout quand il faut absolument, comme dans l'amour, être deux pour que ce bonheur existe. Celui-là seul a chance d'achever heureusement ce qu'il a entrepris qui a entrepris ce qui ne dépend que de lui seul. Voilà pourquoi je conseillais à cette femme de renoncer à l'amour, qui ne pouvait plus que la perdre, et de se jeter dans le travail, qui pouvait la sauver.

Deux ou trois jours avant sa mort, elle me rendit le manuscrit d'*Une Visite de noces*, que je lui avais donné, et toutes les lettres que je lui avais écrites.

Puis elle ajouta, en me remettant un paquet à part, fait des lettres adressées à *l'inconnu* de Naples :

« *Prenez aussi cette correspondance, qui m'a été restituée lorsque je l'ai réclamée. Si je ne meurs pas, vous me la rendrez; si je meurs, lisez-la, et faites-en ce que vous croirez devoir en faire.* »

Dix ans se sont écoulés depuis cette mort. En me servant aujourd'hui de quelques-unes des lettres que cette personne exceptionnelle a écrites, j'ai pour seul but d'expliquer celle qui les écrivait, de montrer qu'elle revivait, sous des formes diverses, tous ses sentiments, toutes ses émotions, toutes ses douleurs, tous ses souvenirs de femme, dans chacune des œuvres qu'elle interprétait. Je voudrais aussi faire une place tout à fait à part, dans l'esprit de ceux qui me lisent, à cette artiste, unique en son genre, qui, semblable aux martyres chrétiennes, aura d'autant plus chanté que les tortures auront été plus grandes.

16 novembre 1883.

LA
PRINCESSE GEORGES

Par un phénomène dont je n'ai eu que cet exemple dans toute ma carrière, la pièce précédente a été conçue et agencée en quelques heures, pour ne pas dire en quelques minutes. Je me disposais à exécuter la *Femme de Claude*, dont la donnée périlleuse me tentait depuis longtemps ; j'avais déjà écrit sur cette première page immaculée, pleine d'illusions et de promesses, que l'on attaque avec tant d'entrain et que l'on déchire et recommence tant de fois, j'avais déjà écrit ces mots : « Acte premier, scène première », quand tout à coup je m'arrêtai. Tous les dangers de l'œuvre que j'allais entreprendre se dressèrent devant moi et mon sujet, basculant pour ainsi dire, je me trouvai en face d'un drame auquel je n'avais jamais songé jusqu'alors. Il m'apparaissait si complet, avec ses personnages, ses événements et sa moralité, que sur ce même papier qui devait servir à une autre conception, j'écrivis la

Princesse Georges, et je l'écrivis tout d'une haleine, en trois semaines au plus. C'était une véritable contre-épreuve de mon idée première. Ce qui était dans un sens se présentait maintenant dans l'autre. Où l'Homme était innocent sous le nom de Claude Ruper, il se manifestait coupable sous le nom du prince de Birac ; où la Femme était odieuse, elle se montrait sympathique : Rébecca, l'épouse spirituelle de Claude, devenait Sylvanie, la maîtresse adultère et vénale du prince, et celui-ci, sauvé par l'amour, échappait à la mort qui devait frapper Césarine, réfractaire à tous les amours qui peuvent sauver une femme. Ceux de mes lecteurs que cette étude pourrait intéresser n'auront qu'à mettre en regard et à confronter les deux pièces : ils trouveront bien vite l'analogie dans l'opposition même.

Le triomphe de Desclée fut éclatant dans le rôle de Séverine ; mais, si remarquable qu'elle ait été, surtout pendant les deux premiers actes, car elle manquait un peu de force au troisième, une autre personne, dans un rôle épisodique de soixante-dix à quatre-vingts lignes, est venue se poser tout à coup, à côté d'elle, en comédienne consommée. Jusque-là, mademoiselle Pierson avait été une actrice gracieuse, fine, distinguée, élégante, remarquablement jolie, mais elle n'avait pas encore pris, parmi les véritables artistes, la place qu'elle a gardée depuis cette création. Lorsque je lui envoyai la brochure avec ces simples mots : « C'est la perfection », je ne faisais que ratifier et résumer le jugement général.

Jamais le *féminin* souriant, audacieux, impassible et implacable, n'aura eu sa réalisation plus intense avec son expression plus incisive. Trois fois j'ai voulu mettre en scène ce *féminin* funeste, aux formes si multiples et si peu connues : dans la Sylvanie de la *Princesse Georges*, dans la Noémie de l'*Étrangère*, dans la Césarine de la *Femme de Claude*. De ces trois personnages, celui de madame de Terremonde a été le mieux compris du public. Il a paru le plus clair, peut-être parce qu'il est le plus court. Mistress Clarkson n'a jamais été bien saisie; quant à Césarine, elle ne l'a pas été du tout. Ce n'était certainement pas la faute des interprètes : Desclée dans celle-ci, Sarah Bernhardt dans celle-là. S'il y a un coupable, c'est l'auteur, qui veut absolument dire au public des choses qui le gênent dans ses habitudes et le heurtent dans ses idées. Le public n'aime pas que l'on dénonce sur le théâtre, encore moins que l'on tue la femme, la femme moderne, celle qui est pareille à ses voisines. Il continue à la tenir pour un petit être faible, qu'il faut aimer plus que tout au monde au commencement de la pièce, afin de l'obtenir et de l'épouser à la fin. Si elle a failli, il faut lui pardonner; si on la tue, il faut mourir avec elle. Tel est l'hommage traditionnel que la moitié d'une salle de spectacle, composée d'hommes, rend à l'autre moitié de la salle, composée de femmes. S'ils n'avaient pour nos héroïnes cette tendresse et cette pitié que les auteurs dramatiques connaissent bien, qu'ils encouragent et qu'ils exploitent de leur mieux, les spectateurs croiraient manquer de respect à leurs mères, sœurs, filles, épouses, maîtresses réelles ou possibles, toutes femmes exceptionnelles et impeccables bien entendu. Ni leur raison, ni leur expérience, ni leurs études n'influent sur leur jugement une fois qu'ils sont assis dans leurs stalles. Là, c'est la femme qui décide; et quelle est la femme qui va se reconnaître dans Sylvanie, Noémie, Césarine, et avouer qu'elle se reconnaît?

Toujours est-il que mademoiselle Pierson a représenté de façon magistrale ce type de madame de Terremonde. Non seulement elle disait avec un art infini tout ce que l'auteur avait écrit, mais elle expliquait tout ce qu'il avait sous-entendu, tout ce qu'il avait rêvé, tout ce qui ne pouvait être mis en relief et en valeur que par la voix, les attitudes, les regards, les gestes d'une personne vivante et belle. Or, j'aurais demandé au Bernin de me tailler cette figure dans le marbre d'où il a tiré Daphné, j'aurais, comme Pygmalion, obtenu de Vénus qu'elle l'animât, qu'elle n'eût pas été plus harmonieuse, plus enivrante, plus fatale. Ceux qui l'ont vue n'oublieront jamais l'entrée de mademoiselle Pierson, cette opulente chevelure qui semblait faite de rayons de soleil enchevêtrés et nattés les uns dans les autres, ces yeux bleus, bleu de Chine, à reflets métalliques, brillants sous l'arcade régulière des sourcils comme des éclairs sur un étang glacé, ce nez droit et fin, comme celui des figurines de Tanagra, à la fois si fières et si provocantes sous leurs longues et impudiques draperies qui les enveloppent de si près qu'elles les révèlent complètement, ces lèvres humides et rouges comme le piment, dont le sourire légèrement relevé à gauche découvrait des dents dont la blancheur et la régularité semblaient moins faites pour le baiser que pour la morsure. Sur la robe noire, à longue traîne, des écharpes, des rubans, je ne sais quelles étoffes de couleurs vives faisaient courir des fulgurations d'or et de feu pareilles à ces beaux miroitements de lumière qui longent les articulations des fauves et donnent tant de souplesse à leurs mouvements. Les épaules, nues, étaient constellées de diamants. Ni rubis, ni saphirs, ni émeraudes, n'interrompaient les blancheurs de cet être mystérieux qui semblait pétri dans les dernières transparences de la lune et dans les premières teintes de l'aurore. Des gants noirs demi-longs, découpés dans la peau du Diable, affinaient encore les attaches et les mains. Ajoutez à cela une marche ondulante, une voix musicale, quoique restant toujours dans le même ton, pour se rendre aussi impénétrable que le visage, un regard vague, errant, tournant, pour ainsi dire, tout autour de la tête, comme pour voir de quel point des quatre horizons l'ennemi pouvait venir. L'ennemi aperçu ou seulement pressenti, ce regard devenait fixe, perçant comme s'il voulait trouer le point sur lequel il s'arrêtait. Jamais je n'ai vu un personnage et une personne faire aussi absolument corps ensemble. A quoi tenait cette assimilation merveilleuse qui a élevé ce jour-là mademoiselle Pierson au rang des plus grandes comédiennes? Car, si d'autres ont fait plus, aucune n'a fait mieux. Était-ce simplement le résultat de l'intelligence et de la volonté, le produit d'efforts continus, la révélation subite d'un talent qui s'était longtemps cherché? Il y avait de tout cela, mais ce n'était pas tout. Voulez-vous savoir la véritable raison? Suivez-moi. Mademoiselle Pierson vient de quitter la scène : montons dans sa loge, où elle rentre heureuse, justement fière de son succès, expansive, lumineuse, redevenue elle-même. Pendant que nous la complimentons, elle se dégante, pour tendre la main à tous ceux qui vont venir la féliciter. Regardez cette main : elle est remarquablement petite et du ton laiteux des camélias blancs. Les doigts effilés, pour ne pas dire pointus, les doigts de la Chatte métamorphosée en Femme, aux ongles en amande et aux extrémités naturellement teintées de rose, sont non seulement incapables de se recourber en arrière, mais de se dresser tout à fait. Prenez cette main pour la *porter* à vos lèvres. Celle à qui elle appartient ne pense guère à vous : elle regarde, dans sa glace, si elle était bien en scène ce qu'elle devait, ce qu'elle voulait être. Profitez de sa distraction, pressez cette main : vous voilà tout étonné. Qu'y a-t-il donc? Cette main d'enfant, la main de cette belle personne si blanche, si blonde, si gaie, est aussi résistante, aussi dure à la pression que douce et soyeuse au toucher. Ce n'est pas tout; elle est froide comme du cristal. Madame de Terremonde ne vient-elle pas de vous dire tout à l'heure que ses mains sont toujours glacées? Mais madame de Terremonde et la comédienne qui la représente sont deux femmes différentes. Qui sait? Quant à moi, la première fois que j'ai touché cette main, après avoir éprouvé la même sensation que vous, j'ai regardé dans le blanc des yeux celle qui me l'abandonnait. Elle a compris mon regard, elle s'est mise à rire, et elle m'a dit : « Eh bien! oui, c'est comme cela. » De sorte que, quand j'ai écrit le rôle de madame de Terremonde, j'ai su tout de suite où trouver la *femme* qui jouerait ce rôle, et qui le jouerait, comme je le lui ai dit ensuite, « dans la perfection ».

Après la mort de Desclée, la pièce servit de début à mademoiselle Tallandiera, morte à son tour deux ou trois ans après. C'était une fort belle personne, aux cheveux d'ébène, aux yeux de Mauresque, au teint olivâtre, aux dents éblouissantes. Elle avait eu, toute jeune, la passion du théâtre. Arabe par son père, Italienne par sa mère, il lui avait fallu vaincre un accent très prononcé, et elle y était parvenue. Cabanel m'avait écrit pour me demander de venir l'entendre chez lui. Je l'entendis dans Phèdre et dans Hermione. C'était une tragique, et une tragique de premier ordre. Elle était élève de Régnier, qui fondait sur elle les plus grandes espérances. Je la recommandai au Théâtre-Français ; mais le Théâtre-Français est un peu lent, et elle était impatiente. Elle avait peut-être le pressentiment de sa mort prochaine. Elle me demanda de la présenter à Montigny, qui l'entendit chez lui et qui l'engagea tout de suite. Elle débuta dans la *Princesse Georges*, n'ayant jamais vu la rampe d'un théâtre. J'ai rarement assisté à un début aussi remarquable. Elle donnait au rôle une allure un peu sauvage qui intéressa tout de suite le public; et quand, au troisième acte, elle disait à son mari : « Eh bien! non, tu n'iras pas », elle lui barrait le chemin de telle façon, elle le saisissait si violemment à la gorge, qu'il eût été vraiment impossible non seulement à M. de Birac, mais au comédien qui le représentait, de se dégager de cette étreinte. Elle fut rappelée deux fois après la pièce, et cependant la salle contenait, au commencement de la soirée, les éléments les plus hostiles. Cette jeune femme très belle, qui débutait tout à coup dans un rôle de cette importance, avait éveillé certaines défiances, certaines jalousies qui ne demandaient qu'à se faire jour, mais qui n'en trouvèrent ni l'occasion ni le moyen. L'histoire de cette belle fille serait des plus curieuses à raconter; tout ce que nous pouvons dire, c'est que, quand, à son tour, elle joua la *Dame aux Camélias*, qui fut son dernier rôle, elle était exactement dans la situation de l'héroïne. Elle pouvait dire comme Marguerite Gautier : « J'ai vécu de l'amour, j'en meurs. » Elle crachait réellement le sang pendant les entr'actes, et elle ne quitta la chaise longue où elle mourait fictivement, que pour le lit où elle devait mourir en réalité.

Le rôle du prince était tenu par M. Pujol, un des hommes les plus distingués que j'aie connus. Rien n'était comparable à sa modestie, si ce n'était sa conscience et sa volonté. Il n'était jamais content de lui; il demandait toujours à l'auteur de le remplacer par un de ses camarades, tant il redoutait son insuffisance. Il m'a fort bien joué ce rôle ingrat du prince, et supérieurement celui de Montaiglin dans *Monsieur Alphonse*. Cet homme, discret et timide comme une jeune fille (ceux qui l'ont connu comme moi accepteront cette comparaison), était d'un courage à toute épreuve. Pendant la guerre de 1870, il a été absolument héroïque. Pendant la Commune, les fédérés ont voulu l'incorporer, et, comme il s'y refusait, quatre ou cinq de ces messieurs sont venus chez lui pour l'arrêter : il les a reçus tout seul, un revolver dans chaque main, en leur déclarant, avec ce flegme qui l'avait fait accuser quelquefois de froideur au théâtre, qu'il casserait la figure au premier qui porterait la main sur lui. Ces messieurs crurent ne pas devoir insister et ne reparurent plus. Qu'est devenu M. Pujol ? Il a recueilli, m'a-t-on dit, un petit héritage et immédiatement il a profité de son indépendance pour quitter le théâtre, qui lui donnait tant d'émotion, et pour se retirer au fond d'une campagne. Voilà un véritable philosophe! A ce point que, malgré toutes mes démarches, je n'ai pas pu arriver à connaître le lieu de sa retraite, et que l'exemplaire de cette édition [1] qui lui est destiné n'a jamais pu lui parvenir et l'attend toujours. Si quelqu'un de ses anciens camarades a conservé des relations avec ce galant homme, qu'il me fasse savoir où il est : je m'engage à ne le dire à personne.

Il y a, dans cette pièce, au commencement du second acte, une scène entre la baronne, Berthe et Valentine, qui a paru inconvenante à bien des gens,

---

1. *Édition des Comédiens.*

et inutile à beaucoup d'autres. Je n'ai pas à la défendre. Qu'elle se défende toute seule, ce qui ne lui sera pas difficile devant des lecteurs attentifs et de bonne foi. Cette scène où le *féminin*, en l'absence des hommes, laisse voir le fond de sa pensée sur le *masculin* auquel il est accouplé, était en outre destinée à préparer l'entrée et à expliquer le caractère, la nature, l'état social et le cas physiologique de madame de Terremonde, de façon que celle-ci n'eût plus que quelques mots à dire pour achever sa propre portraiture. La scène était jouée avec une vivacité et une élégance remarquables par madame Fromentin, mademoiselle Jeanne et mademoiselle Massin. J'ai été à même de constater pendant cette scène, à propos d'une phrase, une impression très extraordinaire du public, impression qui s'est reproduite à toutes les représentations, sans en excepter une seule, c'est-à-dire cent vingt ou cent vingt-cinq soirées de suite. Valentine et Berthe causaient à l'avant-scène et se plaignaient l'une et l'autre de l'indifférence de leurs maris.

Savez-vous, Berthe, que nous sommes peut-être bien bonnes de rester des honnêtes femmes ? car nous sommes des honnêtes femmes, vous et moi, il n'y a pas à dire, disait Valentine.

BERTHE

J'ai bien réfléchi à ça, et j'ai bien étudié les hommes. Mon avis est qu'ils se ressemblent tous : c'est donc beaucoup d'en supporter un. Qu'est-ce que ça doit être quand il faut en supporter deux ?

VALENTINE

Il faut croire qu'au second ce n'est pas encore amusant, et que ça ne commence à être vraiment gai qu'au troisième : c'est probablement pour cette raison que celles qui vont jusqu'à un vont jusqu'à deux, et que toutes celles qui ont été jusqu'à deux poussent jusqu'à trois, comme Sylvanie.

BERTHE

Ils sont trois?

VALENTINE

Y compris le mari; mais le mari, c'est comme l'entresol dans les grandes maisons, ça ne compte pas.

A la fin de cette dernière phrase, tous les soirs, on entendait dans la salle un : « Oh! » prolongé, le « oh! » que nous connaissons bien des publics scandalisés. Je revenais exprès, de temps en temps, à l'heure où je savais que l'effet devait se produire, car il était régulier comme le coup de canon du Palais-Royal, et, chaque fois, je le retrouvais exactement le même que la fois précédente. D'autres effets se déplaçaient comme il arrive souvent, devant le public, selon les couches qui le composent. Tantôt la partie dramatique, tantôt la partie comique l'emporte. A la phrase que je viens d'indiquer, il n'y avait pas d'hésitation : l'effet était toujours mauvais. Pourquoi? Je n'ai jamais pu m'en expliquer la cause, la phrase visant à une de ces plaisanteries courantes qui, sans être très spirituelles, suffirait pour faire une réputation d'esprit à une femme du monde actuel. Que cette phrase passât inaperçue, qu'elle fît sourire, je l'aurais compris; mais qu'elle choquât à ce point, c'est resté incompréhensible pour moi. Deux ou trois fois, Montigny m'a demandé de la supprimer, Madame Fromentin, qui jouait le rôle, en étant troublée tous les soirs : je n'ai jamais consenti. J'étais curieux de voir si le même effet se reproduirait jusqu'à la fin des représentations : il s'est toujours reproduit comme mécaniquement. Jamais plus, jamais moins; je ne m'explique pas encore pourquoi. D'autant plus que, quand la pièce a été reprise, un peu plus tard au Gymnase, pour mademoiselle Tallandiera, la phrase a passé sans encombre, bien que le rôle fût toujours tenu par la même personne. Je n'aurais pas insisté sur ce détail presque puéril s'il n'était une occasion de constater une de ces anomalies du public dont les expérimentés en matière de théâtre ne sauraient trouver l'explication.

Enfin cette pièce a été reprise, il y a deux ou trois ans, au Vaudeville, pour les débuts de mademoiselle Legault sur cette scène. C'est alors, mais alors seulement, que j'ai voulu et que j'ai pu rétablir la dernière scène telle qu'elle était à la répétition générale et telle que, dans la préface à laquelle correspond cette note, je conseillais de la rétablir. Non seulement cette scène n'a choqué personne, mais elle a produit un très grand effet. Comment ai-je pu obtenir avec mademoiselle Legault ce que je n'avais pu obtenir avec Desclée, malgré tout son talent, ce que je n'avais pas osé tenter avec mademoiselle Tallandiera, malgré toute la confiance que j'avais en elle? Par une raison qui va causer quelque étonnement, et qui est cependant la seule : c'est que Desclée et mademoiselle Tallandiera étaient brunes et que mademoiselle Legault est blonde. Or, malgré toutes ses jalousies et toutes ses colères, le rôle est *blond*. Autant tout d'abord il avait semblé logique et nécessaire que les deux premières interprètes avec leurs cheveux noirs, leurs yeux noirs, leur physionomie sombre et fatale, fissent tuer le coupable, autant il a semblé naturel que mademoiselle Legault avec ses cheveux blonds, avec ses grands yeux candides, avec sa figure virginale, après avoir été troublée par la jalousie jusqu'à concevoir la pensée d'un crime, reculât épouvantée au moment de le commettre et d'immoler toutes les joies, tous les souvenirs, toutes les espérances de sa vingtième année. Le public juge d'abord avec les yeux, il voit avant d'entendre, et, cette première impression reçue, il n'a quelquefois plus le temps d'en revenir par le raisonnement et l'analyse. Desclée et mademoiselle Tallandiera, malgré elles, par leur forme particulière, donnaient trente ans à ce rôle qui n'en a que vingt, car Séverine n'est mariée que depuis un an à peine : c'est une pensionnaire qui sort de son couvent, sa mère le dit expressément au deuxième acte.

Ce n'est pas moi qui oublierai jamais ce que la *Princesse Georges* a dû à l'immense talent de Desclée et ce qu'elle doit encore à sa mémoire; mais le danger, s'il en est un, pour un auteur, avec des artistes de cette volée, c'est de les voir imprimer trop profondément à leur création le cachet longtemps ineffaçable de leur personnalité. L'œuvre y gagne beaucoup comme retentissement et comme succès, mais elle peut ainsi dévier de son esthétique et s'écarter de son but. Le public subit la puissance et le charme de l'artiste qui est en communication directe avec lui; il accepte cette manière si séduisante de comprendre et de traduire ; il applaudit, il se passionne et se laisse emporter dans la direction que le tempérament particulier de l'interprète donne au rôle. Il est ému, cela lui suffit. Est-ce par le personnage? Est-ce par le comédien? Peu lui importe : les deux ne font plus qu'un pour lui. Seulement, si son émotion se refroidit une minute, il n'admet pas que ce soit la faute de ce comédien qui l'enchante depuis qu'il est là, et c'est à l'auteur qu'il s'en prend. Il faut quelquefois des années à celui-ci pour remettre son œuvre à son plan, dans son atmosphère et dans sa perspective. C'est ce que la jeunesse, la beauté, les chastetés et les convictions de mademoiselle Legault m'auront aidé à faire. C'est grâce à elle que, désormais, la Princesse Georges sera *blonde* et n'aura plus que vingt ans.

Je venais à peine d'écrire le dernier mot de cette pièce, terminée le 13 juillet 1870, deux jours avant la déclaration de la guerre (on se rappelle éternellement ces coïncidences-là), quand une vieille amie à moi vint, toute troublée, me voir à Puits et me demander un conseil. Son fils, marié, avait quitté la maison conjugale pour suivre une femme du monde, veuve, célèbre par son nom, sa galanterie et sa beauté. La jeune femme était affolée de jalousie, de ressentiment et de chagrin. Sa belle-mère me faisait l'honneur de venir me demander un conseil. Que devait faire l'abandonnée? Je pris le manuscrit de la *Princesse Georges*, ou plutôt la copie bien lisible que j'en avais fait faire, et je passai cette copie à ma vieille amie en lui disant : « Faites lire ça à votre bru : elle y trouvera le conseil que vous me demandez. » Ce conseil fut suivi. Un mois après, le mari, désenchanté de sa maîtresse, revenait chez sa femme, qui le recevait sans une observation, sans un reproche, comme s'il fût revenu de son cercle. C'est peut-être la seule fois qu'une pièce de théâtre aura servi à quelque chose. Il est vrai qu'elle n'était pas encore jouée.

Juin 1884.

LA
FEMME DE CLAUDE

Cette phrase : « *Voulez-vous la pendule?* » a été supprimée à la représentation sur la demande des censeurs, qui ont bien compris ce qu'elle voulait dire. Elle était, dans la pièce, la seule allusion directe à la nationalité véritable de Cantagnac. Elle eût subitement éclairé le personnage et l'eût marqué au front. La censure n'imposait pas cette suppression, mais elle la demandait au nom de considérations auxquelles il m'était impossible de ne pas me rendre. Je pouvais, en la maintenant, susciter des embarras au gouvernement si le public saisissait bruyamment l'allusion, et le lendemain de la première représentation la phrase eût été supprimée par ordre, et par ordre *extérieur*. C'eût été pour le pays une humiliation de plus que je ne voulais pas avoir à me reprocher. La phrase eût-elle sauvé la pièce, trop sérieuse, trop noire pour le public français? Ce n'est pas probable. Pour faire réussir cette pièce, il aurait fallu en modifier le costume, en changer l'époque, en diminuer l'intention. Si j'avais mis l'action sous la première République française ou dans une des républiques de Venise, de Gênes ou de Hollande, si j'avais fait de Ruper un chef d'armée, d'Antonin un lieutenant, de Cantagnac un simple espion chargé de dérober le plan de campagne; si j'avais fait de Ruper et de Rébecca deux amoureux vulgaires, gémissant de ne pouvoir être unis; si j'avais fait d'Antonin, un moment troublé par Césarine, le meurtrier de celle-ci, et s'il avait pu dire à son chef : « J'ai puni la coupable, vous pouvez maintenant épouser celle que *vous aimez* : moi je vais me faire tuer pour me punir à mon tour », peut-être aurais-je obtenu un grand succès? Je dois avouer que je n'y ai pas songé. A vrai dire, en écrivant la *Femme de Claude,* je n'ai pas voulu faire ce qu'on appelle une pièce de théâtre : j'ai voulu tenter de dire, par le théâtre, quelque chose de particulier, d'intime, de profond. Le public n'a pas voulu m'écouter. C'était son droit; n'en parlons plus. A la lecture, quelques personnes certainement s'étonneront de cet insuccès. Je viens de relire la pièce après douze ans. J'en avais oublié beaucoup de détails. Elle m'a paru intéressante, douloureusement intéressante d'un bout à l'autre, en disant bien ce que, à tort ou à raison, j'avais voulu dire. Toute la scène d'ensemble du deuxième acte, pendant laquelle Rébecca parle à Claude et Césarine chante au piano, est d'un effet symphonique, pour me servir de l'expression même de Gounod, que cette scène avait frappé. Certaines parties de l'œuvre, entre autres l'examen de conscience, la prière de Claude au commencement du troisième acte, plaisaient beaucoup à monseigneur Dupanloup, qui avait bien voulu me demander de lui communiquer le manuscrit avant la représentation. Il condamnait, il devait condamner le dénouement. Si je m'appuie aujourd'hui sur l'évêque d'Orléans, c'est pour montrer que cette pièce s'adressait évidemment à un tout autre public que celui qui défraye les salles de spectacle.

Je raconterai peut-être un jour les conversations très curieuses que j'ai eues quelquefois sur l'art, la philosophie, le théâtre, avec monseigneur Dupanloup, qui déplorait mon hérésie, mais qui m'aimait, me disait-il, à cause de ma sincérité, dont il ne doutait pas. Il y a eu quelquefois, à Viroflay, dans le jardin de Bon-Repos, et à La Chapelle Saint-Mesmin, au bord de la Loire, sous les grands arbres de l'évêché, de longues causeries intimes entre le grand évêque, le fougueux prélat, comme on l'appelait souvent, et l'auteur dramatique réputé immoral, mis souvent à l'index par la cour de Rome. Bien des gens, s'ils les avaient entendus, auraient été fort étonnés, scandalisés peut-être, du parfait accord des deux interlocuteurs sur certaines questions sociales et psychologiques, et cela sans qu'aucun des deux fût forcé de faire, par politesse, la moindre concession à l'autre. C'est ce qui me portait à dire un jour à monseigneur Dupanloup : « S'il n'y avait que des évêques comme vous, Monseigneur, et des hérétiques comme moi, l'entente se ferait bien vite. »

Que vient faire l'évêque d'Orléans dans des notes

comme celles-ci? Je demande pardon à sa mémoire de l'évoquer en si mauvais lieu. C'est la faute de la grande bienveillance qu'il m'a témoignée et du grand intérêt qu'il prenait à tout ce qui était de l'âme humaine. Revenons bien vite à nos grelots et à nos marionnettes.

Le rôle de Césarine est le dernier que Desclée ait créé de moi. C'est pendant les répétitions de cette pièce qu'elle a ressenti les premières atteintes du mal dont elle est morte au milieu des plus abominables souffrances. Elle avait très peur du personnage. J'avais beau lui dire qu'il n'y avait dans cette pièce de danger que pour l'auteur, elle tremblait pour elle-même. « Quoi qu'il arrive de moi, lui disais-je, ce sera un triomphe pour vous. » C'était moi qui avais raison. La pièce a été fort malmenée. Desclée y a obtenu un succès éclatant, mais qui n'a pas pu fournir plus de trente-cinq à quarante représentations, faisant à peine les frais. Je me rappelle encore la joie du public en voyant paraître Pradeau avec sa figure rabelaisienne, son regard fin, sa voix éclatante. « Ah! nous allons rire », se disait-on. Quel désappointement! Il n'y avait pas plus de quoi rire que dans une tragédie.

La pièce n'a jamais été reprise en France. Elle est jouée assez souvent en Autriche, m'a-t-on dit, et ce dont je suis certain, c'est qu'elle est au répertoire en Italie, mais seulement grâce au merveilleux talent de la Duse Cecchi, qui est la Desclée de Turin, de Florence, de Venise et de Rome.

26 septembre 1884.

MONSIEUR ALPHONSE

J'étais bien sûr, quand j'ai eu l'idée de cette pièce, que j'allais, si elle réussissait, déshonorer un nom de baptême. Lequel? En apparence, je n'avais que l'embarras du choix. Les noms de baptême vulgaires et même compromis ne manquent pas; mais ces noms vulgaires et compromis, sans que d'ailleurs on sache pourquoi, ne le sont pas tous dans le même sens. Certains noms semblent plus particulièrement dévolus à certaines catégories d'individus. En même temps, la réunion des syllabes composant le nom de mon héros devait former avec la conception du caractère je ne sais quelle mystérieuse concordance, quelle harmonie imitative où le type particulier que je voulais présenter au public se trouvât annoncé, dénoncé plutôt. Ce nom seul devait trahir une dégradation morale d'un certain ordre avec une vague odeur de féminin tout autour. Comment un nom de baptême, surtout, peut-il donner, à première vue, une impression de ce genre? C'est inexplicable et certain cependant, à ce point que si j'avais appelé mon personnage Emmanuel, Mathieu ou Boniface, jamais ce nom ne se fût adapté à mon *personnage*; jamais on n'eût dit un Boniface, un Mathieu, un Emmanuel, comme on dit maintenant un Alphonse. Pourquoi? Y avait-il des antécédents d'homonymie tels que l'allusion et la compréhension immédiates fussent évidentes, que le sous-entendu fît tout de suite comprendre ma pensée? Non, au contraire. Ce prénom d'Alphonse n'était associé dans l'esprit public qu'aux noms les plus respectés et les plus célèbres. Alphonse de Lamartine, Alphonse Karr, Alphonse Daudet, Alphonse de Neuville, Alphonse de Rothschild, n'évoquent que le souvenir du génie, du talent, de la gloire, de la probité, du travail.

L'histoire ne me présentait sous ce nom que des princes dignes de respect et d'admiration. Depuis le premier Alphonse qui a fondé le royaume de Portugal, et qui mourut, il y a juste sept cents ans cette année, jusqu'au roi d'Espagne actuel, que Dieu garde, comme nous disions en France quand nous avions des rois, tous les rois de ce nom, qu'ils soient rois d'Aragon, de Naples, de Sicile, des Asturies ou de Portugal, ont bien mérité de leurs peuples et de l'avenir. Ils ont été braves, justes, généreux, instruits, cléments. L'un est surnommé le Fier, l'autre le Magnanime, celui-ci le Débonnaire, celui-là l'Africain, tout comme Scipion, à la suite de ses victoires sur les Maures. Alphonse IX des Asturies est dit le Noble, Alphonse X le Savant, Alphonse XI le Vengeur, Alphonse III le Grand, et, voyez si ce nom aurait dû m'être sacré, son prédécesseur avait été proclamé le Chaste.

Le premier patron d'Alphonse dans l'église, saint Alphonse de Orezo, n'est pas un saint de premier ordre, évidemment, comme Pierre, Paul, Augustin ou Grégoire; il ne date que du XVIe siècle et n'est qu'un amateur distingué, un membre honoraire, pourrait-on dire, dans la compagnie des grands fondateurs et des grands défenseurs de l'Église, mais c'est un très honnête petit saint, qui n'a jamais fait parler de lui qu'en bien, et qui, entre nous, me va mieux que le second Alphonse, celui du XVIIIe siècle, plus connu que lui, mais à qui je ne me fierais pas autant, Alphonse de Liguori, qui a écrit tant de livres de subtile théologie où la casuistique des jésuites trouve si facilement réponse à tout. Je sais bien qu'il n'a jamais voulu se marier, qu'il a renoncé à son droit d'aînesse, qu'il n'a eu, sa vie durant, qu'un seul amour, le plus immatériel et le plus éthéré qu'on puisse avoir, l'amour de la Vierge, à l'autel de laquelle il a suspendu son épée et dont il prêcha et propagea le culte; je sais tout cela, mais, je l'avoue, je n'aime pas ces dévotions ardentes et uniques d'un homme jeune à une sainte de prédilection, cette sainte fût-elle la Vierge. Le seul amour de Dieu et le seul culte à Dieu me paraissent, soit dit en passant, les plus simples, les plus purs et les plus vrais. Tout intermédiaire dont la forme est définie, dont la jeunesse est éternelle, et surtout dont le sexe diffère, me trouble un peu dans ma confiance à l'onction intérieure du fidèle. J'y retrouve trop les traditions païennes, et la sainte prend tout à coup pour moi des airs de déesse compatissante et accessible. Notre pauvre nature humaine est tellement pétrie dans le péché, qu'on ne saura jamais précisément si tout ce qu'un tel dévot jette de lui dans le foyer de son adoration n'est issu que de son âme, et si le parfum qui s'en exhale n'était pas plus fait pour le temple de Vénus que pour l'autel de Marie. Il y a là des extases mixtes dont les artistes de l'époque d'Alphonse de Liguori devaient se rendre compte quand ils nous montraient les pieds roses, les bras blancs et quelquefois la gorge nue de leurs saintes dans une attitude qui tient autant du menuet que de l'apothéose. C'est sans doute à cette disposition particulière de l'esprit et des sens d'Alphonse de Liguori pendant ses oraisons qu'il faut attribuer la préférence qu'il accorde dans ses traités à toutes les matières des sixième et neuvième commandements de Dieu. Aucun théologien n'a pris autant de peine ou de plaisir à élucider ces questions délicates de l'amour et de la luxure. Je dois reconnaître que non seulement saint Liguori y fait preuve d'une recherche minutieuse et d'une connaissance extraordinaire, mais qu'il y témoigne et y conseille toujours pour les pécheurs l'indulgence la plus sympathique et la plus ingénieuse. Cependant, si complaisant que soit ce saint et quelques joies et quelques bénéfices que son âme et sa renommée aient tirés de son adoration pour la Vierge, je n'ai pas songé une minute à placer *Monsieur Alphonse* sous son invocation. On m'accuse de tant de choses que je tiens à me défendre de celle-là.

Et j'en reviens alors à mon interrogation première : « Pourquoi ce nom, semblable à tous les autres, dans le passé et dans le présent, qui ne s'était distingué d'eux que par l'éclat du talent, de la noblesse et de la piété, s'adaptait-il mieux, par je ne sais quelle intuition, à la bassesse de mon personnage que le nom de Mathieu, d'Emmanuel ou de Boniface? » Pourquoi le nom du saint évêque Basile convient-il mieux au cafard diffamateur et rufian que Beaumarchais a mis en scène, que le nom de Lucien ou de Gilbert? Pourquoi les noms de Joseph, de Jean, de Victor, d'Antoine, de François évoquent-ils plus l'image d'un domestique que les noms de Guy, de Raoul, de Marc et de Gontran? Nous demandons son nom à un paysan, il nous répond Jean, Thomas, Nicaise. Cela nous paraît tout simple. Supposez qu'il nous réponde Valère, Agénor, Gaston ou Raphaël : nous voilà étonnés et comme frappés d'une dissonance et d'une aberration. Pourquoi éprouverions-nous la même sensation si, voyant courir dans un jardin une fillette blonde et rose, nous entendions tout à coup sa mère l'appeler Monique, Gertrude ou Perpétue? Qu'y aurait-il d'étonnant qu'une mère catholique et croyant à la protection du ciel mît sa fille sous le patronage de ces saintes femmes, dont la seconde refusa l'alliance d'un roi, entra au couvent, y vécut et mourut vierge dans une telle austérité qu'elle ne voulut d'autre linceul que son cilice, et dont la troisième, préférant Christ nouvellement révélé à son mari et à son enfant, se fit chrétienne, subit et rechercha le martyre, et, poussée nue dans le cirque, encourageait ses camarades de supplice au milieu des rugissements et des morsures des bêtes qui la mettaient en lambeaux? Pourquoi une mère ne songe-t-elle pas plus à donner un de ces noms à sa fille que les noms de Zoé, d'Eudoxie ou de Malvina? Et pourquoi, si elle le faisait par hasard, se demanderait-on où elle avait la tête le jour où elle l'a fait? D'un autre côté, comment peut-on donner à toutes les filles, à tort et à travers, à profusion, aux champs comme à la ville, le nom de Marie, sans courir jamais la chance de le voir ridicule et compromis? Vous me direz que c'est le nom de la Vierge, et un tel symbole de pureté que rien ne saurait en altérer l'étymologie divine. Et le nom de Madeleine, qui a été le nom d'une courtisane, pourquoi jouit-il du même privilège? Et le nom de Suzanne, qui n'évoque que l'image d'une femme nue et de deux vieillards curieux et salaces, pourquoi est-il et restera-t-il toujours frais, gracieux, noble? Entre la nudité de Perpétue subissant le martyre et la nudité de Suzanne se lavant tranquillement dans l'eau claire d'une fontaine, on ne devrait pas hésiter. Toute la poésie et toute la grandeur sont du côté de Perpétue, et c'est Suzanne que l'on préfère! Pourquoi? Il y a là certainement des faveurs et des discrédits illogiques, des tyrannies du goût, des affinités mytérieuses, inexplicables et incontestables entre certaines idées et certains sens qui n'ont cependant aucun rapport direct avec elles. Balzac avait raison : il y a des noms prédestinés.

Toujours est-il qu'après avoir fait comparaître les *Jules*, les *Adolphe*, les *Auguste*, les *Eugène*, les *Alfred*, les *Théodore*, les *Arthur*, les *Anatole*, tous les noms de baptême qui, à tort ou à raison, sentent l'estaminet fumeux, le bal de chemin de ronde, l'arrière-boutique des revendeuses, la maison à ruelle obscure et à persiennes cadenassées, quand *Alphonse* s'est présenté, il m'est apparu tout de suite comme le plus digne du déshonneur que je préméditais. Ce nom devenait tout à coup pour moi une personne. Je lui voyais, quand il serait poussé à l'extrême, comme cela devait lui arriver nécessairement, une casquette de côté, des cheveux épais, noirs, brillants, souples, avec une mèche revenant perpétuellement sur le front; une moustache fine, des lèvres rouges à pipe adhérente, crachant de côté et loin en découvrant des petites dents très blanches; des pommettes rosées, des yeux tour à tour lascifs, voilés, cruels, toujours cernés de bleu, une fossette au menton, le cou rond et lisse, un dandinement continuel du corps d'un côté sur l'autre, et surtout d'arrière en avant, des pieds que l'on devine petits, même dans de grosses ou de vieilles chaussures, des petites mains de la couleur des chapons gras, que rien ne rougit, toujours très blanches, jamais très propres et comme lavées dans l'huile, à doigts courts, à paume épaisse, emmanchées à des poignets et à des bras d'athlète, paresseux comme un loir, agile comme un clown, concentrant presque tout ce qu'il a à dire, soit aux femmes, soit aux hommes, entre un clignement des paupières et une contraction de la bouche; le tout baignant dans une atmosphère de sensualité experte et toujours prête, répugnante ou irrésistible selon la nature de celles ou de ceux qui passent à portée de ses convoitises ou de ses calculs.

Pourquoi ce nom a-t-il contenu tout de suite tout cela pour moi, et pourquoi maintenant va-t-il si bien au personnage qu'il désigne, j'allais dire qu'il numérote? On ne l'expliquera jamais. Ce qui est évident, c'est que voilà un nom qui avait jadis une bonne réputation, et que la fantaisie d'un écrivain fait maintenant montrer au doigt, à ce point qu'un maire, dressant l'état civil d'un enfant qui venait de naître et l'entendant appeler *Alphonse*, n'a pu s'empêcher de s'écrier : « Déjà! » Je demande pardon à tous les honnêtes *Alphonse* d'autrefois. Quant à ceux de l'avenir, je ne leur dois plus rien : ils sont prévenus.

Les comédiens appellent certains rôles des rôles ingrats. Ce sont les rôles qui n'ont pas, de la première scène à la dernière, la sympathie du spectateur, les rôles où il faut plus compter sur l'étonnement, l'attention et la défiance que sur l'applaudissement, qui sortent de la pièce avec un châtiment ou une flétrissure. La vérité est qu'il faut beaucoup plus de talent pour ces rôles-là que pour les autres, et que les comédiens préfèrent naturellement ceux qui vont tout seuls et dont tous les effets sont dans le texte. Je distribuai le rôle d'Alphonse, rôle ingrat par excellence, à un jeune et charmant comédien, bien connu aujourd'hui, mais qui sortait alors du Conservatoire, Frédéric Achard. Au lieu de le réjouir, mon choix le rendait aussi malheureux que possible. Il n'était pas seulement effrayé par la difficulté de la composition, il était honteux de représenter ce personnage. Ce jeune homme, si ouvert et si honorable dans sa vie privée, était convaincu que cet Alphonse allait déteindre sur lui, surtout au début de sa carrière; que son nom et ce nom d'Alphonse resteraient éternellement accolés; qu'il ne pourrait jamais se dégager complètement de cette alliance fortuite. Ses inquiétudes étaient formulées avec une ingénuité aussi touchante que comique. Plus il m'expliquait qu'il n'avait rien de ce qu'il fallait pour jouer ni même pour comprendre ce rôle, plus je tenais à ce qu'il le jouât, lui répétant sans cesse que ce dont j'avais le plus besoin, en dehors de ses grandes dispositions dramatiques que j'avais pu apprécier aux examens du Conservatoire, c'était justement son air naturellement honnête et naïf, grâce auquel ma canaille prendrait un caractère d'inconscience qui lui servirait de passeport le jour de la première représentation. Il finit par se résigner, fit de son mieux, fit très bien, eut un très grand succès, et, après sa sortie, à la fin du troisième acte, se sauva dans sa loge, d'où il fut impossible de le faire redescendre quand le public rappela tous les artistes.

21.

La pièce fut d'ailleurs remarquablement jouée. Pujol était absolument l'incarnation de son rôle. Sa grande distinction, la franchise et la loyauté de sa nature, la correction de sa tenue et cette certaine raideur qu'on lui reprochait quelquefois, ne faisaient plus de l'homme et de Montaiglin qu'une seule et même personne, fière, éprouvée, touchante et, comme il le fallait, un peu au-dessus de la nature humaine. La petite Lody, comme on l'appelait alors, que le Conservatoire m'avait prêtée, affrontait pour la première fois le public dans le rôle d'Adrienne, doublement difficile parce qu'il y fallait, avec la taille et l'apparence d'une enfant de onze ans, l'habileté et la sûreté d'une grande ingénue. Cette jolie gamine avait les deux qualités. Au moment où elle allait entrer en scène, dans le premier acte, je lui dis : « Vous êtes émue? — Pas du tout », me dit-elle. C'était vrai. Et quand elle rentra dans la coulisse, suivie des applaudissements de toute la salle, elle ne l'était pas davantage. Ce n'était pas de l'aplomb, mais une grande volonté dans cette petite personne, devenue aujourd'hui une femme, et qui joue Denise à Saint-Pétersbourg, aussi bien qu'elle a joué Adrienne à Paris.

Mademoiselle Pierson était chargée du rôle de madame de Montaiglin, qui n'était ni de son emploi ni de son âge. Elle s'y est montrée aussi noble et aussi pathétique que possible. Je n'ai dit de mademoiselle Pierson, à propos de la *Princesse Georges*, que la moitié de ce que je pense de la femme et de la comédienne : je n'ajouterai rien ici. Je la retrouverai dans les notes de *Denise*, à propos de sa remarquable création de madame de Thauzette, où elle a prouvé que, si elle n'était que depuis un an de la maison des grands comédiens, elle était depuis longtemps de leur famille. Dans ces notes que j'ai tant de plaisir à écrire parce qu'elles me font momentanément revivre les meilleurs moments de ma vie, en compagnie de quelques-uns des artistes les plus distingués de mon temps, je m'efforce de rendre à tous mes interprètes la justice qui leur est vraiment due à travers la reconnaissance que je leur dois. Cette reconnaissance me fait certainement un devoir de ne mettre en relief et en lumière que leurs qualités et c'est ce qui me plaît le plus dans ce travail ; assez d'autres sont là pour critiquer les comédiens, pour les insulter même au besoin. Leur intervention dans un de mes ouvrages me fournit l'occasion de porter sur eux un jugement d'ensemble dans lequel j'essaie, avec toute la discrétion qui m'est commandée, d'expliquer et de montrer çà et là l'action réciproque, fatale, que, dans ce monde à part, le caractère exerce sur la profession et la profession sur le caractère. Quand je pénètre un peu plus que ne semble l'autoriser une étude purement littéraire dans la vie intime des artistes, comme pour Desclée par exemple, c'est que cette investigation me sert à faire comprendre la corrélation intime, secrète, entre la personne réelle et le personnage fictif, c'est que je me sens autorisé par ma bonne foi, dont aucun de ceux dont je parle ne doute et que mes indiscrétions ne sortent pour ainsi dire pas de la famille puisque cette édition, dédiée aux comédiens, est leur propriété particulière qu'elle n'est tirée qu'à un très petit nombre d'exemplaires, et que le grand public n'en connaît que les quelques citations que les journaux en donnent.

J'ai voulu offrir, aux comédiens qui m'avaient aidé de leur talent et de leurs efforts, un souvenir particulier des sentiments que je leur garde. Quand nous serons tous morts, comédiens et auteur, ces volumes limités et rares auront passé dans de nouvelles mains, et il se retrouvera certainement plus tard quelque écrivain curieux du passé, désireux d'être sincère, qui leur demandera, pour une étude rétrospective de l'art dramatique dans la seconde moitié du XIXe siècle, les renseignements dont il aura besoin. J'écris un peu pour ce confrère futur, et d'avance je l'assure de la sincérité de mes appréciations en même temps que de la ressemblance des portraits qui composent cette galerie. Je n'ai pas flatté un seul de mes modèles ; je n'ai même pas usé de cette supercherie de ne pas écrire tout ce que je pensais. Il faut dire aussi que, malgré tout ce qui a été imprimé, depuis et y compris Diderot, sur le mauvais caractère, l'orgueil, la susceptibilité et l'ingratitude des comédiens, je n'ai pas souvenir, après plus de trente ans de commerce avec eux, du moindre malentendu entre nous. Aux défauts inhérents à la nature humaine, quelques-uns ajoutent les défauts résultant de la profession : quoi de plus naturel encore? Ceux qui bataillent dans la vie pour un résultat quelconque ne sont-ils pas tous logés à la

même enseigne, et surtout ceux qui recherchent
l'attention et la faveur du public, si difficiles à
obtenir, si faciles à perdre? Les faiblesses, les vanités, les jalousies, les intimités sont sinon plus fortes,
du moins plus visibles dans ce monde nerveux, impressionnable, toujours surexcité, plus en évidence
que tout autre et plus que tout autre exposé aux
curiosités, et quelquefois aux injures et aux dédains
de parti pris. La vérité, à mon sens, c'est que, dans
cet art du théâtre, le seul où la femme est presque
toujours supérieure à l'homme, il y a, comme conséquence de cette supériorité exceptionnelle, prédominance, même chez les hommes, du tempérament
féminin. Il en résulte, pour user d'un mot dont on
abuse trop aujourd'hui, une *nervosité* professionnelle. Dans toutes les carrières, on se décrie, on se
déteste, mais cela se passe toujours entre personnes
du même sexe. Avocats, peintres, médecins, musiciens, écrivains, savants, commerçants, hommes
politiques, journalistes, hommes de lettres, nous
sommes loin d'être tendres les uns pour les autres,
quand nous laissons parler notre amour-propre,
mais le masculin seul est en jeu. Au théâtre, les
deux sexes sont en concurrence incessante sur un
seul plan, les moyens d'action sont les mêmes et le
but est unique : l'applaudissement de la foule. Il
arrive quelquefois, souvent, comme nous le disions
plus haut, que le talent attribue au sexe faible la
supériorité que, dans toutes les autres professions,
on a l'habitude, par expérience, de reconnaître au
sexe fort. Tout à coup, la femme devient intellec-

tuellement et socialement l'homme, et l'homme, relégué au second plan, se sent devenir peu à peu la femme, incapable de lutter avec sa camarade triomphante. Cette camarade peut être en dehors du théâtre la plus ignorante, la plus légère des femmes : si elle a un grand talent, le public ne lui demande pas autre chose ; il l'acclame, elle rayonne, elle est reine, et l'homme disparaît. A talent égal, c'est encore elle qui l'emportera, par cela seul qu'elle est femme. Il ne sera jamais proposé à aucun comédien, quelque valeur qu'il ait, un engagement à l'étranger comparable à celui que nous voyons tous les jours offrir à certaines comédiennes.

Il ne se déplacera jamais autant de femmes pour aller entendre un acteur qu'il se dérangera d'hommes pour aller voir une actrice. Voilà donc un champ d'action sur lequel l'homme subit à chaque instant la prépondérance, quelquefois réelle, souvent relative, de la femme, la tyrannie et l'insolence d'une forme que la nature et l'état social général l'avaient habitué à considérer comme subordonnée à la sienne. Il en peut résulter alors, chez le comédien, un renversement total des facultés morales et affectives, produisant ce que j'ai vu : un jeune comédien, très joli garçon et de beaucoup de talent, emploi des grands amoureux, amant et amant très épris d'une très jolie jeune première, qui devait plus son succès à ses toilettes et à sa beauté qu'à son mérite. Un jour, un auteur a l'idée de confier à cette jolie femme le principal rôle dans une pièce où son amant avait à représenter devant le public l'amoureux qu'il était dans la réalité. Impossible de trouver pour deux amants et deux artistes une réunion de circonstances plus favorables. Ils allaient pouvoir tirer profit noblement de leur amour, rien qu'en se disant devant tout le monde ce qu'ils se disaient tous les jours chez eux. Ils obtiennent tous les deux un très grand succès, mais celui de la femme dont le talent se révèle tout à coup, bien supérieur à celui de l'homme.

Qu'arrive-t-il? Voilà la vanité du comédien qui l'emporte sur la passion de l'amant; il devient jaloux, non pas de la femme, mais de la comédienne, non pas comme Othello, mais comme Iago : il rompt avec sa maîtresse, il se brouille avec elle, et au milieu des scènes les plus passionnées et les plus attendrissantes, tandis que les spectateurs fondent en larmes ou applaudissent à tout rompre, il lui dit tout bas de telles invectives pour la troubler et lui faire manquer ses effets que, plusieurs fois, elle faillit se trouver mal, et qu'elle dut enfin réclamer la protection du directeur contre son ancien amant. Maintenant supposez à cet amant une autre profession que celle de comédien : au lieu d'être sur la scène à donner la réplique à sa maîtresse, il est dans une stalle à l'écouter; son amour et son amour-propre font cause commune, et plus cette femme a de succès, plus il lui semble qu'il l'aime. La profession seule a donc produit cette subversion des sentiments, et aucune autre profession ne l'eût produite. Ai-je cité là une anomalie dont tous les autres comédiens seraient exempts, étant données les mêmes circonstances? C'est possible, mais ceux qui voudront aimer sérieusement et ne courir que les chances naturelles de l'amour feront bien de n'aimer qu'en dehors du théâtre. Bref, l'orgueil qui fait le fond de la nature humaine en général et des artistes en particulier est le défaut capital du comédien, il n'y a pas à le lui dissimuler, et surtout du comédien inférieur. Là, comme dans toutes les carrières, à mesure que l'individu devient plus grand, il devient plus modeste, plus indulgent aux autres, plus sévère pour lui-même. Mais les débutants, les jeunes acteurs, ceux qui tiennent les grands emplois dans les petits théâtres, sont, pour la plupart, d'une outrecuidance insupportable : quelques lignes d'éloges dans une feuille obscure d'une ville de province leur tournent littéralement la tête. On dirait des gens conformés de telle façon qu'ils se griseraient avec de la limonade. C'est à propos de *Monsieur Alphonse* que j'ai été le plus frappé de ces énormes vanités greffées sur des médiocrités indiscutables.

Il n'y avait pas, au Gymnase, quand j'y ai porté la pièce, une seule femme en état de jouer le rôle de madame Guichard comme il fallait qu'il fût joué. Le rôle, par lui-même, n'était pas difficile. Il est clair, gai, sympathique; mais il y fallait une personne d'un âge pour ainsi dire élastique, entre trente-cinq et quarante-cinq ans, qui ne fût pas très jolie, ce qui aurait été une excuse pour Alphonse, qui ne fût pas laide, ce qui aurait été une gêne pour le public, qui fût assez grasse pour être un peu grotesque en restant encore appétissante et vive d'allure, une créature dont la bonté, la finesse et la droiture se fissent jour naturellement à travers les vulgarités du premier aspect. Ce type féminin paraissait très facile à trouver, même parmi les actrices de second ordre entre quarante et cinquante ans. Nous avons, mon ami Narrey et moi, couru secrètement tous les petits théâtres de Paris et de la banlieue pour surprendre en flagrant délit de talent une de ces nombreuses comédiennes qui se déclarent méconnues, et pour lui fournir l'occasion tardive de se faire une renommée et une situation. De celles qui étaient déjà venues se recommander à moi en se plaignant de l'imbécillité ou de l'injustice de leurs directeurs, j'ai passé à celles qui m'étaient signalées par des agents dramatiques ou des habitués des théâtres secondaires; j'ai exploré jusqu'aux cafés-concerts. Pas une qui eût l'air de comprendre quelque chose à ce qu'elle faisait. Une récitation incolore ou prétentieuse, distraite ou hâtive, comme pour se débarrasser au plus vite d'un rôle indigne d'elle; aucun effort pour ce public qui était là sans trop savoir pourquoi, mais enfin qui était là; aucun respect, je ne dirai pas de l'art, mais de la profession, du gagne-pain, ou bien alors toutes les routines et tous les effets de convention, ni une intonation, ni un geste, ni un regard, ni un silence en quête de la vérité. Ce qu'elles avaient à dire était presque toujours commun, mais ce n'était pas toujours inepte : il y avait occasion de jeter un mot, de lancer un rire, de pousser dans la surprise, dans la joie, dans la colère, dans la crainte, dans la passion, un cri sincère, pénétrant, d'avoir enfin sur les planches une des cent expressions justes de sentiment et de caractère qu'elles avaient eues certainement dans leur propre vie, et qu'elles n'auraient eu qu'à se rappeler : rien! Et les six hommes de la claque applaudissaient comme des automates aux endroits indiqués d'avance, sans plus de conviction que celles qu'ils applaudissaient, mais à qui cet applaudissement salarié faisait tout de même croire qu'elles le méritaient.

Je ne trouvai donc pas celle que je cherchais. Du reste, les comédiennes gaies, de la large gaîté masculine, à grandes explosions de rire dans la salle, sont extrêmement rares. Ce n'est ordinairement que peu à peu, à la suite des années, des modifications extérieures qui les accompagnent, et Dieu sait pour quelles nécessités d'existence et après quels sacrifices d'amour-propre, secrètement et douloureusement accomplis, ce n'est qu'en se résignant publiquement à ne plus avoir son sexe et à le rendre ridicule, qu'une actrice jadis belle, adulée, prodigue et médiocre, acquiert tout à coup le sens de ce comique particulier dont la déformation physique est un des éléments. Avant que l'oreille ait entendu un mot, l'œil a déjà commencé de rire. Telles furent, dans le passé, Flore et madame Thierret. Mais il y a des femmes qui, dès leur jeunesse et avec tous les charmes de leur sexe, ont reçu de la nature le don de la grande gaîté. Telle est aujourd'hui, par exemple, madame Desclauzas ; telle était, telle avait toujours été mademoiselle Alphonsine, que je n'avais cessé de me représenter dans le rôle de madame Guichard tout le temps que j'écrivais la pièce.

Dès l'âge de dix-huit ans, Alphonsine avait, je crois la voir encore, dans les rôles des princesses de féeries, à côté de l'incomparable Lebel, Alphonsine avait montré, dès ses débuts, une bonne humeur irrésistible, une originalité tout individuelle, et, jusque dans les cocasseries les plus désopilantes, le goût le plus fin et le plus délicat. Elle avait ensuite passé aux Variétés, où le répertoire de cet aimable et spirituel Lambert Thiboust l'avait révélée comédienne digne de n'importe quelle scène.

Alors que je pensais tant à elle, elle avait un engagement au Palais-Royal, et je n'en cherchais une autre que parce que je ne pouvais pas l'avoir. Les directeurs de spectacles n'étaient pas encore dans l'excellente habitude de se prêter des artistes momentanément inoccupés.

En outre, Montigny admettait difficilement l'insuffisance de sa troupe, et il hésitait à payer un gros dédit pour une actrice dont il ne voyait pas, après ma pièce, l'emploi dans son théâtre. Il eût donc mieux aimé, pour son amour-propre et pour sa caisse, découvrir et révéler une inconnue.

Voilà pourquoi je cherchais de mon côté, tandis qu'il cherchait du sien, tout aussi inutilement que moi. Je me décidai à entamer des négociations avec les directeurs du Palais-Royal, qui, voyant qu'il s'agissait pour leur pensionnaire d'une création importante, la mirent gracieusement à ma disposition sans exiger la moindre indemnité. Ils me rendirent là un véritable service, car Alphonsine était indispensable au rôle, et elle a traversé toute la pièce comme un grand rayon de soleil.

6 août 1885.

L'ÉTRANGÈRE

Avec Got, Coquelin, Thiron, Mounet-Sully, Febvre, mesdames Madeleine Brohan, Sarah Bernhardt, Croizette, dans les principaux rôles, avec Prudhon, Baillet, Garraud, Joumard, mesdames Lloyd, Tholer, dans les rôles de deuxième et de troisième plan, il est bien difficile à une pièce de tomber, devant un public comme celui de la Comédie-Française, le plus patient et le plus courtois du monde quand il n'est pas troublé par des hostilités de parti pris, comme il le fut, par exemple, à la première représentation d'*Henriette Maréchal*, pour ne citer ici que cet exemple. J'aurai à en citer un autre qui m'est personnel, à propos de la *Princesse de Bagdad*. Je n'en considérais pas moins la première représentation de l'*Étrangère* comme un véritable début avec tous les aléas des débuts, puisque, depuis vingt-quatre ans que j'écrivais pour le théâtre, j'abordais pour la première fois cette grande scène, du moins sous mon nom. La Comédie avait fait galamment les choses, et toute la troupe était à ma disposition : j'en profitai largement. Cependant la distribution qui paraît aujourd'hui, qui a paru tout de suite si logique, ne s'était pas faite sans quelques hésitations, non de ma part, mais de la part de deux comédiens, non par leur faute, mais par la mienne. En donnant à Coquelin le rôle du duc de Septmonts, je bouleversais de fond en comble la tradition des emplois, les idées, pour ne pas dire les routines du public. En donnant à Sarah Bernhardt le rôle de Noémie, je ne tenais pas une promesse que je lui avais faite. Dans ce livre de mes confessions, je dois d'autant plus reconnaître mes torts quand tout le monde en a profité. Lorsque j'avais parlé de ma pièce alors en projet à l'illustre comédienne, je lui avais indiqué le rôle de la duchesse comme devant être le sien, et je voyais dans l'*Étrangère* cette grande et belle mademoiselle Croizette que sa façon de mourir dans le *Sphinx* d'Octave Feuillet semblait, tout en la classant parmi les comédiennes de premier vol, avoir vouée aux créations excentriques. Elle me semblait, avec sa fière beauté, sa démarche hautaine, sa taille royale, sa chevelure fauve, abondante et insoumise, son regard troublant, sa bouche railleuse et sensuelle, sa voix un peu gutturale, surtout dans la colère et dans la passion, ses nonchalances de créole se transformant tout à coup en attitudes sauvages, elle me semblait avoir justement reçu de la nature tout ce dont j'avais besoin pour cette figure bizarre de l'*Étrangère*. Sarah Bernhardt, au contraire, n'était pas encore la grande tragique qu'elle a été depuis. Sa voix d'or paraissait bien plutôt faite pour les tendres soupirs de Junie que pour les imprécations de Camille, et, en lui racontant mon sujet, je lui avais destiné le rôle de Catherine, plus long, plus agréable, plus facile, plus sûr comme effets en dehors que celui de Noémie.

Après avoir pris connaissance de ma pièce, Perrin fut d'un avis opposé; il me conseilla de renverser ma distribution, sur ce point, avec des arguments si justes que je me laissai convaincre. J'allai redemander ma parole à Sarah Bernhardt, qui, en sa qualité de véritable artiste, se prêta tout de suite à la combinaison nouvelle, et mit tellement l'empreinte de son talent et de sa personnalité sur mon type, que cette empreinte restera ineffaçable tant que vivront ceux qui ont vu et entendu la créatrice.

Pour Coquelin, c'était une autre affaire. Il se défiait des habitudes du public et surtout de luimême. Il croyait toujours que le bout du manteau de Scapin passerait sous le frac de M. de Septmonts et qu'on ne le prendrait pas au sérieux comme grand seigneur. J'avais beau lui expliquer que ce grand seigneur n'avait que la distinction superficielle de son milieu, d'ailleurs sujette à discussion, et que les vices du fond (c'était là l'originalité et le danger du rôle) devaient à chaque instant déteindre sur les surfaces; j'avais beau lui rappeler avec quel aplomb, quelle insolence, quel esprit il jouait le marquis des *Précieuses* et lui expliquer que mon duc et le marquis de Molière n'étaient pas plus nobles l'un que l'autre, la bassesse morale du premier équivalant aux origines roturières du second : il avait peur. J'ai retrouvé là les hésitations et les doutes de soi que connaissent seuls les artistes de ce mérite. Et Coquelin s'obstinait d'autant plus dans son erreur que tout le monde la partageait, ses camarades et Perrin. J'étais seul de mon opinion, et je puis me vanter aujourd'hui d'avoir deviné que Coquelin avait plus de variété dans son talent que lui-même et ceux qui le fréquentaient le plus ne le soupçonnaient. Bref, il poussait si loin les scrupules, et voulait si peu assumer les résultats, s'ils étaient préjudiciables à la pièce, qu'il me demanda très gentiment, c'est le vrai mot, de lui imposer le rôle, et, s'il n'y réussissait pas, de déclarer publiquement que c'était moi qui l'avais forcé. Je m'engageai, et, dès la première répétition, le personnage prit un tel caractère, un tel accent, une telle allure, que tout le monde reconnut que j'avais eu raison. Je n'ai donc pas eu à disculper Coquelin, mais j'ai à lui témoigner toute ma reconnaissance et à constater ce que quelquefois on lui conteste, sa grande et sincère modestie.

Delaunay avait accepté le rôle de Gérard ; il avait même commencé à le répéter quand il se sentit souffrant, et, craignant de retarder la représentation, me demanda de le remplacer. Je m'adressai alors à Mounet-Sully, qui, de la meilleure grâce du monde, se mit aussitôt à ma disposition. Non seulement il ne songea pas à me reprocher de n'avoir pas pensé à lui tout d'abord, non seulement il ne m'objecta pas que mon héros était de bien petite envergure pour un comédien habitué aux grands traits du *Cid* et de *Néron*, mais encore il me remercia, et très chaudement, de l'occasion que je lui offrais de m'être agréable. C'était lui la victime et c'était moi qu'il couronnait de roses. C'est que Mounet-Sully est un artiste de grande race doublé du plus galant homme du monde. Aussi quelle noblesse, quelle élévation il a données à ce personnage, chastement épris, voulant absolument respecter celle qu'il aime, et, par là, peu compréhensible pour les générations nouvelles! Comme son regard loyal, rêveur et profond, comme sa voix caressante et sonore, toute vibrante encore des accents de Corneille et de Racine, rendaient vraisemblable que deux femmes se disputassent ce fier et beau mortel dont l'image a dû hanter Euripide quand il a créé son Hippolyte, aimé de Diane!

Des trois célèbres comédiennes qui ont tant fait pour le succès de ma pièce, aucune n'appartient plus au Théâtre-Français. Sarah Bernhardt est la seule qui demeure, sur une autre scène, en communication avec le public, madame Madeleine Brohan a pris sa retraite, mademoiselle Croizette est mariée. Un théâtre ordinaire eût été ruiné par l'abandon d'une seule de ces trois personnes, parce qu'une seule de ces trois personnes eût suffi à l'éclat et à la fortune d'un théâtre ordinaire. Le Théâtre-Français, à chaque perte nouvelle, a reçu une forte secousse; mais il a résisté, comme il résistera toujours en pareil cas, grâce à la variété de son répertoire, à la diversité, à l'ensemble et à la solidité de sa troupe. Comme il est le but et le rêve de tous les jeunes comédiens qui prennent leur art au sérieux, il se recrute bien plus facilement que toutes les autres scènes. L'étude et l'interprétation constantes de maîtres tels que Corneille, Racine, Molière, Beaumarchais, de Musset, Marivaux, le voisinage et les conseils de comédiens tels que Got, Delaunay, Coquelin, Worms, Febvre, Maubant, Mounet-Sully, Thiron, constituent ce qu'on pourrait appeler une atmosphère du beau, où se développent et s'épanouissent très rapidement des dispositions qui se seraient peut-être éteintes dans un autre milieu, sans donner ni fruits ni fleurs. Pourquoi ce qui est bon n'exercerait-il pas son influence avec plus de lenteur peut-être, mais avec autant de sûreté et plus longtemps que ce qui est mauvais? Pourquoi n'y aurait-il que la contagion du faux et du médiocre? Ce qui est certain, c'est qu'il y a là une maison, unique dans le monde, reposant sur une organisation prévoyante, sur un mécanisme simple, sur des traditions claires, à la gloire et à la prospérité de laquelle chacun travaille de son mieux, et qui s'est fait dans les appréciations du public des théâtres une situation à part. Aussi, quand on a, comme cela m'arrive en ce moment, à parler du concours prêté à une œuvre par des artistes de cette grande maison, la tâche est-elle facile : il n'y a que des noms à citer. Tous ceux que j'ai à remercier sont, grâce à Dieu, vivants et bien vivants : en les acclamant tous les soirs, la foule leur dit bien mieux que moi tout ce que je pourrais leur dire. Quant à madame Madeleine Brohan et à mademoiselle Croizette, c'est d'hier seulement qu'elles sont entrées volontairement dans une retraite où, telles que je les connais, elles préfèrent ne plus entendre parler d'elles, même par un ami aussi reconnaissant et aussi dévoué que moi.

Février 1886.

FIN

TABLE

LA DAME AUX CAMÉLIAS.................................... 1
    Note A... 1
    Note B... 26
DIANE DE LYS... 37
    Note A... 37
    Note B... 44
    Note C... 46
LE BIJOU DE LA REINE.................................... 49
LE DEMI-MONDE... 51
    Note A... 51
    Note B... 55
    Note C... 59
    Note D... 68
    Note E... 69
    Note F... 86
    Note G... 87
LA QUESTION D'ARGENT.................................... 93
    Note A... 93
    Note B... 103
LE FILS NATUREL... 131
    Note A... 131
    Note B... 165
    Note C... 167

UN PÈRE PRODIGUE...............................	175
Note A...	175
Note B...	197
L'AMI DES FEMMES.................................	215
Note A...	215
Note B...	258
LES IDÉES DE MADAME AUBRAY.......................	271
UNE VISITE DE NOCES..............................	299
LA PRINCESSE GEORGES.............................	341
LA FEMME DE CLAUDE...............................	357
MONSIEUR ALPHONSE................................	361
L'ÉTRANGÈRE......................................	381

Coulommiers. — Imp. P. BRODARD. — 710 97.

www.ingramcontent.com/pod-product-compliance
Lightning Source LLC
Chambersburg PA
CBHW050438170426
43201CB00008B/716